# La guía del Community Manager

## Estrategia, táctica y herramientas

# La guía del Community Manager

## Estrategia, táctica y herramientas

Juan Carlos Mejía Llano

SOCIAL MEDIA

Primera edición, junio 2013
Cuarta reimpresión, abril 2015

Todos los nombres propios de programas, sistemas operativos, equipos hardware, etc. que aparecen en este libro son marcas registradas de sus respectivas compañías u organizaciones.

Reservados todos los derechos. El contenido de esta obra está protegido por la Ley, que establece penas de prisión y/o multas, además de las correspondientes indemnizaciones por daños y perjuicios, para quienes reprodujeren, plagiaren, distribuyeren o comunicaren públicamente, en todo o en parte, una obra literaria, artística o científica, o su transformación, interpretación o ejecución artística fijada en cualquier tipo de soporte o comunicada a través de cualquier medio, sin la preceptiva autorización.

© EDICIONES ANAYA MULTIMEDIA (GRUPO ANAYA, S.A.), 2015
 Juan Ignacio Luca de Tena, 15. 28027 Madrid
 Depósito legal: M-15120-2013
 ISBN: 978-84-415-3408-7
 Printed in Spain

*Este libro se lo dedico en primer lugar a Dios,
ya que se realizó para enaltecer su nombre.
También quiero dedicárselo a mi amada familia:
mi esposa Norma Irina y mis hijos Carlos Andrés y Laura María.*

## AGRADECIMIENTOS

Quiero comenzar agradeciendo especialmente por la escritura del prólogo de este libro a Fernando Maciá. Para mí es un privilegio contar con el aval de un excelente escritor y gran profesional que siempre he admirado.

También quiero agradecer a Eugenio Tuya, @EugenioTuya por darme la oportunidad de escribir este libro y por todo su apoyo durante el proceso; y a Natalia Acosta por su rápida y profesional revisión de todo el contenido que escribí.

## ACERCA DEL AUTOR

**Juan Carlos Mejía Llano** tiene más de 14 años de experiencia en marketing digital y 6 años en redes sociales. Ha trabajado como consultor senior en importantes empresas públicas y privadas en Colombia.

Su marca personal es un caso de éxito por su crecimiento y fidelización con su comunidad, lo que le ha permitido convertirse en el tuitero (@JuanCMejiaLlano) con más seguidores de todos los países de habla hispana en los temas de marketing y redes sociales, superando los 270.000. También tiene presencia en otras redes sociales que cubren el mismo tema, como son: Facebook, Google+, YouTube, Pinterest, Instagram, Slideshare, entre otras.

Juan Carlos escribe sobre marketing digital y redes sociales en su propio blog `JuanCMejia.com` y ha escrito varios artículos para los portales `Ticbeat.com` de España y `RoastBrief.com.mx` de México.

Es Ingeniero Civil, Especialista en Sistemas por la Universidad Nacional de Colombia, con un Máster en Administración (MBA) por la Universidad del Valle (Colombia).

Desde hace 12 años es profesor de marketing digital en la Universidad EAFIT de Medellín (Colombia) Imparte formación sobre nuevas tecnologías en diferentes instituciones, además participa asiduamente en congresos y seminarios de ámbito nacional e internacional. Puede ponerse en contacto con él en `JCMejiaLlano@gmail.com`.

*Este libro se lo dedico en primer lugar a Dios,
ya que se realizó para enaltecer su nombre.
También quiero dedicárselo a mi amada familia:
mi esposa Norma Irina y mis hijos Carlos Andrés y Laura María.*

# AGRADECIMIENTOS

Quiero comenzar agradeciendo especialmente por la escritura del prólogo de este libro a Fernando Maciá. Para mí es un privilegio contar con el aval de un excelente escritor y gran profesional que siempre he admirado.

También quiero agradecer a Eugenio Tuya, @EugenioTuya por darme la oportunidad de escribir este libro y por todo su apoyo durante el proceso; y a Natalia Acosta por su rápida y profesional revisión de todo el contenido que escribí.

# ACERCA DEL AUTOR

**Juan Carlos Mejía Llano** tiene más de 14 años de experiencia en marketing digital y 6 años en redes sociales. Ha trabajado como consultor senior en importantes empresas públicas y privadas en Colombia.

Su marca personal es un caso de éxito por su crecimiento y fidelización con su comunidad, lo que le ha permitido convertirse en el tuitero (@JuanCMejiaLlano) con más seguidores de todos los países de habla hispana en los temas de marketing y redes sociales, superando los 270.000. También tiene presencia en otras redes sociales que cubren el mismo tema, como son: Facebook, Google+, YouTube, Pinterest, Instagram, Slideshare, entre otras.

Juan Carlos escribe sobre marketing digital y redes sociales en su propio blog JuanCMejia.com y ha escrito varios artículos para los portales Ticbeat.com de España y RoastBrief.com.mx de México.

Es Ingeniero Civil, Especialista en Sistemas por la Universidad Nacional de Colombia, con un Máster en Administración (MBA) por la Universidad del Valle (Colombia).

Desde hace 12 años es profesor de marketing digital en la Universidad EAFIT de Medellín (Colombia) Imparte formación sobre nuevas tecnologías en diferentes instituciones, además participa asiduamente en congresos y seminarios de ámbito nacional e internacional. Puede ponerse en contacto con él en JCMejiaLlano@gmail.com.

# Índice de contenidos

Agradecimientos ................................................................. 6
Acerca del autor ................................................................. 6

## Prólogo                                                                                  19

## Introducción                                                                              23

¿Por qué comprar este libro? ........................................................ 23
¿Qué encontrará en este libro? ...................................................... 24
¿A quién va dirigido este libro? ..................................................... 26

## PARTE I. EL COMMUNITY MANAGER COMO NUEVO PROTAGONISTA DE LA EMPRESA                       27

### Capítulo 1. Introducción a la Web 2.0. El consumidor tiene el poder                      29

Caso de estudio ................................................................. 29
¿Qué es la Web 2.0? .............................................................. 31
    Definición de la Web 2.0 ................................................. 31
    Tipos de sitios Web 2.0 .................................................. 32
    Historia de la parte social de Internet .................................. 34
    Algunos datos importantes ............................................... 35
Redes sociales .................................................................. 37
    Definición de redes sociales ............................................. 37
    Un poco de historia ..................................................... 37
    Estudios que demuestran que Internet y las redes sociales aumentan la socialización ... 38

El consumidor 2.0 ............................................................................. 40
   ¿Cómo es el consumidor 2.0? ................................................... 40
   El consumidor 2.0 tiene más poder que el consumidor
      del mundo físico .................................................................. 42
   Sociedad 2.0 ............................................................................... 43
Redes sociales: Oportunidades y retos para las empresas ......... 44
   Oportunidades de las redes sociales para las empresas ........ 44
   Retos de las redes sociales ..................................................... 46
Resumen, preguntas de repaso y ejercicio ................................... 46
   Resumen ................................................................................... 46
   Preguntas de repaso ................................................................ 47
   Ejercicio .................................................................................... 47

## Capítulo 2. Community Manager: El gestor de las redes sociales en la empresa — 49

Caso de estudio ................................................................................. 49
El Community Manager de hoy: Estratégico y táctico ................ 50
   Qué es un Community Manager ............................................. 50
   Especializaciones del Community Manager ......................... 52
   Qué no es un Community Manager ....................................... 53
Perfil del Community Manager ..................................................... 53
   Habilidades sociales ................................................................ 54
   Habilidades administrativas .................................................. 54
   Habilidades técnicas ............................................................... 55
Funciones de un Community Manager ........................................ 56
   Funciones estratégicas ............................................................ 56
   Funciones tácticas ................................................................... 57
   Descripción de una jornada de un Community
      Manager ............................................................................... 59
   Priorización de actividades de un Community Manager ...... 60
   Normas de comportamiento del Community Manager
      en las redes sociales ........................................................... 61
El Community Manager y su marca personal ............................. 63
   Qué es marca personal ............................................................ 63
   Importancia de la marca personal para el Community
      Manager ............................................................................... 65
   Pasos para desarrollar una estrategia de marca
      personal Online .................................................................. 66
Resumen, preguntas de repaso y ejercicio ................................... 71
   Resumen ................................................................................... 71
   Preguntas de repaso ................................................................ 72
   Ejercicio .................................................................................... 72

## PARTE II. EL COMMUNITY MANAGER COMO LÍDER DE ACCIONES TÁCTICAS EN REDES SOCIALES — 73

### Capítulo 3. Cómo crear un blog corporativo exitoso — 75

Caso de estudio .................................................................. 75
Definición e historia de los blogs ...................................... 77
    Breve historia de los blogs .......................................... 77
Blogger como profesión ...................................................... 78
    Los blogs que más dinero ganan en el mundo .......... 79
    Fuentes de ingresos para los bloggers ........................ 80
Importancia de la estrategia de blog para las empresas .... 83
Plataformas para la publicación de un blog ..................... 84
    Plataformas de publicación gratuitas en Internet ...... 85
    Uso de administradores de contenido ......................... 88
Pasos para crear una estrategia de contenido basada
    en blogs .......................................................................... 93
    Defina la audiencia ........................................................ 93
    Defina las categorías del contenido ............................. 93
    Forme el equipo de trabajo .......................................... 94
    Defina los formatos de contenido que tendrá el blog .... 94
    Cree un plan de contenido .......................................... 95
    Construya el blog .......................................................... 95
    Genere el contenido ..................................................... 95
    Diseñe una estrategia de difusión del contenido ....... 96
    Mida y ajuste continuamente la estrategia ................ 97
Pautas para escribir un artículo de blog ............................ 97
    Título del artículo ......................................................... 98
    El primer párrafo .......................................................... 98
    El cuerpo del artículo ................................................... 98
    El cierre del artículo ..................................................... 98
    Otros elementos importantes ...................................... 99
Resumen, preguntas de repaso y ejercicios ...................... 99
    Resumen ......................................................................... 99
    Preguntas de repaso ..................................................... 100
    Ejercicios ........................................................................ 100

### Capítulo 4. Uso de redes sociales en la empresa — 103

Caso de estudio .................................................................. 103
    Twitter ............................................................................. 104
    Foursquare ..................................................................... 104
    Otros beneficios de las redes sociales ......................... 104
Crear un perfil efectivo en redes sociales ......................... 105

- Nombre del perfil .................................................................. 105
- Foto del perfil ...................................................................... 106
- Descripción del perfil ........................................................... 106
- Enlaces a sitios Web ............................................................. 107

Facebook ........................................................................................ 107
- Servicios de Facebook .......................................................... 107
- Términos más usados en Facebook ..................................... 109
- Breve historia de Facebook .................................................. 110
- Beneficios de utilizar Facebook en la empresa ................... 111
- Guía para crear una página de Facebook ............................ 112
- Pasos para personalizar la página de Facebook .................. 113
- Presencia de una empresa en Facebook .............................. 115
- Tácticas para aumentar el número de fans en la página de Facebook de su empresa ........................................... 116
- Uso de métricas en Facebook ............................................... 119

Twitter ............................................................................................ 120
- Términos más usados en Twitter ......................................... 121
- Breve historia de Twitter ...................................................... 122
- Beneficios de utilizar Twitter en la empresa ....................... 123
- Guía para crear un perfil en Twitter .................................... 124
- Pasos para personalizar su perfil de Twitter ....................... 126
- Tácticas para aumentar el número de seguidores de la cuenta de Twitter de su empresa ........................... 127

LinkedIn ......................................................................................... 129
- Servicios de LinkedIn ............................................................ 130
- Breve historia de LinkedIn ................................................... 130
- Beneficios de utilizar LinkedIn en la empresa .................... 131
- Guía para crear un perfil en LinkedIn ................................. 132
- Guía para crear una página de empresa en LinkedIn ......... 133
- Guía para crear un grupo en LinkedIn ................................ 135
- Tácticas para aumentar el número de seguidores en la página de LinkedIn de su empresa ...................... 136

Google+ .......................................................................................... 137
- Breve historia de Google+ .................................................... 138
- Guía para crear una cuenta en Google+ .............................. 139
- Guía para crear una página en Google+ .............................. 141
- Tácticas para aumentar el número de fans en la página de Google+ de su empresa ............................................. 142

YouTube ......................................................................................... 142
- Breve historia de YouTube ................................................... 143
- Beneficios de utilizar YouTube en la empresa .................... 143
- Guía para crear y personalizar su canal YouTube .............. 144
- Tácticas para aumentar el número de suscriptores en YouTube .................................................................... 145

Pinterest ......................................................................................... 147
    Términos más usados en Pinterest ........................................ 147
    Breve historia de Pinterest ..................................................... 148
    Beneficios de utilizar Pinterest ............................................... 148
    Guía para crear una cuenta en Pinterest ............................... 149
    Personalice su cuenta de Pinterest ......................................... 150
    Tácticas para aumentar el número de seguidores
        en Pinterest ....................................................................... 151
Instagram ...................................................................................... 152
    Breve historia de Instagram .................................................... 152
    Guía para crear una cuenta en Instagram ............................. 153
    Tácticas para aumentar el número de seguidores
        en Instagram .................................................................... 154
Otras Redes Sociales .................................................................... 155
    Foursquare ................................................................................ 155
    Slideshare .................................................................................. 156
    Flickr .......................................................................................... 158
    Vine ............................................................................................ 159
Resumen, preguntas de repaso y ejercicios .............................. 160
    Resumen .................................................................................... 160
    Preguntas de repaso ................................................................ 161
    Ejercicios ................................................................................... 162

## Capítulo 5. Herramientas de gestión para el Community Manager    165

Caso de estudio ............................................................................. 165
Criterios de evaluación de las herramientas ............................. 167
    Escala de calificación ............................................................... 167
    Aspectos evaluados ................................................................. 167
Herramientas de Administración de las redes sociales ........... 168
    HootSuite .................................................................................. 168
    TweetDeck ................................................................................ 172
    SocialBro ................................................................................... 174
    Otras herramientas de administración de redes sociales ..... 178
        Buffer .................................................................................. 178
        Postcron ............................................................................. 180
Herramientas de analítica ........................................................... 181
    Google Analytics ...................................................................... 181
    Facebook Insights ..................................................................... 185
    YouTube Analytics .................................................................. 188
    Otras herramientas de analítica ............................................. 191
        Wildfire Social Media Monitor ........................................ 191
        Twitter Counter ................................................................ 192

Herramientas para monitoreo de redes sociales .......................193
    Herramientas de monitoreo de redes sociales de pago.........193
    Topsy ...................................................................................196
    Social Mention ..................................................................198
    Otras herramientas de monitoreo ..................................... 201
        Addict-o-matic ............................................................ 201
        Alertas de Google ........................................................202
Herramientas para medir la influencia ....................................203
    Klout ..................................................................................203
    Kred ...................................................................................205
    Otros sistemas de influencia...............................................207
        Peer Index....................................................................207
        Tweet Grader...............................................................208
Otras herramientas................................................................. 210
    Gimp .................................................................................. 210
    MailChimp ......................................................................... 211
    Twitcam ..............................................................................213
Resumen, preguntas de repaso y ejercicio .................................215
    Resumen.............................................................................215
    Preguntas de repaso ..........................................................216
    Ejercicio..............................................................................217

## PARTE III. EL COMMUNITY MANAGER COMO GESTOR DE CONTENIDOS     219

### Capítulo 6. Generalidades de los contenidos 2.0     221

Caso de estudio..........................................................................221
Comunicación 2.0...................................................................... 222
    Beneficios de la comunicación 2.0...................................... 223
    Prosumidores ................................................................... 223
    Tipos de contenido ............................................................225
Importancia de los contenidos 2.0 ........................................... 228
    Marketing de atracción 2.0 (Inbound Marketing)................ 228
    Otros beneficios de los contenidos 2.0 ...............................230
Curación de contenidos ............................................................231
    Generalidades sobre la curación de contenidos ...................231
    Curador de contenido........................................................ 232
    Etapas del proceso de curación de contenidos ................... 233
Resumen, preguntas de repaso y ejercicio ................................ 234
    Resumen............................................................................ 234
    Preguntas de repaso ......................................................... 235
    Ejercicio............................................................................. 235

## Capítulo 7. Creación de contenidos — 237

- Caso de estudio .................. 237
- Guía para la creación de infografías .................. 238
  - Generalidades de las infografías .................. 238
  - Pasos para crear una infografía .................. 239
  - Creación de infografías con PowerPoint .................. 242
- Pasos para la creación de vídeos y otras piezas multimedia .................. 245
  - Generalidades de los vídeos y otras piezas multimedia .................. 245
  - Elementos necesarios para crear una pieza multimedia .................. 247
  - Los primeros 15 segundos de una pieza multimedia .................. 248
  - Llamadas a la acción .................. 248
- Cobertura en directo de eventos .................. 249
  - Actividades para hacer difusión de eventos .................. 249
- Técnicas de viralización de contenidos .................. 253
  - Características de la viralización de contenidos .................. 253
  - Beneficios de la viralización de contenidos .................. 254
  - Pasos para diseñar una estrategia de viralización de contenidos .................. 254
  - Técnicas para la viralización de contenidos .................. 256
- Resumen, preguntas de repaso y ejercicio .................. 257
  - Resumen .................. 257
  - Preguntas de repaso .................. 258
  - Ejercicio .................. 258

## Capítulo 8. Gestión de comunidades online — 261

- Caso de estudio .................. 261
  - YouTube .................. 261
  - Facebook .................. 262
  - Twitter .................. 262
- Evolución de la comunidad online .................. 263
  - Usuario de redes sociales .................. 264
  - Fan o seguidor .................. 264
  - Cliente potencial .................. 264
  - Cliente .................. 264
  - Cliente fidelizado .................. 265
  - Embajador de la marca .................. 265
- Engagement .................. 265
  - Generalidades del Engagement .................. 265
  - Cálculo del Engagement .................. 266
  - Claves para generar Engagement en Facebook .................. 270
- Estrategias para aumentar la influencia en redes sociales .................. 272
  - Importancia del indicador de influencia Klout .................. 273
  - Cómo calcula Klout el indicador .................. 273

El Klout muestra la influencia en redes sociales,
no en el mundo físico.................................................................. 274
Estrategias para aumentar su indicador de influencia
Klout .................................................................................................275
Resumen, preguntas de repaso y ejercicio ............................... 278
Resumen ........................................................................................ 278
Preguntas de repaso ................................................................. 279
Ejercicio ........................................................................................ 279

## PARTE IV. EL COMMUNITY MANAGER COMO ESTRATEGA DEL MARKETING EN REDES SOCIALES — 281

### Capítulo 9. Gestión de la reputación online — 283

Caso de estudio ................................................................................ 283
Qué es la reputación online ......................................................... 285
Generalidades de la reputación ............................................ 285
Generalidades de la reputación online ............................. 286
Importancia de reputación online ....................................... 287
Creación del comité de crisis de reputación ......................... 292
Integrantes del comité de crisis de reputación ............... 292
Sitio de reunión ......................................................................... 293
Entrenamiento del comité ..................................................... 294
Monitoreo de la reputación online ............................................ 294
Generalidades del monitoreo online .................................. 294
Beneficios del monitoreo de la reputación online ........ 295
Dónde debe realizar el monitoreo online
el Community Manager .................................................... 296
Herramientas de monitoreo online ..................................... 297
Pasos para responder en una crisis de reputación
online ......................................................................................... 297
Prepárese para la crisis ........................................................... 298
Investigue el problema ........................................................... 298
Califique el ataque a la reputación ..................................... 299
Diseñe la respuesta al ataque .............................................. 300
Maneje a los usuarios hostiles ............................................. 302
Maneje los trolls ........................................................................ 303
Realice seguimiento después de la crisis ......................... 305
Resumen, preguntas de repaso y ejercicio ............................ 306
Resumen ...................................................................................... 306
Preguntas de repaso ............................................................... 307
Ejercicio ........................................................................................ 307

**Capítulo 10. Estrategia de marketing en redes sociales**     **309**

    Caso de estudio ................................................................309
       Facebook ................................................................ 310
       Happing ................................................................. 310
       Principios de Social Media .................................... 310
    Generalidades de la estrategia de marketing en redes sociales ................................................................ 311
       Generalidades de estrategia ................................. 311
       Estructura de las estrategias de la organización ...................312
       Diferencias entre estrategia y táctica de marketing en redes sociales ....................313
       Modelo para el plan estratégico de marketing en redes sociales .....................314
    Evaluación de situación de marketing en redes sociales ..........316
       Identificación de la estrategia de corporativa y de marketing .....................316
       Diagnóstico de redes sociales ...............................316
    Definición del público objetivo del marketing en redes sociales ....................318
    Definición de objetivos y metas del marketing en redes sociales ....................319
       Objetivos ................................................................319
       Metas .....................................................................319
    Planificación de canales y contenido ...........................320
       Determinación de canales de redes sociales por objetivo ..........320
       Creación de lineamientos para escribir el contenido en las redes sociales ..........320
    Creación del plan conversacional ...............................322
       Generalidades del plan conversacional ............... 322
       Definir la periodicidad de las publicaciones ....... 323
       Definición del contenido a publicar ..................... 324
    Diseño de las métricas de marketing en redes sociales ............. 324
       Métricas en el sitio Web asociadas a las redes sociales ................ 324
       Métricas sobre la reputación de la empresa ....... 324
       Métricas en Facebook .......................................... 325
       Métricas en Twitter .............................................. 325
       Métricas en otras redes sociales .......................... 326
    Activación y gestión de las redes sociales ....................... 326
    Escucha activa ............................................................... 326
    Evaluación y planes de mejora ...................................... 328

Resumen, preguntas de repaso y ejercicio .................................. 328
    Resumen ............................................................................. 328
    Preguntas de repaso ........................................................... 329
    Ejercicio ............................................................................... 329

## Capítulo 11. Medición de las acciones de marketing en redes sociales    331

Caso de estudio .......................................................................... 331
Definición de indicadores para medir la gestión
    de marketing en redes sociales ............................................. 333
    Generalidades de la medición de marketing
        en redes sociales ............................................................. 333
    Indicadores para medir las acciones de marketing
        en redes sociales ............................................................. 334
Definición de los valores que se quieren alcanzar
    en los indicadores de marketing en redes sociales ......... 335
    Trayectoria de la organización .......................................... 335
    Impacto de las estrategias de marketing
        en redes sociales ............................................................. 336
    Acciones de empresas similares y competidoras ............. 336
Medición del ROI y del IOR ..................................................... 337
    ROI: Retorno de la inversión ............................................. 337
    IOR: Impacto en el relacionamiento ................................. 338
    Conversión ........................................................................... 341
    Cálculo del ROI de las acciones en redes sociales
        en un sitio de comercio electrónico ............................ 342
    Cálculo del IOR de las acciones en redes sociales
        en un sitio orientado a la marca .................................. 346
    Otros sistemas para calcular el ROI
        de las redes sociales ....................................................... 347
Resumen, preguntas de repaso y ejercicio .............................. 349
    Resumen ............................................................................. 349
    Preguntas de repaso ........................................................... 350
    Ejercicio ............................................................................... 350

## Capítulo 12. Tendencias en redes sociales    353

Caso de estudio .......................................................................... 353
Social commerce: Ventas efectivas en redes sociales ............. 355
    Facebook commerce ........................................................... 356
    Uso de Twitter para las ventas .......................................... 358
    Groupon y sus enseñanzas sobre el social
        commerce ......................................................................... 359

Social CRM: Estrategias de fidelización
  en redes sociales ................................................................... 361
  Qué es Social CRM .................................................................. 361
  Ventajas del Social CRM ......................................................... 361
Crowdsourcing: Combinar esfuerzos ................................. 363
  Claves para aplicar una estrategia de crowdsourcing ......... 363
  Beneficios del uso del crowdsourcing en marketing
    digital ................................................................................. 364
  P&G: Ejemplos del crowdsourcing aplicados
    al marketing ...................................................................... 364
Social Big Data: Conocer a su audiencia ....................................... 365
  Qué es Big Data ...................................................................... 365
  Generalidades de Social Big Data ........................................... 366
  Importancia del Social Big Data en el marketing .................. 366
Social SEO: Generar tráfico de valor ....................................... 367
  Todo community manager debe saber acerca
    de posicionamiento en buscadores (SEO) .................. 368
  Funcionamiento de Google ..................................................... 368
  Pasos para mejorar el posicionamiento
    en buscadores (SEO) en redes sociales ...................... 371
Gamificación: Aprender y motivar jugando ............................... 374
  ¿Qué es gamificación? ............................................................. 374
  Beneficios de la gamificación ................................................. 374
  Retos y premios ....................................................................... 375
  Nike+: Ejemplo de gamificación ............................................. 375
Resumen, preguntas de repaso y ejercicio ................................. 377
  Resumen .................................................................................. 377
  Preguntas de repaso ................................................................ 378
  Ejercicio .................................................................................. 378

# Glosario                                                                                              381

# Índice alfabético                                                                                    395

# Prólogo

Atreverse a desarrollar bibliografía en castellano sobre un fenómeno tan nuevo como es el perfil profesional de un puesto de trabajo que hace tan sólo unos años ni siquiera existía –el del Community Manager– es una empresa arriesgada de la que el autor del texto que está a punto de empezar a leer sale, en mi opinión, más que airoso.

A pesar de que la generación y gestión de comunidades virtuales al servicio de la promoción empresarial es todavía una estrategia en fase de introducción y experimentación, Juan Carlos Mejía Llano demuestra poseer un conocimiento profundo y actualizado de las últimas tendencias en las tácticas de marketing en las redes sociales. Un factor, éste de la actualidad, sumamente importante para la utilidad real de este tipo de libros en un entorno tan cambiante como es Internet.

Pero es que, además, los casos comentados, las herramientas indicadas, las estrategias recomendadas y la intención metodológica y pedagógica que transpira todo el libro es prueba irrefutable de que Juan Carlos Mejía no "toca de oído". Su experiencia real impregna cada concepto, cada recomendación, cada consejo. Y esto hace que las soluciones propuestas tengan esa cualidad tan valiosa que en inglés denominan *actionable content*.

Con ello, me refiero a que los escenarios de trabajo descritos como puntos de partida son realistas, como lo son también las condiciones en las que los Community Managers deben realizar su actividad del día a día. El libro no flota en ampulosos elogios de las bondades de la nueva comunicación, la Web 2.0, los prosumidores y los *social media* sino que desciende a la arena de lo mundano para proponer métodos de trabajo enormemente concretos, bien argumentados y aplicables a las empresas reales aquí y ahora. Y todo ello explicado con una metodología rigurosa, un lenguaje claro y comprensible, multitud de referencias complementarias y un espíritu didáctico que no sólo agradecerán quienes conviertan a este libro en texto recomendado para cursos y seminarios de formación en la materia.

El libro cuenta con una estructura de desarrollo muy interesante: cada nuevo capítulo parte del relato de un caso de estudio –un ejemplo real del tema abordado en el mismo– que predispone al lector hacia un enfoque práctico de los conceptos teóricos que se explican a continuación. No faltan tampoco las referencias históricas –con lo relativo que el concepto "histórico" puede ser cuando nos referimos a algo tan reciente como Internet y, más particularmente, las redes sociales– que complementan la rigurosidad de un texto felizmente alejado de la típica recopilación de "tips" al uso. Y una vez expuestos los diferentes puntos del tema –ilustrados en muchas ocasiones con figuras aclaratorias– se cierra cada capítulo con un resumen de los conceptos principales, prácticas preguntas de repaso e, incluso, ejercicios para que el lector pueda demostrar hasta qué punto asimiló los contenidos. Una virtud que, sin duda, lo convertirá en un texto de referencia no sólo en el ámbito profesional sino también en el educativo.

En una primera parte, el texto aborda el papel del Community Manager como nuevo protagonista de la empresa. Introduce los conceptos de Web 2.0 y el papel activo que el consumidor –ahora erigido en prosumidor– interpreta en la comunicación empresarial. Es precisamente la demanda de este diálogo directo entre empresas y marcas con sus consumidores y fans lo que ha generado la necesidad de ese nuevo perfil profesional capaz de actuar como interlocutor, como voz de la empresa en los denominados *social media sites*. Un puesto para el cual se requiere una exigente combinación de actitudes personales y habilidades sociales, administrativas y técnicas.

La segunda parte del libro se enfoca en las distintas tácticas que el Community Manager puede llevar a cabo en las redes sociales. Desde los blogs como precursores –y aún en gran medida– protagonistas de la Web 2.0 hasta la actividad de la empresa en sitios como Facebook, LInkedin, Twitter, Google+, YouTube, PInterest, Instagram y otras redes sociales tendente a generar comunidades virtuales de personas afines a sus marcas, a sus productos, a sus propuestas de valor.

Esta actividad involucra la gestión de un gran número de perfiles corporativos en distintos dominios que hay que actualizar, monitorizar, gestionar... Lograr que este trabajo sea una tarea asumible por el Community Manager implica identificar y manejar con soltura ciertas herramientas que Juan Carlos Mejía identifica con gran acierto. Los usuarios encontrarán muy útiles sus indicaciones de uso y la calificación con que el autor puntúa de 0 a 5 la utilidad y rentabilidad reales de las mismas respecto a cinco criterios: importancia, utilidad, precio, usabilidad y calificación general.

El libro no estaría completo si no contara con una última y exhaustiva parte dedicada a la estrategia de marketing en las redes sociales. Es enormemente interesante el capítulo dedicado a la gestión de la reputación online –con la creciente importancia que adquiere la imagen de las empresas y sus marcas en el entorno de las redes sociales– con interesantes consejos acerca de cómo monitorizar la mención de la marca en la Red, cómo responder ante una crisis de reputación y de qué manera se puede gestionar la participación o el control de los trolls.

El diseño de estrategias de marketing en las redes sociales, mediante la planificación de acciones específicas con un objetivo claro, una cierta adjudicación de recursos y un retorno esperable –con sus consiguientes indicadores acerca de cómo medir este retorno– centran el contenido de los capítulos 10 y 11. Juan Carlos Mejía combina el concepto tradicional del ROI –retorno sobre la inversión– aplicable en acciones orientadas a la consecución de ventas con el más novedoso y propio de las redes sociales de IOR –impacto del relacionamiento– de gran importancia en acciones tendentes a la generación del reconocimiento de la marca.

El libro concluye con un ejercicio de prospección acerca de las tendencias futuras en las redes sociales abordando fenómenos como el social commerce, el social CRM, el crowdfunding o la gamificación, entre otros. Son, sin duda, nuevas estrategias de las que se va a hablar, y mucho, en los próximos años. Y a las que Juan Carlos Mejía se asoma para vislumbrar desde ya sus potencialidades de cara al mundo empresarial.

No es, por tanto, casualidad que Juan Carlos Mejía cuente con uno de los perfiles de Twitter con mayor grado de influencia dentro del sector del marketing online, con más de un cuarto de millón de seguidores, ni que su blog sea referencia obligada para miles de profesionales del social media. Una experiencia y saber hacer de la que ahora le invito a disfrutar en el libro que tiene en sus manos.

—Fernando Maciá Domene

# Introducción

Uno de los errores más importantes que puede cometer una empresa es no estar presente en las redes sociales, otro es asignarle su gestión a una persona inexperta. Las redes sociales son una herramienta de productividad y competitividad únicas, donde la figura del community manager juega un especial protagonismo. Los community managers son, entre otras cosas, los evangelizadores de la marca y los responsables de defender el prestigio de la empresa.

Este libro cubre los aspectos estratégicos, tácticos y las herramientas que necesita este profesional para alcanzar el éxito, ya que tiene un enfoque único para el más demandado de los nuevos empleos de hoy en día por las empresas. Si usted va a ser un administrador de comunidad social, debe aprender a cultivarla y a utilizarla para cumplir los objetivos de la organización. Los usuarios experimentados que ya estén ejerciendo esta profesión también encontrarán en este libro temas de gran utilidad.

El community manager descrito en este libro cubre todas las funciones de especialización de esta profesión, como son: social media manager, gestor de la reputación online, experto en analítica Web, curador de contenido online, etc.

## ¿POR QUÉ COMPRAR ESTE LIBRO?

Los motivos por los que debe comprar este libro son:

- ▶ **Lenguaje sencillo**: el libro está escrito en un lenguaje sencillo y didáctico que permite entender con facilidad los conceptos revisados.
- ▶ **Hilo conductor**: el libro tiene un orden temático que facilita y agiliza el aprendizaje del lector, basado en la experiencia del autor como profesional y docente.

- **Abordaje estratégico**: el libro cubre con detalle los aspectos estratégicos que son necesarios conocer para ejercer como community manager exitosamente.
- **Casos ilustrativos**: todos los capítulos comienzan con un caso real para ilustrar la importancia del tema.
- **Resumen final de cada capítulo**: el usuario puede tener una visión rápida del capítulo leyendo el resumen.
- **Preguntas de evaluación**: al final de cada capítulo se plantean algunas preguntas sobre el tema visto que le servirán a los profesores que usen el libro para evaluar a los estudiantes y a los lectores cómo forma de evaluar si la lectura del capítulo les aportó conocimientos nuevos.
- **Ejercicio práctico**: se plantea al final de cada capítulo un ejercicio práctico que permite afianzar los conceptos vistos en el mismo. La mayoría de los ejercicios prácticos son aplicados a las empresas donde se está trabajando.
- **Sitio Web**: el libro que tiene en sus manos cuenta con un sitio Web (`http://www.LaGuiaDelCommunityManager.com`) donde se publican materiales complementarios a los temas de cada capítulo y se responden a las preguntas que plantee el usuario.
- **Presentaciones de PowerPoint**: se da acceso a una zona privada en el sitio Web anterior, donde se publican presentaciones de PowerPoint que pueden ser utilizadas por profesores como base para sus clases y a los lectores como material de resumen de cada capítulo.
- **Código QR**: la cuarta (contraportada) tiene un código QR con un vídeo explicativo que cubre los temas principales del libro.

# ¿QUÉ ENCONTRARÁ EN ESTE LIBRO?

## Parte I. El Community Manager como nuevo protagonista de la empresa

En la parte inicial del libro se presenta al community manager como protagonista de en la empresa de hoy, por la relevancia e impacto de su labor en la organización.

El **capítulo 1** incluye una introducción a la Web 2.0 donde se hace una revisión de aspectos como: Web 2.0, comunidades virtuales, consumidor 2.0 y las redes sociales.

En el **capítulo 2** el protagonista es el community manager. Se presentan las funciones del community manager, su perfil, sus pautas de comportamiento y todo lo necesario para que cree una marca personal.

## Parte II. El Community Manager como líder de acciones tácticas en redes sociales

La segunda parte le muestra al community manager cómo desarrollar acciones tácticas en las redes sociales, entre las que se destacan la creación y administración de un blog, la creación y activación de las principales redes sociales y las herramientas que facilitarán su labor.

El **capítulo 3** muestra qué es un blog, cuál es su importancia, qué plataformas puede utilizar para crearlos, cuáles son los pasos para crear un blog exitoso y termina con las pautas para escribir buenos artículos.

En el **capítulo 4** se describen con precisión las principales redes sociales: Facebook, Twitter, LinkedIn, Google+, YouTube, Pinterest, Instagram, Foursquare, Slideshare, Flickr y Vine. En cada una de ellas se informa sobre cómo crear la cuenta, cómo personalizarla y tácticas para aumentar la comunidad.

El **capítulo 5** hace un recorrido por las principales herramientas que facilitan la labor del community manager, clasificándolas en categorías: herramientas de Administración de las redes sociales, herramientas de analítica, herramientas para monitorear redes sociales, herramientas para medir influencia y otras herramientas.

## Parte III. El Community Manager como gestor de contenidos

La tercera parte muestra las características del contenido 2.0, tácticas de creación de contenidos y la gestión de las comunidades online.

En el **capítulo 6** se muestra las generalidades de los contenidos 2.0, cubriendo aspectos como: comunicación 2.0, contenidos 2.0 y curación de contenidos.

El **capítulo 7** ilustra las tácticas para crear contenido, incluyendo los siguientes recursos: infografías, vídeos y otras piezas multimedia, cobertura en directo de eventos y técnicas de viralización de contenidos.

El **capítulo 8** describe la gestión de las comunidades online, involucrando aspectos como: evolución de la comunidad online, qué es y cómo se logra el *engagement* y estrategias para aumentar la influencia en redes sociales.

## Parte IV. El Community Manager como estratega del marketing en redes sociales

La cuarta y última parte describe con detalle las actividades estratégicas del community manager, incluyendo aspectos como: gestión de la reputación online, estrategias de marketing en redes sociales, medición de acciones de marketing en redes sociales y tendencias en redes sociales.

El **capítulo 9** muestra qué es la reputación online, la creación del comité de crisis de reputación, el monitoreo de la reputación online y los pasos para atajar una crisis de reputación online.

El **capítulo 10** describe los pasos necesarios para desarrollar una estrategia de marketing en redes sociales, como: generalidades de la estrategia de marketing en redes sociales, evaluación de situación, definición del público objetivo, definición de objetivos y metas, planificación de canales y contenido, diseño de las métricas de marketing en redes sociales, activación y gestión de las cuentas, escucha activa y evaluación y planes de mejora.

El **capítulo 11** se centra en la medición de las acciones de marketing en redes sociales, a partir de aspectos como: definición de indicadores para medir la gestión y medición del ROI y del IOR.

El **capítulo 12**, último capítulo del libro, hace una revisión de las tendencias de las redes sociales. Los aspectos evaluados son: *Social Commerce*, Social CRM, *Crowdsourcing*, *Social Big Data*, Social SEO y *gamificación*.

El libro concluye con un completo glosario de los términos más utilizados en las redes sociales y un práctico índice alfabético.

Este libro posee material complementario que puede descargarse del sitio Web: `http://www.anayamultimedia.es/`. Para ello, en la ficha correspondiente seleccione la opción **Complementos**. Si lo prefiere, puede utilizar las opciones de búsqueda Sencilla y Avanzada. También lo encontrará, en la página del sitio Web que ha creado el autor: `http://laguiadelcommunitymanager.com/`

## ¿A QUIÉN VA DIRIGIDO ESTE LIBRO?

Este libro está dirigido tanto a usuarios con pocos conocimientos en redes sociales como aquellos que ya trabajen como community manager en una empresa. Las personas para las que les puede ser útil el libro son:

- ▶ Docentes que impartan cursos de formación en redes sociales o community manager.
- ▶ Responsables o integrantes del equipo de marketing digital.
- ▶ Responsables o integrantes del equipo de comunicaciones.
- ▶ Responsables o integrantes del equipo de redes sociales.
- ▶ Personas que quieran convertirse en community manager.
- ▶ Agencias de publicidad y/o marketing.

Y, en general, cualquier persona interesada en el marketing en redes sociales y la profesión de community manager.

# Parte I
## El Community Manager como nuevo protagonista de la empresa

# 1. Introducción a la Web 2.0. El consumidor tiene el poder

Objetivos:

- ▶ ¿Qué es la Web 2.0?
- ▶ Redes sociales.
- ▶ El consumidor 2.0.
- ▶ Redes sociales: Oportunidades y retos para las empresas.

## CASO DE ESTUDIO

En junio de 2010 la empresa GAP inició, con una prestigiosa agencia de publicidad de Nueva York, un largo y desgastante trabajo que tenía como objetivo modernizar su logotipo. El objetivo era renovar un logotipo que prácticamente no había tenido cambios desde 1969 cuando Donald and Doris Fisher crearon la marca.

En ese momento el logo aparecía en más de 1.200 tiendas en Estados Unidos y cerca de 300 tiendas en Europa y Asia. De acuerdo con *Interbrand's 2010 study*, Gap era la marca número 84 dentro de las más valiosas del mundo con un costo aproximado de $ 4.000 millones de dólares.

**Nota:** La marca de una empresa puede tener más valor que los edificios, máquinas y equipos de la misma, esto hace que sea muy importante la gestión de reputación empresarial.

El proceso para llegar al nuevo logotipo implicó muchas horas de discusión interna con la agencia contratada pero el resultado final gustó al equipo de trabajo.

El 4 de octubre de 2010 GAP lanzó su nuevo logotipo en su página de Facebook, que contaba en ese momento con 725.000 fans, mediante un mensaje oficial de la empresa donde pedía feedback respecto al nuevo logo. Este mensaje recibió 1.080 comentarios con reacciones negativas respecto al nuevo logo. Se utilizaron expresiones como: "es horrible", "lo odio", "vuelvan ya al antiguo", "no voy a comprar más en sus tiendas", entre otros.

Lo mismo sucedió en Twitter, donde la crítica a la nueva imagen de la marca se convirtió en un *trending topic* extremadamente popular. La campaña de protesta sorprendió a los ejecutivos.

Para resumir la historia, GAP anuncia el 11 de octubre (8 días después) que utilizarían el logo anterior. Marka Hansen, presidente de Gap Norteamérica declaró "*Hemos aprendido mucho en este proceso. Entendemos que no lo hicimos de la manera correcta*".

**Figura 1.1.** Cambio del logotipo de GAP.

**Advertencia:** En el mundo 2.0, los líderes y las empresas deben tener la humildad de reconocer cuándo se equivocan. Este ejemplo muestra, de manera muy clara, el gran poder que le ha otorgado la Web 2.0 a los consumidores y también muestra la importancia de tener en las empresas y las agencias personas preparadas en la Web 2.0 y gestión de comunidades.

**Truco:** Si quieres conocer más información sobre este caso puede consultar el artículo: "*Gap to Scrap New Logo, Return to Old Design*" (http://adage.com/article/news/gap-scrap-logo-return-design/146417/).

## ¿QUÉ ES LA WEB 2.0?

### Definición de la Web 2.0

Tim O'Reilly definió el concepto de Web 2.0 en 2005 mediante un mapa mental donde resume la relación del término Web 2.0 con otros conceptos.

De acuerdo con la definición original del O'Reilly, la Web 2.0 tiene las siguientes características:

- **La Web es una plataforma**: la Web 2.0 como plataforma consiste en la posibilidad de tener servicios de Internet sin la necesidad de instalar programas.

- **Inteligencia colectiva**: la Web 2.0 permite aprovechar la inteligencia colectiva mediante sus sistemas de interacción y participación.

- **Importancia de los datos**: los datos constituyen una parte fundamental de los proyectos Web y su gestión será clave para el éxito.

- **Versión Beta permanente**: O'Reilly menciona que el software es un servicio que se encuentra en mejora continua, lo que elimina la necesidad de estar actualizando los programas.

- **Modelos de programación ligeros**: las soluciones sencillas y con interfaces universales reemplazan a las soluciones complejas.

- **El software en cualquier dispositivo**: las aplicaciones Web 2.0 funcionan en cualquier dispositivo como son ordenadores, tabletas y smartphones.

- **Experiencias de usuario enriquecedoras**: las aplicaciones y herramientas Web 2.0 aprenden de los usuarios y son muy fáciles de usar.

> **Truco:** Para ampliar la definición de Web 2.0 original dada por O'Reilly puede consultar el artículo: *What Is Web 2.0. Design Patterns and Business Models for the Next Generation of Software.* (http://oreilly.com/pub/a/web2/archive/what-is-web-20.html?page=1).

Se puede concluir entonces que la Web 2.0 la constituyen aquellos sitios Web que permiten compartir información entre los usuarios, un diseño centrado en el usuario con experiencias enriquecedoras y la colaboración en la Web. A diferencia de un sitio Web 1.0 donde los usuarios consumen contenido que son creados para ellos, en un sitio Web 2.0 se puede potencializar la inteligencia colectiva a través de la interacción y colaboración de los usuarios entre sí como creadores de contenido generado.

**Figura 1.2.** Características de la Web 2.0.

> **Nota:** La Web 2.0 la constituyen aquellos sitios Web que permiten compartir información entre los usuarios, un diseño centrado en él, con experiencias enriquecidas y la colaboración en la Web.

## Tipos de sitios Web 2.0

- **Blogs:** sitios Web personales o empresariales para publicar artículos cronológicamente, además poseen herramientas colaborativas y participativas. Mi blog de marketing digital y redes sociales es un ejemplo: `JuanCMejia.com`. Algunas plataformas para blogs son: `Blogger.com` y `Wordpress.com`.

- **Wikis:** sitios Web que permiten de manera colaborativa crear conocimiento. `Wikipedia.org` es el ejemplo más representativo.

- **Redes sociales:** son sitios Web que facilitan a las personas relacionarse entre sí. Dos ejemplos importantes son: `Facebook` y `Google+`.

- **Microblogging:** son sitios que tienen como objetivo compartir con otras personas mensajes cortos. El sitio más conocido de esta categoría es `Twitter.com`.

- **Redes Profesionales:** son sitios Web que permiten a los profesionales relacionarse y compartir información. `LinkedIn.com` es el ejemplo más conocido en esta categoría.
- **Redes de fotografía:** son sitios Web para compartir fotografías propias o de otros con sus amigos. Los ejemplos más importantes son: `Pinterest.com` e `Instagram.com`.
- **Redes de vídeo:** sitios Web que dan la posibilidad de compartir vídeos. `YouTube.com` es el ejemplo más importante de este tipo de red social.
- **Redes de música:** son sitios Web para compartir música con otros usuarios. Los sitios más importantes de esta categoría son: `Last.fm` y `Blip.fm`.
- **Redes de geolocalización:** son sitios Web que permiten compartir y calificar la localización del usuario. El sitio más importante en esta categoría es `foursquare`.
- **Otras herramientas 2.0:** `slideshare.com`, `Delicious.com`.

**Figura 1.3.** Tipos de sitios Web 2.0.

Como se ve en la gráfica anterior las "redes sociales" son uno de los 10 tipos de sitios que conforman la Web 2.0. Al conjunto de estos de sitios se les llama sitios de social media o medios sociales. A pesar de esto, es muy frecuente encontrar autores y personas que prefieren utilizar el término "redes sociales" para referirse a "medios sociales"; por esto en este libro se utilizará el concepto "redes sociales" para referirse a todos los sitios de social media o medios sociales.

> **Nota:** En este libro se utilizará el concepto de "redes sociales" para referirse a todos los sitios que componen la Web 2.0 (social media o medios sociales).

## Historia de la parte social de Internet

A continuación aparece un recuento de los principales acontecimientos que han marcado la historia de las redes sociales:

- 1991: se crea la World Wide Web.
- 1993: desarrollo del primer navegador gráfico llamado "Mosaic".
- 1994: se crea el primer blog.
- 1995: se crea la primera red social `Classmates.com`.
- 1996: `Ask.com` permite que los usuarios hagan búsquedas con lenguaje natural.
- 1997: uno de los primeros bloggers Jorn Barger acuño el término "Weblog".
- 1998: lanzamiento de Open Diary que permite crear periódicos públicos o privados sin necesidad de conocimientos de HTML.
- 1999: lanzamiento de `Blogger.com` y `LiveJournal.com` son las dos primeras herramientas para blogs.
- 2000: lanzamiento de `Wikipedia.com` como la primera enciclopedia de la Web 2.0.
- 2001: lanzamiento de `Meetup.com` permite a las personas organizar eventos de personas con intereses comunes.
- 2002: `Friendster.com` permite a los usuarios crear perfiles y conectarse con sus amigos.
- 2003: lanzamiento de `MySpace.com`, sistema de red social que toma fuerza entre los jóvenes.
- 2004: lanzamiento de `Facebook.com` y `Flickr.com`, red social y sistema para compartir fotos respectivamente.
- 2005: lanzamiento de `YouTube.com`, sistema que permite compartir vídeos.

- ▶ 2006: lanzamiento de `Twitter.com`, sistema de microblogging.
- ▶ 2007: lanzamiento de `Tumblr.com`, sistema de blogging social.
- ▶ 2008: lanzamiento de `Groupon.com`, aplicación de *social commerce*.
- ▶ 2009: lanzamiento de `Foursquare.com`, sistema de geolocalización.
- ▶ 2010: lanzamiento de Google buzz, sistema social que mezclaba varios productos de Google.
- ▶ 2011: lanzamiento de Google+, sistema con todos los rasgos de red social de Google.
- ▶ 2012: lanzamiento de `Pinterest.com`, red social para compartir imágenes.
- ▶ 2013: lanzamiento de `Vine.com`, red social para compartir vídeos cortos.

**Truco:** Para conocer una infografía con la historia de la parte social de Internet ingrese al siguiente enlace: `http://pinterest.com/pin/135248795031431942/`

## Algunos datos importantes

### Facebook

- ▶ Más de 1.000 millones de usuarios activos mensualmente.
- ▶ El promedio de amigos por usuario: 130.
- ▶ Cada día se suben 300 millones de fotos y son realizados más de 3.200 millones de "Me gusta" y comentarios.
- ▶ Más de 600 millones acceden a Facebook desde su dispositivo móvil.
- ▶ Tiempo promedio por visita, 20 minutos.
- ▶ Facebook está disponible en más de 70 lenguajes.
- ▶ Se instalan más de 20 millones de veces el App de Facebook al día.

### Twitter

- ▶ Más de 500 millones de usuarios registrados.
- ▶ Cerca de 140 millones de usuarios activos.
- ▶ Se crean 11 cuentas por segundo.
- ▶ 1 millón de cuentas creadas diarias.

- El 25% de las cuentas de Twitter no tienen seguidores.
- Un 40% de las cuentas no ha enviado ningún tuit.
- El 15% de los adultos en Internet usan Twitter.
- El promedio de seguidores de los usuarios de Twitter son 27.
- 45% son hombres y 55% son mujeres.
- 175 millones de tuits en un día (750 por segundo).
- Se realizan más búsquedas en Twitter al mes (24 millones) que la suma de las búsquedas en Yahoo y Bing.
- El 18% de los usuarios ingresan al menos una vez al día en Twitter.
- Más del 50% de usuarios activos siguen una marca o producto en Twitter.
- El 57% de las empresas que usan Social Media para negocios utilizan Twitter.

## LinkedIn

- 187 millones de miembros.
- 200 países y territorios.
- 2 nuevos miembros cada segundo.
- 5.300 millones de búsquedas durante el 2012.
- El 25% de los visitantes lo hacen desde dispositivos móviles.
- El 90% de los usuarios lo considera útil.
- Más de 1,3 millones de personas utilizan el botón de compartir en los sitios Web.
- Más de 1 millón de grupos en LinkedIn.
- El 81% de los usuarios pertenecen por lo menos a un grupo.
- El 42% de los usuarios actualizan regularmente su perfil de LinkedIn.
- El 35% de los usuarios son mujeres y el 65% son hombres.
- Todas las empresas de Fortune 500 tienen cuenta de LinkedIn.
- El 60% de los usuarios hacen clic en la publicidad.
- Más de 2.6 millones de páginas de empresas.

**Nota:** El tamaño actual de las redes sociales y su crecimiento continuo indican que no es un fenómeno temporal, sino que perduraran en el tiempo.

> **Truco:** El sitio de Website-monitoring.com tiene completa información sobre el tema: http://www.website-monitoring.com/blog/

## Datos estimados en tiempo real de social media

Existe un sitio que da información estimada muy completa de lo que sucede en redes sociales e Internet en tiempo real y muestra lo social que es la red:

http://www.personalizemedia.com/garys-social-media-count/

# REDES SOCIALES

## Definición de redes sociales

Una red social es un grupo de personas o entidades conectadas entre sí por algún tipo de relación o interés común. El término se atribuye a los antropólogos británicos Alfred Radcliffe-Brown y Jhon Barnes.

En antropología y sociología, las redes sociales han sido materia de estudio en diferentes campos, pero el análisis de las redes sociales también ha sido llevado a cabo por otras especialidades que no pertenecen a las ciencias sociales. Por ejemplo, en matemáticas y ciencias de la computación, la teoría de grafos representa las redes sociales mediante nodos conectados por aristas, donde los nodos serían los individuos y las aristas las relaciones que les unen. A través de esta teoría, se pueden analizar las redes sociales existentes entre los empleados de una empresa y, de igual manera, entre los amigos de Facebook.

Las redes sociales se basan en gran medida en la teoría de los **seis grados de separación**, publicada en 1929, que dice que todos los habitantes del mundo están conectados entre ellos con un máximo de seis personas como intermediarios en la cadena. Esto hace que el número de personas conocidas en la cadena crezca exponencialmente a medida que el número de conexiones aumenta, permitiendo que sólo se necesite un número pequeño de conexiones para formar una red que conecte una persona a cualquier otra del mundo.

Como mencionamos antes en este libro se utilizará el concepto de "redes sociales" para referirse a todos los sitios de social media o medios sociales.

## Un poco de historia

Las redes sociales no tienen nada de nuevo debido a que el hombre es un ser social por naturaleza. A lo largo de la historia de la humanidad la parte social ha sido fundamental en la vida del hombre.

En culturas antiguas como la china, la griega, o la romana, entre otras, se identifica la importancia de las redes sociales para su funcionamiento.

Históricamente las redes sociales siempre han permitido la comunicación en dos direcciones, es decir, había comunicación y retroalimentación inmediata.

Cuando las personas se acercaban al parque del pueblo para enterarse de las últimas novedades, se producía una comunicación de ida y vuelta, muy efectiva.

El surgimiento en el siglo 20 de los medios de comunicación masivos como la televisión, la radio, la prensa y otros, trajo múltiples ventajas, pero también inconvenientes. Por un lado simplificó, masificó e hizo rápida la comunicación: pero por otro limitó de manera significativa la retroalimentación, o dicho en otras palabras se pasó de una comunicación de uno a uno, a una comunicación de uno a muchos.

Ejemplos de redes sociales cotidianos son nuestras familias, nuestros trabajos, así como redes generadas en torno a intereses comunes como deportes, áreas profesionales o pasatiempos. Otra redes sociales son los lugares de estudio y los grupos de investigación, así como el barrio donde vivimos.

Las comunidades virtuales y redes sociales digitales permiten recuperar la comunicación de uno a uno que había antes de los medios masivos. Ahora estamos definitiva y permanentemente conectados en un espacio público.

**Nota:** Las redes sociales no es un concepto nuevo, sino que ha acompañado al hombre en toda su historia.

## Estudios que demuestran que Internet y las redes sociales aumentan la socialización

Las redes sociales están cambiando el mundo en el ámbito de la comunicación. A diferencia de lo que piensan muchos, Internet en lugar de amplía nuestras posibilidades de socialización.

Varios estudios han demostrado este hecho:

- ▶ Algunos estudios neurológicos han demostrado que los seres humanos tienen una sensación similar cuando le cuentan algo que cuando lo experimentan. La amígdala cerebral es un conjunto de núcleos neuronales localizados en los lóbulos temporales de los vertebrados complejos, incluidos los humanos. La amígdala forma parte del sistema límbico, y su papel principal es el procesamiento y almacenamiento de reacciones emocionales. La amígdala cerebral aumenta su tamaño a medida que nos volvemos más sociales. Se ha probado que la participación en las redes sociales (Facebook por ejemplo) hace crecer esta zona cerebro.

> **Truco:** Para revisar en detalle el estudio de la amígdala cerebral puede consultar el artículo: *Amygdala volume and social network size in humans* (`http://www.nature.com/neuro/journal/v14/n2/full/nn.2724.html`).

- La prueba de Netville, es un proyecto de investigación que abarcó, en el que se analizaron las diferencias entre 64 viviendas conectadas a la red y 45 desconectadas. Los resultados demostraron que si bien, ambos grupos de residentes mantenían estilos de vida similares, los diferenciaba la estructura social interna.
- Los residentes conectados reconocían tres veces más a sus vecinos y tenían más comunicación con ellos que los no conectados.
- Los conectados hablaban más del doble de veces con sus vecinos y realizaban un 50% más de visitas a sus domicilios, además tenían más comunicación telefónica y por correo electrónico que quienes no estaban conectados.
- Esto demostró que Internet vuelve más sociales a las personas.

> **Truco:** Para revisar en detalle el estudio de Netville consulte el artículo: *Neighboring in Netville: How the Internet Supports Community and Social Capital in a Wired Suburb* (`http://homes.chass.utoronto.ca/~wellman/publications/neighboring/neighboring_netville.pdf`).

- Un estudio en Londres mostró también que las personas que habitaban los barrios más conectados se involucraban más. Este estudio encontró que, aunque Internet puede fomentar la comunicación a través de grandes distancias, también puede facilitar las interacciones cercanas a la casa. Para el estudio se realizaron encuestas detalladas con los habitantes de cuatro barrios en un período de tres años. Tres de los cuatro barrios se les proporcionó una lista de discusión por correo electrónico vecindario y un sitio Web del vecindario.

> **Truco:** Para revisar en detalle el estudio de barrios conectados consulte el artículo: *Neighborhoods in the Network Society: The e-Neighbors Study* (`http://www.mysocialnetwork.net/downloads/eneighborsplace18.pdf`).

- La hormona Oxitocina se genera cuando las personas se enamoran, cuando las mujeres están embarazadas y dan a luz. Es llamada la hormona del amor, de la empatía o de las relaciones. Se genera, por ejemplo cuando un hincha asiste a ver su equipo favorito o cuando una mujer es abrazada. Se ha probado que la utilización de Facebook y Twitter genera cantidades importantes de Oxitocina en las personas.

**Truco:** Para revisar en detalle el estudio de barrios conectados puede consultar el artículo: *Social Networking Affects Brains Like Falling in Love* (http://www.fastcompany.com/1659062/social-networking-affects-brains-falling-love).

**Nota:** Internet y las redes sociales aumentan la socialización de las personas.

## EL CONSUMIDOR 2.0

Para definir el concepto de consumidor 2.0 ha surgido un nuevo término llamado Prosumidor. Prosumidor, llamado en inglés *Prosumer*, es un acrónimo formado por:

PROductor + conSUMIDOR = PROSUMIDOR

Significa que el nuevo consumidor además de absorber datos también los produce.

Pero, ¿Cómo son los consumidores 2.0? ¿Qué los diferencia de los consumidores tradicionales?

Veamos los atributos del consumidor 2.0:

## ¿Cómo es el consumidor 2.0?

- **Es experto**: si bien hace unos años podíamos hablar de consumidores poco experimentados, el consumidor 2.0 se ha convertido en un profesional de la compra. Este consumidor está capacitado para encontrar las mejores ofertas e identificar las fuentes de información que más se ajustan a sus necesidades.
- **Es productor de información**: al consumidor 2.0 le gusta compartir su experiencia con el producto o servicio en la tienda electrónica, o bien mediante los blogs, o redes sociales. Es importante tener en cuenta que

si usted no le da un espacio para que el consumidor 2.0 hable, alguien lo hará por usted.

- **Está conectado**: el consumidor 2.0 está permanentemente conectado y se comunica en tiempo real a través de diferentes dispositivos: teléfono inteligente, tableta, portátil u ordenador personal, todo al mismo tiempo.

- **Está bien informado**: el consumidor 2.0 está cada vez mejor informado, razón por la cual nuestro acercamiento a ellos como marca, debe ser más complejo y sofisticado.

- **Espera honestidad**: el consumidor 2.0 tiende a contrastar la veracidad de los mensajes de las marcas mediante terceras fuentes que generalmente son otros consumidores. Evalúan la honestidad de los mensajes y si detecta que lo tratan de manipular rechaza la comunicación.

- **Espera personalización**: busca una comunicación con las marcas personalizada donde lo traten por su nombre, le ofrezcan lo que quiere y cuando lo quiere.

- **Espera sentirse escuchado**: es importante para el consumidor 2.0 estar en contacto con la marca así como sentir que hay alguien del otro lado escuchando. Quiere expresarle a la marca lo que no les gusta, pero también lo que les agrada y en la medida de lo posible entablar un diálogo.

- **Es impaciente**: los consumidores 2.0 se han acostumbrado a tener la información que necesitan para la toma de decisiones de manera rápida y eficaz. La espera origina rechazo y origina en la muchas ocasiones que el consumidor busque otras alternativas.

- **Busca contenido relevante**: el consumidor 2.0 está siempre buscando contenidos interesantes para disfrutarlos y luego compartirlos con sus contactos.

- **Es infiel**: internet permite al consumidor 2.0 comparar precios de productos o servicios, visualizar comentarios positivos o negativos, etc. Este conocimiento ayuda a la decisión de compra de muchos consumidores 2.0, prescindiendo algunas veces de la marca que acostumbran a utilizar.

- **Es poderoso**: el canal digital permite una comunicación en dos direcciones, lo que otorga al consumidor 2.0 la posibilidad de convertirse en líder de opinión. Cuando un consumidor 2.0 tiene una necesidad insatisfecha o una queja no respondida, puede ser la raíz de una crisis de grandes magnitudes.

- **Le gusta probar**: para el consumidor 2.0 es muy importante probar un producto o servicio antes de comprarlo.

- **Utiliza nuevos lenguajes**: utilizan emoticonos, recortan palabras, utilizan "nicks" y abreviaturas... Se trata de un nuevo lenguaje que se aprende con el simple trato con otras personas vía Internet.
- **Es multitarea**: mientras navegan por Internet pueden estar viendo la televisión, escuchando música o comiendo.

**Figura 1.4.** Características del consumidor 2.0.

**Nota:** Es importante conocer las características del consumidor 2.0 para poder hacer una gestión adecuada de comunidades virtuales.

# El consumidor 2.0 tiene más poder que el consumidor del mundo físico

Aunque los consumidores son muy importantes en todos los tipos de negocios (offline y online), considero que el consumidor 2.0 tiene más poder que los consumidores del mundo físico.

Son varios los motivos por los que considero esto:

- **El consumidor 2.0 tiene mucha información a su disposición**: en el mundo físico la información que tiene el consumidor es la que le provee el dueño del negocio, por otro lado, el consumidor 2.0 tiene gran cantidad de información a su disposición para la toma de decisiones en Internet y las redes sociales. Un negocio físico, por ejemplo en un buen centro comercial, puede asumir que el consumidor nunca sabrá que el artículo que está comprando lo puede conseguir a mitad de precio en otro lugar distanciado físicamente, sin embargo en Internet estos negocios están separados por un clic.

- **El consumidor 2.0 tiene el control de la interacción:** en los negocios físicos se tiene la capacidad de influenciar de forma importante la intensión de compra del consumidor mediante la interacción física. Por otro lado el consumidor 2.0 controla la interacción, ya que decide dónde estar, cuánto tiempo estar. Si el consumidor 2.0 no encuentra rápidamente algo de su interés se irá para otro sitio.

- **El consumidor 2.0 utiliza Internet y las redes sociales para quejarse:** cuando un consumidor de un negocio físico se disgusta, en la mayoría de las ocasiones el impacto de su queja tiene un alcance local (solamente se enteran sus "vecinos"). Cuando un consumidor 2.0 se disgusta, utilizará los canales de Internet y las redes sociales para manifestar su malestar. Como estos canales son herramientas de comunicación tan poderosas, se vuelve muy perjudicial para la imagen de empresa.

**Advertencia:** El consumidor 2.0 tiene más poder que el consumidor del mundo físico.

## Sociedad 2.0

Una estudiosa del tema de la sociedad 2.0 es Dolors Reig, quién lanzó un libro sobre el tema llamado "Socionomía" en mayo de 2012. Veamos algunos aspectos que menciona en su libro.

- **Comunidad ampliada:** la conexión permanente entre las personas hace comunidades cada vez más amplias. Esto da libertad al individuo, a la sociedad y permite potencializar la inteligencia colectiva.

- **Somos sociales por naturaleza:** el hombre siempre ha necesitado su parte social para ser feliz. Somos animales sociales y el éxito de las redes sociales se debe a que potencializan esa parte social del hombre, a que satisfacen nuestros deseos insaciables de sociabilidad.

- **Revolución de las ciencias:** el entorno de datos abundantes y abiertos para la investigación facilitado por la informática, está convirtiendo al mundo en un sistema medible. Hablaremos de revolución de datos, incluso de revolución científica, del cuarto paradigma de la ciencia, de más de una de las que se identifican hoy como tendencias hacia formas alternativas, más rápidas, más eficientes de hacer las cosas en el ámbito de la investigación.

- **De la interacción a la democracia 2.0**: el individuo conectado no es el mismo gracias a la Web. La información se convierte en Internet interactiva, iniciando un continuo hacia la participación que culminará en una democracia 2.0.
- **Liberación democrática**: cada vez son más frecuentes, después de la sucesión de procesos de liberación revolucionaria en los países árabes, el poder de la gente organizada participando en movimientos sociales de importancia.
- **Ciudadano poderoso**: el ciudadano es y se siente mucho más fuerte que en otros momentos de la historia gracias a las redes sociales digitales.
- **Inteligencia colectiva**: la revolución TIC como soporte para la participación y la construcción colaborativa permite generar la inteligencia colectiva.

> **Nota:** Para conocer más detalles del libro Socionomía visite el sitio Web: http://www.socionomia.org/

# REDES SOCIALES: OPORTUNIDADES Y RETOS PARA LAS EMPRESAS

## Oportunidades de las redes sociales para las empresas

- **Creación de comunidad**: las redes sociales permiten a las empresas crear de manera fácil una comunidad con su público objetivo. Esta comunidad no se forma de un día para otro, pero con trabajo y constancia se lograrán buenos resultados.
- **Conocimiento de los clientes**: las redes sociales permiten conocer mejor los sentimientos respecto a la empresa y las necesidades de los clientes actuales y potenciales.
- **Canal emocional**: las redes sociales son canales emocionales lo que facilita la labor de pasar de la mente del cliente a su corazón.
- **Fidelización de clientes**: si se utiliza el conocimiento que adquirimos del cliente para ajustar nuestra propuesta de valor, se logrará una mayor fidelización.

- **Cercanía con el cliente:** las redes sociales permiten acercarnos a los clientes ya que son canales más emotivos y cercanos que el sitio Web.
- **Interacción con los clientes:** las redes sociales facilitan la interacción con los clientes de la empresa y, como se mencionó en la descripción de la sociedad 2.0, las personas esperan tener interacción con la empresa.
- **Difusión de la información:** las redes sociales son una excelente herramienta de propagación de la información de la empresa.
- **Gestión de la reputación:** las redes sociales permiten hacer gestión a la reputación, que incluye actividades como el monitoreo permanente, manejo de clientes inconformes y gestión de ataques a la reputación.
- **Seguimiento de la competencia:** las redes sociales son un excelente canal para monitorear las actividades de la competencia, tanto online como offline. Adicionalmente permite identificar el estado de su reputación online.
- **Mayores ventas:** las redes sociales permiten aumentar las ventas de la empresa, aunque considero que no debe ser un objetivo primario de estas.
- **Mejorar el servicio al cliente:** las redes sociales pueden mejorar el servicio al cliente para lo cual es ideal que haya una integración entre las redes sociales y el sistema de CRM.

**Figura 1.5.** Oportunidades de las redes sociales para las empresas.

## Retos de las redes sociales

- **Rápidos cambios en redes sociales**. Las redes sociales cambian permanentemente y se debe estar atento cuando los cambios afectan la organización.
- **Falta de preparación del responsable**. Cuando se asigna la responsabilidad de redes sociales a una persona que no esté preparada puede tener efectos negativos en la reputación online de la empresa.
- **Deterioro de la reputación de la empresa**. Si se crean canales de redes sociales y no se asigna un responsable de su atención afectará negativamente la reputación de la empresa.
- **Falta de estrategia de redes sociales**. Cuando se ingresa a redes sociales sin una estrategia clara y alineada con la organización puede originar que no se cumplan los objetivos del canal.
- **No escuchar al cliente**. Cuando se está en redes sociales y no se atienden las quejas o necesidades de los clientes tiene un impacto negativo en la reputación de la empresa.
- **Canal virtual**. La virtualidad del canal puede generar riesgos de personas que se hacen pasar por quienes no son.

> **Nota:** El Community Manager debe potencializar las oportunidades y superar los retos de las redes sociales para las empresas.

# RESUMEN, PREGUNTAS DE REPASO Y EJERCICIO

## Resumen

En este capítulo se mostró qué es la Web 2.0, sus características y los tipos de sitios Web que la constituyen: blogs, wikis, redes sociales, microblogging, redes profesionales, redes de fotografía, redes de vídeo, redes de música, redes de geolocalización y otras herramientas. Se revisó también algunos hitos más importantes que han sucedido en la Web 2.0 desde 1991 hasta el 2013 y algunos datos que muestran la importancia de algunos sitios Web 2.0 en nuestras vidas.

Se definió el concepto de redes sociales y cómo en este libro se utilizará este término para referirse a todos los tipos de sitio de la Web 2.0. Se mostró algunos estudios que demuestran que Internet y las redes sociales vuelven a las personas más sociables y no aisladas como piensan muchos.

Se definió al consumidor 2.0, sus características y el gran poder que tiene para las empresas y las marcas hoy. Se definió también los conceptos de sociedad 2.0 y democracia 2.0.

Se finalizó el capítulo identificando las oportunidades y retos que tienen las empresas con las redes sociales.

## Preguntas de repaso

- ¿Cuáles son las características de la Web 2.0?
- ¿Cuáles son los tipos de sitios que componen la Web 2.0?
- ¿Qué son las redes sociales?
- ¿Cuál es el alcance del concepto de redes sociales mencionado en este libro?
- ¿Cuáles estudios demuestran que Internet y las redes sociales nos vuelven más sociales?
- ¿Cuáles son las características del consumidor 2.0?
- ¿Por qué el consumidor 2.0 tiene más poder que el consumidor del mundo físico?
- ¿Qué características tiene la sociedad 2.0?
- ¿Cuáles oportunidades tiene para las empresas las redes sociales?
- ¿Cuáles retos tiene para las empresas las redes sociales?

## Ejercicio

Usted es la persona responsable de liderar un proceso de modernización del logotipo de una empresa que lleva 20 años en el mercado. En el proceso participarán la agencia de publicidad de la empresa y un equipo interno conformado por el gerente general, los gerentes de área y usted.

Proponga los pasos necesarios para realizar dicho proceso.

# 2. Community Manager: El gestor de las redes sociales en la empresa

Objetivos:

- ▶ El Community Manager de hoy: Estratégico y táctico.
- ▶ Perfil del Community Manager.
- ▶ Funciones de un Community Manager.
- ▶ Normas de comportamiento del Community Manager en las redes sociales.
- ▶ El Community Manager y su marca personal.

## CASO DE ESTUDIO

En abril de 2011, el gobierno de Inglaterra contrató una persona responsable de adaptar las comunicaciones y mensajes públicos del Gobierno a los nuevos sistemas de comunicación, es decir un Community Manager.

Lo que llamó la atención de este nuevo cargo, fue el salario asignado: 142.000 libras (174.632 euros) al año. Es importante anotar que el salario del primer ministro, David Cameron, durante 2010 fue de 142.500 libras al año, es decir, 500 libras más.

Entre las responsabilidades que tiene la persona será el manejo de la cuenta de Twitter, por lo que se le exigió a la persona seleccionada amplia experiencia en este canal.

**Figura 2.1.** Community Manager en Inglaterra.

> **Truco:** Para revisar la información detallada de esta noticia puede consultar el artículo: *Government Twitter Tsar to be on £142.000 salary* (http://www.telegraph.co.uk/technology/twitter/8435611/Government-Twitter-Tsar-to-be-on-142000-salary.html).

Este ejemplo muestra como Internet y las redes sociales se han convertido en canales de comunicación muy importantes para los gobiernos. Es por eso que muchos gobiernos de todo el mundo, incluido el español, tienen perfiles en redes como Twitter para estar presente en estos medios.

> **Nota:** Un Community Manager que tenga la capacidad de liderar acciones estratégicas y tácticas en redes sociales para una empresa puede aspirar a un buen salario.

## EL COMMUNITY MANAGER DE HOY: ESTRATÉGICO Y TÁCTICO

### Qué es un Community Manager

Con el crecimiento de las redes sociales, toma mayor importancia el Community Manager, llamado algunas veces en español Gestor de Comunidades. Se trata de una persona encargada de gestionar y moderar las comunidades de Internet de una empresa.

Para conocer qué es un Community Manager, quiero hacer referencia a una excelente definición de la AERCO - PSM (Asociación Española de Responsables de Comunidades Online – Profesionales de Social Media):

*"El Community Manager es aquella persona encargada o responsable de sostener, acrecentar y, en cierta forma, defender las relaciones de la empresa con sus clientes en el ámbito digital, gracias al conocimiento de las necesidades y planteamientos estratégicos de la organización y los intereses de los clientes. Una persona que conoce los objetivos y actúa en consecuencia para conseguirlos."*

**Nota:** El Community Manager es aquella persona que preserva la identidad digital de la compañía.

**Truco:** En el sitio Web de EARCO puede encontrar importante información sobre Community Manager: http://www.aercomunidad.org

El Community Manager es el enlace entre la empresa y la comunidad, a través de los medios digitales. La labor del Community Manager es utilizar Internet y las redes sociales para acercar la marca a la comunidad, creando conversaciones y confianza a través de una participación natural.

El potencial del Community Manager reside en establecer una relación de confianza con los simpatizantes de la marca, recoger el *feedback* de los mismos y utilizarlo para proponer mejoras internas.

En los últimos años, las empresas han ido incorporando a los Community Managers porque han comprendido la importancia de la comunicación a través de Internet, especialmente en estas comunidades.

**Nota:** El Community Manager debe ser la voz de la empresa para los consumidores y la voz de los consumidores para la empresa.

Muchas profesiones tienen algo de Community Manager, veamos algunos ejemplos:

- ▶ El presidente, apoyado por su equipo de gobierno, debe sostener y defender las relaciones del gobierno con la ciudadanía.
- ▶ El líder de una organización o área tiene, como una de sus principales responsabilidades, hacer gestión en su equipo de trabajo (comunidad) para lograr que los objetivos de la empresa o área se cumplan.

- El sacerdote o pastor de una iglesia tiene como labor fundamental mantener y hacer crecer su comunidad de feligreses.
- El director técnico de un equipo debe lograr que sus jugadores (comunidad) ganen manteniendo y haciendo crecer a su equipo para lograr lo mejor de cada individuo.

**Nota:** Todos los líderes deben tener algo de Community Manager.

## Especializaciones del Community Manager

Empresas grandes y agencias que presten el servicio de *Outsourcing* en Community Manager, han dividido esta profesión en varias más especializaciones, como son:

- **Community Manager:** cuando se especializan las actividades, la responsabilidad del Community Manager son las acciones tácticas de las redes sociales virtuales de la empresa.
- **Social Media Manager:** es la persona encargada de realizar las acciones estratégicas de la empresa en las redes sociales.
- **Gestor de la reputación online:** es la persona encargada de la "imagen de marca", un profesional que realiza tres tareas básicas: investiga la reputación de la empresa o institución en internet, hace el seguimiento permanente de esa reputación a través de unas técnicas y herramientas de rastreo, y finalmente gestiona la buena imagen de la organización.
- **Experto en Analítica Web:** es la persona que se encarga de medir, recopilar e interpretar toda la información generada en la Red.
- **Curador de contenido Online:** es la persona que se encarga de detectar el mejor contenido que circula por la Web, para ponerlo a disposición de la comunidad. Es un experto en la ubicación de contenidos interesantes de otros sitios; procesa o reescribe esos materiales, los organiza y los refiere a la audiencia.
- **Educación 2.0:** es la persona que se encarga de evangelizar y educar el interior de la organización en todo lo relacionado con redes sociales.

**Nota:** El alcance del Community Manager, tratado en este libro, cubre las todas las especializaciones descritas: Community Manager, Social Media Manager, Gestor de Reputación Online, Experto en Analítica Web, Curador de Contenido Online y Educación 2.0.

## Qué no es un Community Manager

- **No es un Webmaster**: el perfil de un Webmaster, técnico en sistemas, no tiene nada en común con el Community Manager, por eso no resulta adecuado que el Webmaster haga esta labor.

- **No es una persona a la que se le asigna una actividad más**: en algunas empresas, de manera inapropiada, le asignan la responsabilidad de Community Manager a una persona que ya tiene múltiples ocupaciones, lo que origina que solo atiende las redes sociales cuando "le queda tiempo" (en muchas ocasiones es poco frecuente).

- **No es un comunicador o periodista del mundo físico**: así como un diseñador gráfico no siempre es un buen diseñador Web; un comunicador de medios físicos no siempre es un buen Community Manager.

- **No es el administrador del sitio Web**: el sitio Web no es responsabilidad del Community Manager. Este debe enfocarse en los canales de Web 2.0 (Blog, Facebook, Twitter, LinkedIn, etc.).

- **No es marketing, soporte, relaciones públicas, producto o comunicación, pero tiene que ver con todos y cada uno de ellos**. Las tareas del Community Manager gozan de autonomía pero, al mismo tiempo, necesitan apoyarse en muchos otros departamentos de la organización.

**Advertencia:** Cuando se asigna la responsabilidad de Community Manager a una persona que no está preparada, puede traer efectos negativos a la reputación de la empresa.

**Truco:** El artículo de Jenn Pedde habla sobre qué NO es un Community Manager: http://www.prdaily.com/Main/Articles/A_community_manager_is_not__12789.aspx#

## PERFIL DEL COMMUNITY MANAGER

Todo Community Manager debe poseer una serie de habilidades técnicas y sociales. De las habilidades que se van a mencionar, hay algunas que son necesarias para la gestión (se requieren para poder comenzar, ya que sería costoso o largo adquirirlas durante el trabajo) y otras deseables (no se requieren para iniciar, ya que se pueden adquirir durante la ejecución del trabajo). Veamos cada una de ellas.

## Habilidades sociales

- **Creativo:** es necesario que el Community Manager sea creativo para realizar campañas y acciones impactantes con un presupuesto reducido.
- **Sabe escuchar:** es necesario que el Community Manager escuche activamente a la comunidad, esto significa que debe escuchar y después actuar.
- **Buen escritor:** el Community Manager debe tener la capacidad de expresar muy claramente sus ideas a través de medios escritos.
- **Paciente:** el Community Manager debe ser paciente a la hora de enfrentarse con un cliente disgustado y nunca salirse de sus casillas.
- **Cordial:** es fundamental que el Community Manager sea simpático y muy cordial en su trato. Nunca debe responder estando enojado.
- **Empático:** el Community Manager debe ser capaz de ponerse en el lugar de los demás, lo que le permite ser la voz del consumidor en la empresa.
- **Asertivo:** es necesario que el Community Manager pueda defender sus opiniones frente a los demás sin caer en cualquiera de los dos extremos: pasividad (no expresar lo que se quiere) o agresividad (intimidar o ser grosero).
- **Humilde:** el Community Manager debe valorar las opiniones del resto de participantes en la comunidad para tener éxito en su gestión.

**Advertencia:** Un excelente comunicador que no tenga habilidades sociales, no será exitoso como Community Manager.

## Habilidades administrativas

- **Organizado:** el Community Manager debe ser organizado para poder priorizar su trabajo y realizar varias tareas al tiempo.
- **Resolutivo:** es necesario que el Community Manager dé respuestas de forma rápida y adecuada. No se trata de responder lo antes posible a la duda de un usuario, sino de hacerle ver que ha sido escuchado, que la empresa o marca a la que se ha dirigido ha recibido su comunicación y está trabajando para ofrecerle la mejor respuesta en el menor plazo posible.
- **Autoaprendizaje:** es importante que un Community Manager sea muy buen lector, curioso y tenga capacidad de autoaprendizaje para mantenerse actualizado.

- ▶ **Pasión por la tecnología:** es necesario que el Community Manager le apasione y tenga conocimientos básicos de nuevas tecnologías, Internet y la Web 2.0, ya que es en este ambiente donde se moverá permanentemente.

- ▶ **Trabaja en equipo:** es necesario que el Community Manager tenga aptitudes para coordinar otras personas y colaborar en un equipo de trabajo.

- ▶ **Líder:** el Community Manager debe liderar las comunidades que está gestionando para lograr un adecuado crecimiento y *engagement*.

- ▶ **Moderador:** se esfuerza por mantener un ambiente cordial entre todos los usuarios, relajando tensiones, pero manteniéndose firme a la hora de cortar malos tratos.

- ▶ **Sentido común:** el Community Manager debe tener mucho sentido común, su trabajo es bastante nuevo y por este motivo diariamente se presentan situaciones que no están definidas en el manual de estilo o plan de contingencias y debe decidir cuál es la mejor respuesta en cada caso.

**Nota:** Las habilidades administrativas le permiten al Community Manager llevar las redes sociales de la empresa a niveles sobresalientes.

## Habilidades técnicas

- ▶ **Tiene buena ortografía y redacción.** Es necesario que el Community Manager tenga una excelente ortografía y capacidad de redacción. Este es un tema prioritario para el cargo ya que no se soluciona, como muchos piensan, con el corrector ortográfico de Word.

- ▶ **Conoce los temas de marketing, publicidad y comunicación corporativa.** El Community Manager debe tener conocimientos básicos de marketing, publicidad y comunicación corporativa para poder interactuar con diferentes interlocutores de manera eficiente.

- ▶ **Conoce las redes sociales.** Es necesario que el Community Manager tenga conocimientos de las redes sociales, tanto desde el punto de vista táctico como estratégico.

- ▶ **Utiliza las herramientas de redes sociales.** El Community Manager debe conocer el uso de las principales herramientas de redes sociales.

- ▶ **Experimentado en comunicación online.** Es necesario que el Community Manager tenga experiencia en comunicación online. La experiencia puede ser con el manejo de cuentas propias (marca propia).

- **Conoce de Analítica de redes sociales.** Es muy importante que el Community Manager conozca la interpretación y formulación de indicadores para controlar la gestión de redes sociales.

- **Sabe formular una estrategia de gestión de la reputación en redes sociales.** El Community Manager debe estar capacitado para implementar una estrategia de gestión de reputación en redes sociales.

- **Conoce la empresa y el sector.** Es deseable que el Community Manager tenga experiencia en el sector en el que la empresa o la marca se desenvuelven.

- **Conoce la audiencia.** Es deseable que el Community Manager conozca la audiencia a la que se tendrá que enfrentar cuando esté realizando su labor.

| Habilidades sociales | Creativo | Habilidades técnicas | Tiene buena ortografía y redacción |
| --- | --- | --- | --- |
| | Sabe escuchar | | Conoce los temas de marketing, publicidad y comunicación corporativa |
| | Buen escritor | | |
| | Paciente | | |
| | Cordial | | Conoce de redes sociales |
| | Empático | | Utiliza las herramientas de redes sociales |
| | Asertivo | | Experimentado en comunicación online |
| | Humilde | | |
| Habilidades administrativas | Organizado | | Conoce de Analítica de redes sociales |
| | Resolutivo | | |
| | Autoaprendizaje | | Sabe formular una estrategia de gestión de la reputación en redes sociales |
| | Pasión por la tecnología | | |
| | Trabaja en equipo | | |
| | Líder | | |
| | Moderador | | |
| | Sentido común | | |

**Figura 2.2.** Habilidades sociales, administrativas y técnicas del Community Manager.

**Advertencia:** Un Community Manager que tenga mala ortografía o mala redacción puede poner en riesgo la reputación de la empresa.

## FUNCIONES DE UN COMMUNITY MANAGER

## Funciones estratégicas

- **Tener visión global.** El Community Manager debe dar una visión global de las redes sociales.

- **Crear la estrategia de redes sociales.** El Community Manager debe liderar la definición de la estrategia en redes sociales. Este debe ser un proceso participativo de diferentes áreas de la organización.
- **Estimar el presupuesto.** El Community Manager debe estimar el presupuesto necesario para implementar la estrategia de redes sociales.
- **Definir las redes sociales adecuadas.** El Community Manager debe identificar la red más apropiada para su estrategia y empresa, de acuerdo a los objetivos y necesidades de la empresa y los consumidores.
- **Administrar la Reputación Online.** El Community Manager debe crear la estrategia de gestión de la reputación online.
- **Responder a los ataques a la reputación.** El Community Manager debe diseñar la respuesta a los ataques referidos a la reputación de la empresa.
- **Encontrar vías de colaboración.** El Community Manager debe encontrar vías de colaboración entre la comunidad y la empresa. Este debe mostrar "el camino" y diseñar una estrategia clara de colaboración.
- **Buscar líderes.** El Community Manager debe ser capaz de identificar y "reclutar" a los líderes de las redes sociales, no sólo entre la comunidad sino dentro de la propia empresa.
- **Medir y analizar.** El Community Manager debe medir y analizar el éxito de la estrategia implementada, replicando, creando y corrigiendo si es necesario.

**Nota:** Algunos autores llaman Social Media Manager a las personas que realizan las funciones estratégicas del Community Manager.

## Funciones tácticas

- **Escuchar y monitorear.** El Community Manager debe escuchar y monitorear constantemente las redes sociales en busca de conversaciones sobre la empresa, los competidores o el mercado. Una empresa puede no tener perfiles en redes sociales, pero siempre debe escuchar con la ayuda del Community Manager.
- **Circular la información internamente.** El Community Manager debe filtrar la información relevante captada en las redes sociales para hacérsela llegar a las personas responsables dentro de la empresa. Debe informar a toda la empresa lo que se está diciendo de ella.

▶ **Explicar la posición de la empresa.** El Community Manager debe explicar las posiciones de la empresa a la comunidad. Como dijimos antes debe ser la voz de la empresa hacia la comunidad, una voz que transforma la "jerga interna" de la compañía en un lenguaje adecuado para las redes sociales y entendible, logrando consumidores mejor informados.

▶ **Responder y conversar activamente.** El Community Manager debe responder y conversar activamente en todos los medios sociales en los que la empresa tenga presencia activa (perfil) o en los que se produzcan menciones relevantes.

▶ **Dinamizar.** El Community Manager debe buscar colaboraciones entre la comunidad y la empresa, lo que permitirá que la comunicación sea en dos direcciones (Web 2.0). Si solamente se utilizan las redes sociales para amplificar la información de la empresa, como si fuese un megáfono, se están subutilizando estos canales.

▶ **Motivar.** El Community Manager debe motivar a los fans para que se conviertan en "evangelizadores" de la marca a través de promociones y contenido de valor agregado.

▶ **Generar contenido.** El Community Manager debe comunicar y generar contenido en los medios sociales, usando todas las posibilidades multimedia a tu alcance.

▶ **Liderar la comunidad.** El Community Manager debe liderar la comunidad, cuando no lo hace, se convierte en un simple intermediario de información.

▶ **Evangelizar internamente.** El Community Manager debe evangelizar y capacitar de forma permanente al interior de la organización.

**Figura 2.3.** Funciones estratégicas y tácticas del Community Manager.

> **Nota:** Las funciones tácticas del Community Manager son tan importantes como las estratégicas.

## Descripción de una jornada de un Community Manager

- Debe empezar revisando cuáles fueron los últimos aportes de la comunidad en los perfiles de redes sociales de la empresa y responder a cada uno.
- Luego debe monitorear las menciones y posibles ataques a la reputación en las redes sociales que se han realizado desde la última conexión.
- Se debe hacer circular la información internamente de lo que está pasando en las redes sociales respecto a la empresa.
- Se deben buscar influenciadores y líderes de opinión de nuestra audiencia.
- Se deben buscar vías de colaboración y *leads*.
- Se debe actualizar todos los perfiles de redes sociales de la empresa.
- Se debe revisar, moderar, dinamizar y dar respuestas en los perfiles de redes sociales de la empresa.
- Se debe crear y publicar el contenido del blog.
- Se debe monitorear el crecimiento y *engagement* de la comunidad.
- Se deben tener reuniones internas cuando sea necesario.
- Se debe ajustar el plan estratégico de social media cuando se presenten desviaciones.
- Se debe hacer investigación.
- Se debe hacer selección de contenidos para publicar en los diferentes canales.
- Se debe divulgar la información que la empresa quiere comunicar.
- Se deben gestionar las crisis de reputación cuando se presenten.
- Se debe crear contenido, incluye:
    - Artículos.
    - Imágenes e infografías.
    - Vídeos y animaciones.
    - Audios.
    - Aplicaciones Web.
- Se deben realizar acciones para optimizar el posicionamiento en buscadores (SEO).

# Priorización de actividades de un Community Manager

Para la priorización de actividades del Community Manager usaré la propuesta del sitio Web `IntersectionConsulting.com` en la infografía que se llama: *Social Media Workflow*.

Para una semana de 40 horas laborales se propone la siguiente distribución de tiempo:

- **Blogging**. Planear, escribir y publicar artículos en el blog: **7.5** horas/semana.
- **Contingencias**. Solución de problemas, post no programados, investigación social y control de daños: **5.0** horas/semana.
- **Actualización de redes sociales**. Publicación de textos, fotos, vídeos y comentarios en redes sociales: **4.0** horas/semana.
- **Investigación y planeación**: Contenido de fuentes internas y externas, administración del calendario editorial: **4.0** horas/semana.
- **Conversaciones**. Responder los mensajes directos, menciones, diálogos, preguntas y comentarios: **4.0** horas/semana.
- **Curación de contenido**. Leer RSS, filtros y contenido compartido: **2.5** horas/semana.
- **Escucha**. Monitoreo de marca, menciones, búsqueda de palabras clave: **2.5** horas/semana.
- **Campañas**. Desarrollo de campañas y administración de promociones: **2.5** horas/semana.
- **Construcción de comunidad**. Mantenimiento y crecimiento de la comunidad: **2.5** horas/semana.
- **Analítica**. Medición y reportes de redes sociales: **2.5** horas/semana.
- **Estrategia**. Planeación táctica y generación de ideas: **2.5** horas/semana.

> **Truco:** Para ver la infografía de priorización del tiempo de un Community Manager, visite el siguiente enlace: `http://pinterest.com/pin/135248795031580967/`

# Normas de comportamiento del Community Manager en las redes sociales

- **Ajustarse a la ley**. El Community Manager debe actuar siempre en las redes sociales de acuerdo con la ley vigente en el país donde desarrolle la labor.
- **Evitar opiniones personales**. El Community Manager debe evitar expresar opiniones personales en las redes sociales, que vayan en contra de la línea editorial de la empresa.
- **Mantener confidencialidad**. El Community Manager debe mantener la confidencialidad de la información de la empresa y los clientes que llegue a sus manos.
- **Evitar los protagonismos personales**. El Community Manager debe tener presente que las acciones emprendidas con éxito deberán repercutir positivamente solamente en la imagen de la empresa, y no en la imagen personal.
- **Cordialidad y respeto**. El Community Manager debe respetar la opinión de los demás y no dar un mal trato a alguien por algún motivo, incluido que tenga puntos de vista diferentes a los de la empresa.
- **Ponerse en el lugar de los demás**. Si el Community Manager quiere hablar y que le escuchen, tendrá que escuchar también a su comunidad.
- **No buscar conflictos**. El Community Manager debe evitar los conflictos con otros usuarios en las redes sociales, ya que conseguirá enemigos en lugar de amigos.
- **No hacer monólogos**. El Community Manager debe interactuar con otros usuarios de la comunidad, hacer comentarios sobre sus aportes y promover la discusión.
- **Generar valorar a la comunidad**. El Community Manager debe compartir información valiosa para los demás, aportando valor agregado.
- **Nombrar siempre las fuentes**. El Community Manager debe citar la fuente cuando se comparta contenido de otros.
- **Ser honesto**. El Community Manager debe ser sincero, por tanto, si comete algún error, debe reconocerlo y disculparse. Si cometió un error en el muro de Facebook no lo borre, simplemente añada un comentario.
- **No enviar spam**. El Community Manager por ningún motivo debe enviar spam sobre la empresa a sus contactos para evitar que sea eliminado de las redes de su comunidad.

- ▶ **Ser agradecido.** El Community Manager debe saber escuchar, ser capaz de cambiar y ser agradecido con los que hablan bien de nosotros o propagan nuestra información.

- ▶ **Mente abierta.** El Community Manager debe tener en consideración la multiculturalidad, pluralidad, globalidad y diversidad de las redes sociales. Debe tener presente que el aporte de todos, suma y que se tienen que sentir parte de un mismo "barco".

- ▶ **Cercanía.** El Community Manager debe tener un lenguaje que denote cercanía, ya que las redes sociales tienen un importante componente emotivo.

- ▶ **Escribir sin errores.** El Community Manager debe escribir sin errores de ortografía o gramaticales, estos deterioran la credibilidad de la empresa que representan, en incluso pueden originar ataques a la reputación.

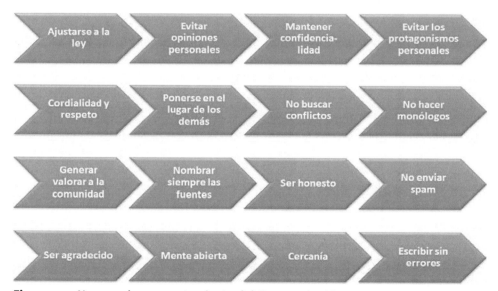

**Figura 2.4.** Normas de comportamiento del Community Manager en las redes sociales.

**Nota:** Todo Community Manager debe conocer las normas de comportamiento en las redes sociales para tener éxito en su gestión.

## EL COMMUNITY MANAGER Y SU MARCA PERSONAL

### Qué es marca personal

Quiero comenzar haciendo alusión a una frase de Enrique Dans, que comparto, donde define la marca personal cómo: "trabajar, trabajar y trabajar". Él afirma que "si un profesional quiere trabajar marca personal sin trabajar, se puede convertir en "Charlatán 2.0".

> **Advertencia:** Utilizar estrategias para el desarrollo de marca personal sin trabajar, lo pueden convertir en "Charlatán 2.0".

El concepto de marca personal no es nuevo, existió siempre. Por ejemplo, Atila el Huno y Genghis Khan lograron que otras personas de su época, los consideraran grandes guerreros, lo que repercutía en las batallas, ya que infundían temor en sus adversarios.

Fue el autor norteamericano Tom Peters en su artículo *The Brand Called You* el primero en definirlo formalmente en 1997. En su artículo, Peters afirma que la única manera de lograr diferenciarnos como profesionales en un mundo cada vez más competitivo es manejando nuestra carrera como las grandes empresas manejan las marcas.

> **Truco:** El artículo original de Tom Peters llamado *The Brand Called You* puede leerlo en: http://www.fastcompany.com/28905/brand-called-you

La marca personal, en inglés *personal branding*, consiste en considerar el nombre de la persona como si se tratase de una marca. Ayuda a los profesionales a ocupar un lugar preferente en la mente de las personas, para lo cual, debemos identificar y comunicar aquellos aspectos que nos hacen. La reputación es muy importante en la marca personal, ya que su verdadero valor no lo da usted mismo sino las personas que lo rodean, aquellos en los que influye, es decir, la percepción que otros tengan de usted es fundamental en su marca personal.

Una marca personal debe ser creada, comunicada y propagada con el fin de diferenciarse respecto a las otras personas, con el fin de lograr mayor éxito en las relaciones sociales y entre profesionales.

Otro concepto importante es el marketing personal, que consiste en "saber venderse" y su desarrollo requiere el uso de técnicas similares a las de cualquier proceso de marketing y ventas de productos o servicios.

Andrés Pérez Ortega, creador del sitio `Marcapropia.net` define el concepto como:

*"Desarrollar una Marca Personal consiste en identificar y comunicar las características que nos hacen sobresalir, ser relevantes, diferentes y visibles en un entorno homogéneo, competitivo y cambiante."*

> **Truco:** Encontrará completa y actualizada información sobre el tema de marca personal en la siguiente dirección: `http://marcapersonal.net`

> **Nota:** La marca personal es un producto, y el desarrollo de marca personal es un proceso para lograr una marca personal.

El desarrollo de marca personal permite:

- Dejar una huella en otras personas.
- Dar claridad de nuestra identidad (valores, creencias, sentimientos, habilidades, pasiones y talento) ante otras personas.
- Destacar sus fortalezas como profesional.

La finalidad del desarrollo de marca personal es:

- **Ser recordados**. Que cuando se mencione su nombre, se piense en usted como profesional y no en ningún otro con su nombre.
- **Ser tenidos en cuenta**. Que alguien piense en usted para darle un trabajo, un ascenso, un negocio.
- **Ser la opción preferente**. Si usted está entre dos opciones iguales, la marca personal crea la diferencia.
- **Ser elegidos**. Que lo elijan como la mejor opción.

Para desarrollar una estrategia de desarrollo de marca personal se debe comunicar a las personas:

- Quién es.
- Qué hace.
- Qué lo hace diferente respecto a su competencia.

## Importancia de la marca personal para el Community Manager

El desarrollo de una estrategia de marca personal es muy importante para todos los profesionales, pero especialmente para los Community Manager. Algunos de sus beneficios son:

- **Diferenciación.** Le permite diferenciarse de otros profesionales, esto se vuelve especialmente importante en un entorno muy competido y cambiante como el actual.
- **Confianza.** La marca personal permite generar y fortalecer confianza, con el fin de aumentar la credibilidad, fundamental en el mundo digital.
- **Prestigio.** La marca personal genera prestigio, reconocimiento y notoriedad entre su público, permitiendo que se convierta en una persona influyente.
- **Posicionamiento.** Le permite posicionarse como experto en su campo de especialidad.
- **Competitividad.** La marca personal permite colocarse por delante de sus competidores ante un nuevo trabajo, una promoción laboral, la asignación de proyectos importantes, etc.
- **Visibilidad.** Le permite ser más visible en su sector profesional, generando una impresión positiva.
- **Influencia.** La marca personal permitirá que pueda propagar con mayor facilidad sus ideas y que los otros profesionales de su sector le crean.
- **Liderazgo.** La marca personal facilita el proceso de liderazgo ya que los miembros del equipo confiarán más rápidamente en el líder.
- **Conocimiento.** La marca personal le permite conocer y aprovechar de manera oportuna oportunidades que no han percibido otros.
- **Empleabilidad.** Una persona con una adecuada marca personal mejora su empleabilidad ya que muchas empresas lo querrán contratar por su reputación.
- **Autoconfianza.** La marca personal permite aumentar la autoconfianza ya que le muestra a las personas de lo que son capaces.
- **Entrenamiento.** Para los Community Managers el desarrollo de estrategias de marca personal les permite entrenarse en su labor y probar lo que funciona y no en redes sociales.

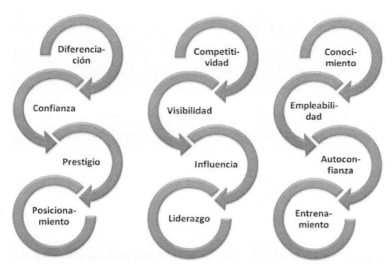

**Figura 2.5.** Importancia de la marca personal para el Community Manager.

## Pasos para desarrollar una estrategia de marca personal Online

Los pasos para una estrategia de marca personal son los siguientes:

### Conocerte a ti mismo

Es muy importante conocerte a sí mismo:

- ▶ **Identifique su pasión.** La pasión es fundamental en el desarrollo de marca personal ya que ayudará a tener éxito. Para esto, es fundamental que el tema que elija para su blog le apasione.

- ▶ **Hágase estas preguntas:** ¿Quién es?, ¿Qué sabe hacer?, ¿Qué es lo que hace mejor?, ¿Qué tiene para ofrecer?, ¿Cuáles son tus valores personales?, ¿Cómo los comunica?

### Elija su nombre para la estrategia de marca personal

Se debe seleccionar el nombre con el que se va a trabajar. Algunas recomendaciones para ese nombre son:

- ▶ Lo más corto posible.
- ▶ Cuando se lea debe asociarse fácilmente a su nombre.
- ▶ Evitar abreviaturas poco comunes.

- Preferiblemente que estén libres las cuentas en redes sociales y el nombre de dominio con ese nombre.
- Escoger un nombre de dominio libre.
- Para verificar la disponibilidad, recomiendo la herramienta: `Namecheckr.com`. Si el nombre está ocupado, en algunos canales se puede hacer una pequeña modificación del mismo.

> **Truco:** Para verificar la disponibilidad de su nombre en las diferentes redes sociales, le sugiero utilizar la herramienta: `http://namechk.com/`. Para verificar la disponibilidad del nombre de dominio se puede utilizar el sitio `http://Godaddy.com`.

## Cree o actualice su blog

El paso siguiente en el desarrollo de una estrategia de marca personal, consiste en crear un blog que ofrezca contenido de valor a su audiencia, con el nombre seleccionado en el paso anterior. Para esto, tiene dos alternativas: utilizando una plataforma de publicación gratuita (`Blogger.com`, `Wordpress.com`, `Tumblr.com`, etc.) o creando un sitio Web independiente en un hosting contratado por usted.

Es muy importante fundamentar la estrategia de desarrollo de marca personal en el blog. Esto es debido a varios aspectos:

- Tenemos el control en nuestro blog por ser propio, esto no sucede con las redes sociales donde estamos usando la plataforma de un tercero.
- La información que publicamos tiene un ciclo de vida mayor. En las redes sociales tiene una vigencia muy corta, en Twitter por ejemplo un tuit "desaparece" a los 30 minutos.
- Debemos procurar que lo que escribamos sea digno de propagación.
- Algo fundamental es que el blog tenga botones para compartir los artículos en las redes sociales.
- La labor de curador de contenidos es muy importante en el blog. Se debe sacar un tiempo importante en el día a leer del tema de la audiencia y compartir todos aquellos temas que nos gusten.
- El blog será más relevante cuantos más enlaces tenga desde otros sitios es por eso muy importante buscar la propagación.
- En el blog se debe potencializar todas las participaciones en medios electrónicos y tradicionales. Si es un periódico físico debemos sacar una imagen del artículo y ponerlo en el blog.

Algunas sugerencias adicionales son:

- Invite a sus visitantes seguirlo en redes sociales.
- Agregue botones a los artículos para compartirlo en redes sociales: Twitter, Facebook, LinkedIn, GooglePlus, Pinterest, entre otros.
- Conteste a los comentarios que reciba en su blog.
- Deje comentarios en otros blogs relacionados con el tema.

**Nota:** Los botones para compartir el artículo en redes sociales son fundamentales para aumentar el tráfico del sitio y mejorar el posicionamiento en buscadores.

**Nota:** La creación de un blog está cubierto en profundidad en el capítulo 3 de este libro.

## Cree cuentas en las redes sociales más importantes

Estas redes sociales son las primeras que se deben crear y deben estar presentes en toda estrategia de marca personal.

- Cree o actualice su página de Facebook.
    - Facebook permite divulgar información de su blog y relacionarse con su audiencia.
    - Cree su perfil personal que utilizará para administrar la página de Facebook y los grupos. Este no se usa para el desarrollo de estrategias de marca personal.
    - Cree su página de Facebook, por ser pública tiene una gran capacidad de propagación.
    - Agregue la dirección URL de su blog a su página de Facebook.
    - Realice un diseño de su página de Facebook consistente con su blog y cuenta de Twitter.
    - Escriba mínimo dos post al día en su página de Facebook.
    - Responde todos los comentarios de las personas en su muro de Facebook.
    - Complete toda la información del perfil para su página de Facebook.
    - Integre su página de Facebook con Twitter, Pinterest, YouTube y otras redes sociales a través de pestañas.

- Cree o actualice su cuenta de LinkedIn.
  - La red profesional más importante, es fundamental para la estrategia de marca personal.
  - Cree o actualice su perfil de LinkedIn con el fin de describir con precisión lo que hace y, al mismo tiempo, proporcione valor a su audiencia.
  - Realice un diseño de su cuenta de LinkedIn consistente con su blog y las otras cuentas de Social Media.
  - Añada un enlace a su blog en su perfil de LinkedIn.
  - Añada un enlace a sus cuentas de redes sociales.
  - Cree un grupo relevante de su industria, nicho, intereses o sector de actividad.
  - Responda a las preguntas formuladas por otros miembros de la comunidad de LinkedIn.
  - Haga preguntas a su comunidad de LinkedIn.
  - Siga a sus empresas favoritas.
- Cree o actualice su cuenta de Twitter.
  - Excelente canal de propagación de la información que usted produce con su blog.
  - La cuenta de Twitter debe manejar el mismo tema de su blog.
  - Es importante realizar un diseño de su cuenta de Twitter consistente con su blog y otras redes sociales.
  - Cree una descripción con palabras clave.
  - Agregue la dirección URL de su blog a la descripción de su cuenta de Twitter.
  - Debe publicar contenido de valor añadido.
  - Envíe al menos 5 tuits al día.

**Nota:** La creación de las cuentas de Facebook, LinkedIn y Twitter deben estar siempre presentes en una estrategia de desarrollo de marca personal.

## Cree otras cuentas de redes sociales

Estas redes sociales no son obligatorias en la estrategia de marca personal. Su uso depende del tema a cubrir y de la audiencia de la estrategia.

- Cree o actualice su canal de YouTube.
  - Canal de vídeos líder en el mundo, excelente repositorio de los vídeos que se produzcan.
  - Cree un fondo personalizado en YouTube con información clave y que refleje su personalidad.
  - Cree o actualice la descripción de YouTube para asegurarse que contribuya mejor a promover su nombre, teniendo en cuenta la diferenciación y palabras clave.
  - Cree vídeos que incluyan contenido de valor añadido.
  - Incluye el URL de su Blog en el título y la descripción de vídeo.
  - Agregue etiquetas / palabras clave relevantes para su audiencia, el contenido y la industria o nicho.
  - Cree listas de favoritos relacionados con su contenido y objetivos de negocios para organizar mejor sus vídeos.
- Cree o actualice su cuenta de Pinterest.
  - Sitio para compartir fotos que estén publicadas en otras fuentes de Internet con gran crecimiento en el mundo.
  - La información que se publique en esta red social tiene gran capacidad de propagación.
  - Es una excelente fuente de generación de tráfico hacia el blog.
  - Agregue la dirección URL de su blog a la descripción de su cuenta de Pinterest.
  - Las infografías son un tipo de imágenes muy efectivas para esta red social.
  - Pinterest se vuelve indispensable para todas las personas que trabajan en los sectores de turismo, moda, fotografía y otros.
- Cree o actualice su cuenta de Instagram.
  - Esta red social también permite compartir fotos, pero a diferencia de Pinterest, las fotos son tomadas por usted mismo.
  - Se pueden compartir fotos de eventos profesionales, conferencias, etc.
  - También se pueden compartir algunas fotos personales para darle un tono emocional a la estrategia de marca personal.

- Cree o actualice su cuenta de Tuenti.
  - Es una red social española similar a Facebook, con una penetración fuerte en personas de entre 15 y 25 años.
  - Cuando la audiencia de la estrategia de marca propia coincide con este grupo demográfico se debe tener página en Tuenti.
- Cree o actualice su cuenta de GooglePlus.
  - Es una red social similar a Facebook que no ha tenido el éxito que se esperaba.
  - Estar presente en esta red social puede tener algunos beneficios a nivel de SEO, ya que los artículos que aparecen en la lista de resultados de Google pueden ser mostrados con su foto.
- Crea tu canal de Flickr.
  - Esta red social permite almacenar fotografías de alta calidad.
  - Habitual entre personas que trabajan en el ámbito de la fotografía.
  - Se puede utilizar también para compartir el logotipo y otros elementos gráficos de la empresa en alta calidad.
- Crea tu canal de Slideshare.
  - Esta red social es un repositorio para almacenar presentaciones y libros digitales de libre distribución.
  - Excelente para compartir las presentaciones que hagamos tanto en eventos como conferencias.

**Nota:** La creación de cuentas de redes sociales está cubierta a profundidad en el capítulo 4 de este libro.

# RESUMEN, PREGUNTAS DE REPASO Y EJERCICIO

## Resumen

En este capítulo se explicó lo que es un Community Manager, sus distintas especializaciones y lo que no es un Community Manager.

Se revisó también las habilidades sociales, administrativas y técnicas necesarias para un Community Manager.

Se detallaron las funciones estratégicas y tácticas de un Community Manager. Se describió un día de un Community Manager y se presentó una propuesta de priorización de tareas. Se explicó además las normas de comportamiento del Community Manager en las redes sociales.

Se definió el concepto de marca personal y su importancia. El capítulo finalizó con la descripción de los pasos necesarios para una estrategia de desarrollo de marca personal.

## Preguntas de repaso

- ¿Cuál es la definición de Community Manager?
- ¿Cuáles son las especializaciones del Community Manager?
- ¿Cuáles son las habilidades sociales que debe tener el Community Manager?
- ¿Cuáles son las habilidades administrativas que debe tener el Community Manager?
- ¿Cuáles son las habilidades técnicas que debe tener el Community Manager?
- ¿Cuáles son las funciones estratégicas del Community Manager?
- ¿Cuáles son las funciones tácticas del Community Manager?
- ¿Cuáles son las actividades diarias del Community Manager?
- ¿Cuál es la prioridad de actividades del Community Manager?
- ¿Cuáles son las normas de comportamiento del Community Manager?
- ¿Cuál es la definición de marca personal?
- ¿Por qué el desarrollo de marca personal es importante para el Community Manager?
- ¿Cuáles son los pasos para desarrollar una estrategia de marca personal online?

## Ejercicio

- Para desarrollar su marca personal:
    - Cree un blog en `Blogger.com`.
    - Cree cuentas de marca personal en las siguientes redes sociales: Facebook, LinkedIn y Twitter.

# Parte II
## El Community Manager como líder de acciones tácticas en redes sociales

# 3. Cómo crear un blog corporativo exitoso

Objetivos:

- ▶ Definición e historia de los blogs.
- ▶ Bloggers profesionales.
- ▶ Importancia de la estrategia de blog para las empresas.
- ▶ Plataformas para publicación de un blog.
- ▶ Pasos para crear una estrategia de contenido basada en blogs.
- ▶ Pautas para escribir un artículo de blog.

## CASO DE ESTUDIO

Huffington Post es un blog de blogs que compite con medios de comunicación de talla mundial y ha logrado cosas que nadie se imaginaba cuando comenzó:

- ▶ Le quitó el liderazgo en número de visitas a The New York Times.
- ▶ Obtuvo un premio Pulitzer.
- ▶ Su cofundadora Arianna Huffington está entre las mujeres más influyentes de los medios de comunicación.
- ▶ En el 2011 AOL lo compró por 315 millones de dólares.
- ▶ Hoy es seguido por millones de lectores cada día.

Huffington Post fue fundado en mayo de 2005 por Arianna Huffington y desde entonces no ha parado de crecer. El secreto de su es éxito consiste en que Huffington Post nos muestra cómo será el periodismo del futuro. No tienen más de 100 periodistas trabajando, pero éstos no están en la calle consiguiendo noticias, sino que se dedican a seleccionar el material producido por más de

3.000 bloggers que no trabajan en el medio y realizan su labor sin cobrar su esfuerzo. Por si fuera poco, los mismos bloggers de Huffington Post son los que se han encargado de divulgar y propagar sus publicaciones a través de Twitter, Facebook, LinkedIn y otras redes sociales.

**Figura 3.1.** Portal Huffington Post.

Los lectores ayudan de manera activa en la selección de los artículos que se publicarán. Mientras muchos de los periodistas ven a los lectores como enemigos que los ponen a prueba, en Huffington Post funcionan de forma diferente. Los lectores, con un simple clic, no sólo pueden poner "me gusta", sino escoger entre una larga lista de adjetivos: *Important*, *Funny*, *Typical*, *Scary*, *Outrageous*, *Amazing*, *Innovative* y *Finally*. La edición también corrige los comentarios para evitar que se publiquen errores de ortografía o de escritura. Esto muestra que los usuarios del Huffington Post valen más que los usuarios de otros sitios Web.

El sitio Web de The Huffington Post se ha convertido en un referente obligado para la mayoría de los medios de comunicación.

El Huffington Post ha entendido los tres aspectos que dan importancia a las redes sociales para su sitio Web:

- ▶ Para atraer tráfico a su sitio Web, llegando al 20% de tráfico total del sitio.
- ▶ Mantener el contacto con sus lectores.
- ▶ Fortalecer relaciones de colaboración y búsqueda alternativa de información.

> **Nota:** The Huffington Post un blog de blogs, lo compró AOL por 315 millones de dólares y tiene más tráfico que el New York Times.

El Huffington Post muestra una tendencia mundial hacia la Web 2.0, con especial importancia por los blogs. Estos están siendo más consultados que los medios de comunicación.

## DEFINICIÓN E HISTORIA DE LOS BLOGS

El blog, también llamado bitácora digital, es un sitio Web que se actualiza periódicamente y almacena artículos cronológicamente de uno o varios autores, apareciendo al comienzo el más reciente. A quienes escriben en un blog se les llama bloggers o bloguer@s.

La importancia del blog como medio de comunicación está en el carácter bidireccional que se establece y en la facilidad para formar redes con otros blogs y otros medios. Se dice que los blogs son conversaciones.

> **Nota:** Los blogs son conversaciones.

### Breve historia de los blogs

En sus inicios, los sitios Web personales que se usaban como blogs, solamente podían ser utilizados por personas expertas en sistemas, debido a su complejidad en la publicación. La evolución de las plataformas de publicación de blogs que facilitaban la creación y edición de artículos Web publicados y ordenados de forma cronológica, hizo que el proceso de publicación pudiera dirigirse hacia muchas más personas, ya que no se requerían conocimientos de sistemas.

Algunos eventos importantes en la historia del blog son:

- ▶ **1994.** El blog en sus inicios era utilizado como diario en línea, donde las personas escribían su vida personal.

    Un estudiante de la Universidad de Swarthmore, Justin Hall, escribe en su blog personal desde 1994 y es reconocido como uno de los primeros blogueros.

- ▶ **1995.** Carolyn Burke publica la primera entrada en el Carolyn's Diary, que sería lo más parecido a una publicación actual.

- ▶ **1997.** Jorn Barger creó el término "*weblog*", que se popularizó a nivel internacional.

- **1999.** Peter Merholz creó la versión corta "blog" dividiendo la palabra *weblog* en la frase "*we blog*" en la barra lateral de su blog `Peterme.com`.
- **1999.** Pitas y LiveJournal primeras plataformas para alojar blogs.
- **1999.** Inicia Blogger de la mano de Pyra Labs.
- **2000.** Se lanza el primer blog en idioma español llamado `Terremoto.net`.
- **2001.** Inicia WordPress.
- **2002.** Lanzan Technorati como buscador en los blogs.
- **2003.** Blogger es comprado por Google.
- **2003.** Está disponible la primera versión oficial de WordPress lista para descargar.
- **2003.** Google lanza Adsense que se convierte en una importante fuente de ingreso para los bloggers.
- **2004.** Steve Garfiels crea el primer videoblog.
- **2005.** se alcanzan 100 millones de dólares que provienen únicamente de anuncios en blogs.
- **2006.** Existían más de 50 millones de blogs en Internet de acuerdo con Technorati.
- **2006.** Se empieza a celebrar el día internacional del Blog propuesto por un bloguero israelí llamado Nir Ofir.
- **2007.** Lanzan Tumblr como plataforma de blog con gran capacidad social.
- **2011.** Se alcanzan cerca de 156 millones de blogs en el mundo.
- **2013.** Se alcanzan cerca de 200 millones de blogs en el mundo.

> **Nota:** En la actualidad los blogs son muy populares en Internet, lo que ha originado que profesionales, cantantes y actores tengan su propios blogs.

## BLOGGER COMO PROFESIÓN

Si bien, los blogs tienen gran importancia como medio de comunicación empresarial (más adelante se revisará este tema), también pueden ser utilizados por los Community Managers como un modelo de negocio para obtener ingresos y trabajar de manera independiente. Para probar esto, revisemos los blogs que más beneficios ingresan en el mundo.

## Los blogs que más dinero ganan en el mundo

De acuerdo con `UniqueLifeGuide.com` los blogs que más dinero ganan en el mundo son:

- **Número 1.** `HuffingtonPost.com`: es un blog de noticias que se ha convertido es el blog que más dinero gana en el mundo. Fundado por Arianna Huffington en 2005, el portal gana diariamente por publicidad 36,953 millones de dólares, con un promedio de 1.400.069 visitantes únicos diarios. En febrero de 2007 AOL compró Huffington Post por 315 millones de dólares.

- **Número 2.** `Mashable.com`: es un blog de tecnología, creado por Pete Cashmore en 2005. Genera más de 11.952 dólares diarios con 467.960 visitantes únicos cada día. El valor estimado de este blog es de 8,41 millones de dólares.

- **Número 3.** `Techcrunch.com`: es un blog de tecnología, creado en 2005 por Michael Arrington. Genera 7.608 dólares diarios con 301.852 visitantes únicos cada día. En la actualidad, el valor del portal se estima en 5,55 millones de dólares.

- **Número 4.** `Engadget.com`: es un blog que ofrece noticias diarias sobre dispositivos y aparatos electrónicos (*gadgets*) creado por Pedro Rojas a principios de 2004. Genera más de 6.807 dólares diarios. Este blog tiene más de 270.947 visitas diarias. El valor estimado de este blog es alrededor de 4,97 millones de dólares.

- **Número 5.** `SmashingMagazine.com`: es un blog para desarrolladores y diseñadores enfocado en técnicas útiles, mejores prácticas y recursos para su audiencia. Este blog fue creado por Vitaly Friedman en 2006 y genera 3.852 dólares al día y recibe cerca de 155.895 de visitantes únicos al día. El valor estimado del portal es de alrededor de 2,81 millones de dólares.

- **Número 6.** `LifeHacker.com`: publica *tips* y trucos de tecnología para vivir mejor en la era digital. Fue creado por Nick Denton en 2004. Life Hacker es muy popular en Estados Unidos y genera más de 4.148 dólares diarios y recibe alrededor de 167.523 visitantes únicos al día. El valor estimado de este blog es de 3,03 millones de dólares.

- **Número 7.** `Gizmodo.com`: es un blog famoso en el mundo por proveer noticias de aparatos electrónicos (*gadgets*). Creado por Attila Talos en 2002. El blog genera aproximadamente 4.294 dólares diarios y recibe alrededor de 173.228 visitantes únicos al día. El valor estimado de este blog es de 3,13 millones de dólares.

- **Número 8.** `PerezHilton.com`: es un blog de chismes de las celebridades, e informa de lo que sucede en Hollywood cada día. Creado por Mario Lavandeira en 2004, genera alrededor de 2.378 dólares al día y recibe cerca de 97.620 visitantes únicos diarios. El valor estimado de este blog de celebridades es de 1,74 millones de dólares.
- **Número 9.** `Problogger`: es un blog para ayudar a los bloggers a ganar dinero y resolver sus problemas. Fue fundado por Darren Rowse en 2004. El blog genera alrededor de 1.121 de dólares cada día y recibe más de 47.042 visitantes únicos diarios. El valor estimado de Problogger es alrededor de 818.681 dólares.
- **Número 10.** `CopyBlogger`: es otro blog diseñado para ayudar a los bloggers. Cubre temas como el software WordPress, consejos y formación para los vendedores de contenidos, redactores, bloggers y también las estrategias de marketing online. CopyBlogger fue fundado en 2005 por Brian Clark y recibe más de 902 dólares diarios de más de 38.097 visitantes únicos diarios. En la actualidad, el valor estimado de este blog es de 658.831 dólares.

> **Truco:** Para ver el informe completo de los blogs que más ingresos tienen en el mundo, visite la siguiente página: `http://uniquelifeguide.com/2012/09/highest-earning-blogs.html`

## Fuentes de ingresos para los bloggers

La principal razón que debemos tener los bloggers para escribir nuestros pensamientos o conocimientos deber ser la pasión por el tema que se comparte. Sin embargo, es importante conocer algunas fuentes de ingresos que pueden tener los bloggers.

Las principales fuentes de ingreso para un blog son:

### Sistemas de Pago Por Clic (PPC)

La opción más común y fácil utilizada por los bloggers para generar ingresos es un sistema de pago por clic llamado Google AdSense.

Google AdSense permite a los bloggers obtener ingresos a través de la colocación de anuncios de Google en espacios reservados, lo cuales están relacionados con el tema del blog o el artículo. Los anuncios son administrados por Google en asociación con los anunciantes de AdWords y pueden ser de texto, gráficos o animaciones.

Los pasos principales para activar Google AdSense en su blog son:

- Crear una cuenta de AdSense (la cuenta de Gmail sirve para AdSense).
- Generar el código de AdSense.
- Insertar el código en su blog (la mayoría de las plataformas de blog facilitan esta labor).

> **Truco:** Para conocer cómo empezar a utilizar esta fuente de ingresos consulte la siguiente página: `http://support.google.com/adsense`

Algunos aspectos importantes para generar ingresos con este sistema son: el tema del blog, la cantidad de visitantes y la cantidad de clics en los anuncios. Otra opción de pago por clic (PPC) es Yahoo Advertising (`http://advertising.yahoo.com/`).

## Sistemas de afiliación

El sistema de la venta por afiliación permitirá vender productos o servicios de otras empresas (afiliados) en su blog a cambio de una comisión. En ocasiones se llama a esta fuente de ingresos, Costo por Acción (CPA) o Costo por Lead (CPL). Es un método muy eficaz de generar ingresos en su blog. El *lead* se puede generar con un banner o realizando artículos del producto o servicio dentro del blog. Es importante anotar que si elige la segunda opción, es importante que como máximo, escriba 1 artículo promocional por 9 no promocionales, esto cuidará su reputación como blogger.

Algunas opciones para suscribirse a un sistema de afiliación son:

- Commission Junction (`http://www.cj.com`).
- ClickBank (`http://www.clickbank.com`).
- e-junkie (`http://www.e-junkie.com`).

## Redes de anuncios (banners)

Los banners son similares a los sistemas de pago por clic (PPC) pero se diferencian en que se pagan por el número de veces que aparecen (impresiones) en tu blog, también llamados Costo por Mil impresiones (CPM). Este sistema es recomendado para los blogs que tienen muchas visitas.

Algunos aspectos importantes para generar ingresos con este sistema son: el tema del blog, la cantidad de visitantes, el tamaño del banner y su posición.

El sistema más importante de pago por mil impresiones (CPM) es Double Click, (`http://www.google.com/doubleclick`) empresa adquirida en 2007 por Google.

## Otros sistemas para generar ingresos

- **Patrocinadores para las categorías de su blog.** Se pueden buscar patrocinadores para secciones específicas del blog. Este sistema es muy útil para aumentar los ingresos que genera su blog y es interesante para los anunciantes, porque les llega a una audiencia muy específica a bajo costo.

- **Donaciones.** Dependiendo del tema del blog, se puede poner un enlace o un botón que diga **"Haz tu donación"**. Esto es posible si su blog está ofreciendo información de valor y que resulta de utilidad para mucha gente.

- **Contenido Premium.** Su blog puede ofrecer parte de su contenido de modo gratuito, pero cobrar una cuota para acceder al contenido *premium* y a herramientas exclusivas. Un ejemplo de este modelo de ingresos, es el blog de SEO llamado SEOMoz (http://www.seomoz.org).

- **Encuestas y sondeos pagos.** Hay empresas que pueden pagar por publicar una encuesta en su blog, dependiendo del tema y de la audiencia que tiene.

- **Generar tráfico hacia YouTube.** Si produce vídeos o tutoriales, se puede generar tráfico desde su blog hacia sus vídeos en YouTube y aquí generar ingresos con la publicidad.

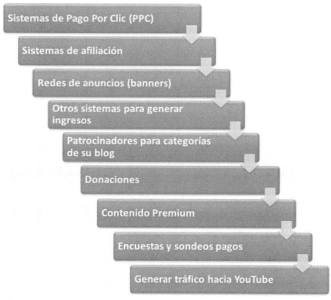

**Figura 3.2.** Fuentes de ingresos para los bloggers.

> **Truco:** Para ver un completo artículo con fuentes de ingreso, visite en siguiente enlace: `http://www.ingresosalcuadrado.com/monetizar-blog`

## IMPORTANCIA DE LA ESTRATEGIA DE BLOG PARA LAS EMPRESAS

Con el crecimiento de las redes sociales, muchas empresas están creando blogs corporativos, además de su sitio Web. Esta estrategia tiene los siguientes beneficios para la empresa:

- **Crea comunidad.** El blog le permite a la empresa crear una comunidad virtual con su público objetivo, en un canal propio, a diferencia de las redes sociales como Facebook, Twitter, LinkedIn y otros que son plataformas que pertenecen a la empresa.

- **Amplía el conocimiento.** El blog permite a la empresa mejorar el conocimiento de los usuarios, ya que los comentarios de los visitantes son una fuente de información muy importante; para lograrlo el Community Manager siempre debe leer y responder los comentarios.

- **Cercanía a los usuarios.** El blog permite a la empresa acercarse a los usuarios y generar confianza, ya que es un canal que utiliza un lenguaje más cercano que el sitio Web. El sitio Web tiene un tono institucional (similar al mundo físico) y el blog tienen un lenguaje cercano pero profesional.

- **Contenido actualizado.** El blog permite a la organización producir contenido actualizado para mantener informado a los usuarios de lo que pasa en la empresa y la categoría. Esto dará una imagen positiva de la empresa a los usuarios.

- **Mejora el posicionamiento.** La publicación periódica de artículos en el blog les permite mejorar el posicionamiento en los motores de búsqueda, ya que Google y otros buscadores valoran mucho el contenido actualizado de buena calidad.

- **Aumenta los visitantes.** El blog permite aumentar los visitantes al sitio Web, cuanto más contenido de calidad exista, mayores serán las oportunidades de atraer a su público objetivo.

- **Agrega valor.** El blog permite a la empresa compartir con la audiencia contenido de valor agregado, lo que facilitará el camino para una relación comercial. Es fundamental conocer muy bien la audiencia para identificar qué tipo de contenido le interesa.

- ▶ **Mejora la reputación**. El blog permite a la empresa adquirir la reputación de experto en su nicho de negocio, segmento o actividad. La empresa se puede convertir incluso en un referente del mercado que sea consultado por toda su industria (incluida la competencia).

- ▶ **Fortalece la marca**. El blog permite a la empresa darse a conocer si es una marca nueva o fortalecerse si es una marca existente; gracias a la propagación que logra el contenido de calidad a través de las principales redes sociales.

- ▶ **El contenido dura mucho**. El blog permite crear contenido que tiene larga duración (años) comparado con el contenido publicado en redes sociales que tiene poca vigencia. Por ejemplo, un *tuit* tiene una vigencia aproximada de una hora, después de ese tiempo queda en el olvido.

**Figura 3.3.** Beneficios de la estrategia de blog para las empresas.

## PLATAFORMAS PARA LA PUBLICACIÓN DE UN BLOG

Cuando se crea un blog, existen estas dos opciones: las plataformas gratuitas para publicación en Internet como `Blogger.com`, `Wordpress.com` y `Tumblr.com` y el uso de administradores de contenido como WordPress, Drupal, Joomla y otros.

## Plataformas de publicación gratuitas en Internet

Existen gran cantidad de plataformas para crear y publicar blogs gratis, sin embargo, hay tres soluciones que destacan sobre las demás: `Blogger.com`, `Wordpress.com` y `Tumblr.com`.

Las plataformas de publicación en Internet gratuitas, son ideales para las personas que están iniciando una estrategia de marca personal, ya que son muy fáciles de crear y publicar.

Aunque hay algunas empresas que utilizan estas plataformas gratuitas para construir blogs, no son acertadas para un blog profesional de una empresa, ya que presenta algunas limitaciones con respecto a los administradores de contenido (CMS).

### Ventajas de las plataformas gratuitas en Internet

Algunas ventajas de estas plataformas son:

- **Facilidad de uso**: estas plataformas son programas de gestión de contenidos que permiten crear artículos fácilmente, en cuestión de minutos. El contenido queda directamente en Internet y se podrá editar, borrar o añadir nuevos contenidos cuantas veces se desee.

- **Hosting gratis**: las plataformas de publicación en Internet gratuitas no cobran por alojar el blog en su servidor y mantenerlo disponible 24 horas.

- **Precio bajo**: al ser una plataforma de publicación en Internet gratuita, el software no tiene costo. Además existen miles de plantillas gratis para cambiar la apariencia del blog, lo que le permite ahorrar mucho tiempo de trabajo en su creación.

- **Gran confiabilidad**: las plataformas de publicación en Internet gratuitas son muy eficientes y estables, ya que siempre se utiliza la última versión.

- **Excelente soporte**: las plataformas de publicación en Internet gratuitas tienen una comunidad muy activa, lo que ofrece mucha información y documentación de soporte.

- **Posicionamiento en buscadores**: las plataformas de publicación en Internet gratuitas están actualizadas con los últimos lineamientos de posicionamiento en buscadores (Google y otros) lo que permitirá que cuando se realicen búsquedas por temas relacionados con el artículo, tendrá un buen posicionamiento entre los resultados de la búsqueda.

- **Completamente en español**: las plataformas de publicación en Internet gratuitas que revisaremos son completamente en español.

## Comparación de las plataformas de publicación gratuitas en Internet

Este comparativo está basado en un artículo publicado en el sitio Web `Business2Community.com`.

**Figura 3.4.** Blogger.com: plataforma de publicación en Internet gratuita.

## Blogger.com

Es un servicio de Google, que permite crear y publicar blogs en Internet, sin ser técnico ni experto en sistemas.

`Blogger.com` tiene una gran estabilidad del servicio y es una plataforma muy completa e ideal para los que buscan algo repleto de opciones.

Ventajas de `Blogger.com`:

- ▶ `Blogger.com` dispone de una buena cantidad de estadísticas del tráfico para hacer seguimiento.
- ▶ Al ser de Google, permite integrar el blog con otros productos y servicios de Google y conectarse a su cuenta de Google+.
- ▶ Es fácil de usar. Aquí el usuario puede acceder a todos los servicios desde un sencillo panel de control.
- ▶ Las plantillas se pueden personalizar en función de las preferencias del usuario, incluyendo la adición o eliminación de columnas.
- ▶ Las estadísticas generadas por Google Analytics son más intuitivas, compatibles y precisas que las de otras aplicaciones.

Desventajas de `Blogger.com`:

- ▶ No permite alojar el blog en un hosting diferente al de `Blogger.com`.
- ▶ Blogger no tiene *plugins* y sus *widgets* no son tan buenos como los de WordPress.
- ▶ No permite crear categorías para clasificar los artículos.
- ▶ Los términos de derechos de autor le da derechos a Google sobre nuestro contenido.

## WordPress.com

WordPress ofrece dos opciones: `Wordpress.com` y `WordPress.org`.

`WordPress.com` permite alojar y controlar el blog desde la misma plataforma de WordPress, tiene herramientas de importación y exportación de contenido compatibles con Blogger, Blogroll, TypePad, Posterous, LiveJounal, entre otras.

**Figura 3.5.** WordPress.com: plataforma de publicación gratuita.

Ventajas de `WordPress.com`:

- ▶ Cuenta con una buena reputación por su tecnología y diseño.
- ▶ Es amigable con motores de búsqueda (SEO-*friendly*). Esta es la mayor razón por la que tantos editores eligen WordPress. Los artículos de WordPress incluyen una serie de etiquetas "meta" que los motores de búsqueda utilizan para determinar la forma de indexar sus páginas.
- ▶ WordPress tiene una comunidad muy grande.

Desventajas de `WordPress.com`:

- ▶ Hay cientos de plantillas disponibles, pero no pueden ser personalizadas al ser estático el código HTML.
- ▶ No se puede instalar *plugins*, lo que puede impide mejorar la funcionalidad del blog.
- ▶ Las estadísticas proporcionadas son bastante básicas.
- ▶ `WordPress.com` puede ser difícil de utilizar para principiantes.

## Tumblr.com

`Tumblr.com` es una opción para publicar muy sencilla e intuitiva. Se puede considerar como un blog reducido a su máxima simplicidad, lo que permite publicar un artículo (*tumblelog*) en menos de 30 segundos. Su simplicidad es lo que ha atraído a todo el mundo. Eso ha hecho que Tumblr haya crecido en número de blogs registrados.

Ventajas de `Tumblr.com`:

- ▶ Tumblr ha experimentado un gran crecimiento desde su irrupción, superando a `WordPress.com` en número de blogs.

- ▶ Es una plataforma muy sencilla.
- ▶ Existen excelentes plantillas gratis, personalizables.
- ▶ La capacidad de difusión a través de los mensajes de otras personas, "*love*" y "*reblog*" le da a Tumblr una capacidad importante de viralización.

**Figura 3.6.** Tumblr.com: plataforma de publicación en Internet gratuita.

Desventajas de `Tumblr.com`:

- ▶ Tumblr es muy popular entre los jóvenes, y de acuerdo con comScore, la mitad del tráfico de Tumblr proviene de menores de 25 años.
- ▶ No tiene sistema de estadísticas.
- ▶ Los visitantes no pueden hacer comentarios sobre los artículos, sin embargo la aplicación creada por Disqus soluciona el problema.
- ▶ Comparado con `Blooger.com` y `Wordpress.com` es una opción que presenta más debilidades.

**Truco:** Para saber más acerca de plataformas de publicación gratuitas en Internet vea el artículo: `http://www.business2community.com/blogging/blog-wars-wordpress-blogger-tumblr-which-platform-rules-0316613`

## Comparativo de Blogger.com, WordPress.com y Tumblr.com

**Nota:** Cuadro basado en: `http://www.paulisystems.net/post.cfm/comparing-4-most-popular-blog-engines-which-one-is-right-for-you`. Véase la figura 3.7.

## Uso de administradores de contenido

Existen muchas plataformas de administración de contenidos para crear blogs empresariales profesionales en hostings independientes.

Algunas plataformas que permiten hacer esto son: `WordPress.org`, `Drupal.org`, `Joomla.org`, entre otros.

| Feature | Blogger.com | Wordpress.com | Tumblr.com |
|---|---|---|---|
| Costo de la cuenta | Cuenta gratis en Gmail.com | Cuenta gratis en Wordpress.com | Cuenta gratis en Tumblr.com |
| Alojamiento del blog | Blogger.com | Wordpress.com | Tumblr.com |
| Facilidad de uso | Es el segundo en facilidad de uso. | Es el menos fácil de usar. | Es el más fácil de usar. |
| Sistema de notificación cuando se publica un nuevo artículo (feed RSS) | Sí | Sí | Sí |
| Dirección inicial subdominio | Miempresa.blogger.com | Miempresa.wordpress.com | Miempresa.tumblr.com |
| Dominio personalizado (www.miempresa.com) y costo | Sí, gratis | Sí, $12 dólares el año | Sí, gratis |
| Permite crear blogs con múltiples autores. | Sí | Sí | Sí |
| Permite hacer varios blogs con un solo administrador | Sí | Sí | Sí |
| Permite publicar post vía email. | Sí | Sí | Sí |
| Publicación automática de artículos | No | Facebook/Twitter | Twitter |
| Versión móvil | Sí | Sí | Sí |
| Exportar o mover contenido | No permite exporta pero sí mover contenido | Sí permite exportar y mover contenido | No permite ninguna de las dos |
| Activación de Adsense como fuente de ingresos | Sí | No | Sí, a través de una plantilla personalizada |
| Rasgos sociales en el blog | Sí | Sí | Sí |
| Botones de compartir contenido en redes sociales | Sí | Sí | Sí |
| Control de spam en los comentarios | Sí | Sí | Sí |
| Importar blog | Sí, solamente de Blogger.com. | Sí, de Wordpress y Tumblr | Sí, de Blogger.com |
| Publicación mediante Apps de móviles: iOs/Android/otros | Apps de creados por otras empresas | Si/Si/Si | Si/Si/No |

**Figura 3.7.** Comparativo de Blogger.com, WordPress.com y Tumblr.com.

## Ventajas de las plataformas de administración de contenido (CMS)

Algunas ventajas de estas plataformas respecto a las plataformas gratuitas son:

- ▶ **Presencia profesional**: el blog instalado en un administrador de contenido (CMS) permite lograr una presencia más profesional.
- ▶ **Nombre de dominio propio**: el nombre de dominio propio genera credibilidad.
- ▶ **Control total**: los blogs instalados sobre un CMS permiten un control total sobre todos los elementos del blog, incluido el contenido.
- ▶ **Personalización**: los blogs instalados sobre un CMS permiten personalizarse de mejor forma que los blogs gratuitos en Internet.
- ▶ **Soporte**: los servicios de hosting contratados tienen un servicio de soporte 24 horas al día.

- **Correo electrónico**: los servicios de hosting donde se instalan los blogs sobre administrador de contenido, incluyen cuentas de correo electrónico que darán una apariencia más profesional a la presencia en Internet.

- **Tamaño ilimitado**: cuando el blog se instala en un hosting contratado, no tiene límite de tamaño, como en el caso del blog gratuito.

- **SEO**: los blogs instalados en un administrador de contenido pueden ser configurados para ser más amigables con los motores de búsqueda.

- **Control de comentarios**: los blogs creados con un CMS permiten realizar un control más efectivo de comentarios.

- **Fuentes de ingreso**: los blogs instalados en un CMS permite que se utilicen múltiples sistemas para rentabilizar el blog, como: botones de pago, AdWords y programas de afiliación.

- **Vender el blog**: los blogs instalados en un CMS se pueden vender si ese es el propósito del administrador.

## Comparativo de principales administradores de contenido (CMS)

El comparativo se basa en el artículo publicado publicado por la Web: referenteweb.com

## WordPress.org

WordPress es el administrador de contenido más utilizado hasta el momento, sus características principales son las siguientes:

**Figura 3.8.** WordPress.org: plataforma de administración de contenido (CMS).

Ventajas de WordPress.org:

- Cuenta con gran cantidad de plantillas (gratis y de pago).
- Posee una importante comunidad de Soporte.
- Tiene miles de *plugins*, lo permite personalizar el blog de acuerdo a las necesidades del usuario.
- Es fácil de manejar comparados con otros CMS.

Desventajas de `WordPress.org`:

- ▶ Para realizar cambios de estructura y forma del blog, se debe tener conocimientos básicos de HTML y PHP.
- ▶ El filtro de los *spam* se realiza mediante un *pluging* que se instala.

## Drupal.org

Es un administrador de contenidos muy utilizado para sitios Web. Sus características son las siguientes:

**Figura 3.9.** Drupal.org: plataforma de administración de contenido (CMS).

Ventajas de `Drupal.org`:

- ▶ Drupal tiene una gran comunidad de desarrolladores.
- ▶ También cuenta con *plugins* para ampliar la funcionalidad del blog (cerca de la mitad que WordPress).
- ▶ Tiene características de seguridad superiores a WordPress y Joomla, sin embargo depende del administrador para mantener actualizada dicha seguridad.

Desventajas de `Drupal.org`:

- ▶ Drupal es más complejo de utilizar que WordPress y Joomla.
- ▶ Por esta complejidad, los costes de mantenimiento pueden ser superiores que para WordPress o Joomla.

## Joomla.org

Es un administrador de contenido muy asentado en el mercado.

**Figura 3.10.** Joomla.org: plataforma de administración de contenido (CMS).

Ventajas de `Joomla.org`:

- Tiene una complejidad intermedia entre WordPress y Drupal.
- También cuenta con una importante comunidad de desarrolladores.
- De los CMS evaluados es el que más tiempo lleva en el mercado.
- Permite personalizar el blog más fácilmente que WordPress y Drupal.

Desventajas de `Joomla.org`:

- No es tan potente como los blogs creados a partir de WordPress o bien Drupal.
- Es el menos amigable con los motores de búsqueda.

> **Truco:** Para ver el comparativo completo puede visitar el siguiente artículo: http://referenteweb.com/comparativa-wordpress-vs-drupal-vs-joomla

|  | Wordpress | Joomla | Drupal |
|---|---|---|---|
| Página principal | www.wordpress.org | www.joomla.org | www.drupal.org |
| Descripción | Wordpress comenzó como una innovadora plataforma de blogs fácil de usar. Con el tiempo se ha extendido a sitios Web complejos. | Joomla es un administrador de contenido intermedio en facilidad de uso entre el WordPress y Drupal. Para usar como blog es poco eficiente. | Drupal es una ponderosa herramienta para crear sitios Web complejos. Requiere experiencia para su instalación. |
| Sitios Web de ejemplo | Redes sociales: PlayStation Blog Sitios de noticias: CNN Political Ticker Educación e investigación: NASA Ames Research Center | Redes sociales: MTV Networks Quizilla Educación: Harvard University Restaurantes: IHOP | Portales de comunidad: Fast Company, Team Sugar |
| Facilidad de uso | Es el CMS más fácil de instalar y utilizar. | En su complejidad es intermedio: menos complejo que Drupal pero más complejo que WordPress. | Drupal es el CMS más complejo de instalar y utilizar, aunque permite crear sitios avanzados. |
| Número de plugins o extensiones | Más de 14.600 | Más de 7.600 | Más de 8.000 |
| Ranking de Alexa | 79 | 282 | 420 |

**Figura 3.11.** Comparativo entre WordPress.org, Drupal.org y Joomla.org.

## PASOS PARA CREAR UNA ESTRATEGIA DE CONTENIDO BASADA EN BLOGS

Los pasos para crear una estrategia eficaz de contenidos basada en blogs son los siguientes:

### Defina la audiencia

Se debe especificar con claridad la audiencia a la cual se quiere llegar con la estrategia de contenido planteada (mercado e intereses del mismo).

Existen varios métodos para definir la audiencia, lo más importantes son:

- **Perfil socio-demográfico**: incluye aspectos sociales y demográficos, algunos ejemplos son: género, edad, educación, nivel de ingresos, raza, etc.
- **Perfil psicográfico**: incluye aspectos como: personalidad, estilo de vida, intereses, gustos, inquietudes, opiniones, valores, etc.
- **Metodología de personas**: procedimiento útil para valorar si una persona ficticia se ajusta la audiencia definida. Algunos aspectos que se definen son: nombre, ocupación, gustos, pasatiempos, cómo interactúa con el producto o servicio.

**Nota:** Se debe conocer muy bien a la audiencia para poder generar contenido de valor.

### Defina las categorías del contenido

Conocida la audiencia se debe definir el tema principal del contenido y sus respectivas categorías. Para esto, se debe realizar una investigación que permita identificar qué contenidos son valorados por la audiencia. Algo que puede ser muy efectivo para determinar las categorías consiste en revisar los blogs existentes del tema principal seleccionado y comprobar qué categorías manejan y cuáles aplican a su blog.

Para definir las categorías es importante responder las siguientes preguntas:

- ¿Qué necesitan?
- ¿Qué les gusta leer, ver o escuchar?
- ¿Qué buscan en Internet?

- ¿Cuál es el contenido que más les ha gustado?
- ¿Qué es contenido de valor para ellos?

## Forme el equipo de trabajo

El equipo de trabajo tiene tres actores principales: expertos, comité editorial y Community Manager. Las responsabilidades de cada uno de ellos son:

- **Expertos**: verificar qué personas pueden ayudar a generar contenido. Estas personas deben tener un conocimiento elevado del tema a desarrollar, siendo deseable que estén permanentemente investigando y estudiando. Se debe notificar a las personas que harán parte de la generación de contenido, e informar con qué periodicidad publicarán sus artículos. Es fundamental que en esta etapa se cuente con un sponsor (es deseable que sea el Gerente General) para facilitar el proceso de aceptación de esta nueva responsabilidad.

- **Comité editorial**: se debe crear un comité editorial de alto nivel en la organización para poner en marcha un plan de comunicación y su ajuste cada mes, de acuerdo a la realidad de la empresa y su mercado.

- **Community Manager**: generalmente el contenido realizado por los expertos debe pasar por la supervisión del Community Manager o alguien de su equipo para poderlo publicar en el blog.

**Advertencia:** Para evitar fracasos con los blogs empresariales, el contenido del blog debe ser responsabilidad de un equipo y no de una sola persona.

## Defina los formatos de contenido que tendrá el blog

Se deben definir los formatos de contenido que tendrá el blog con su respectiva periodicidad, los cuales pueden incluir:

- Texto.
- Imágenes.
- Vídeos.
- Audios.
- Animaciones.
- Infografías.

## Cree un plan de contenido

Se debe crear un calendario de publicación detallado anual. Este calendario debe incluir:

- ▶ Tema.
- ▶ Objetivo para la empresa.
- ▶ Responsable.
- ▶ Formato de la publicación.
- ▶ Fecha de publicación.
- ▶ Hora de publicación.
- ▶ Canales de difusión de la publicación.

**Nota:** El plan de contenido es una guía para la publicación de artículo y no una camisa de fuerza.

## Construya el blog

El blog se debe construir con alguna de las plataformas mencionadas atrás. Es fundamental que tenga una presencia profesional para que genere confianza; además de integrar a las principales redes sociales para aumentar su comunidad y viralizar contenido.

## Genere el contenido

La generación de contenido es una etapa muy importante en el blog. Algunos pasos útiles para crear contenido de valor son:

- ▶ **Preguntar a la audiencia**: se le pregunta directamente a la audiencia qué contenido busca en el blog. Este es uno de los métodos más eficientes para conocer qué contenido genera valor y cuál no. Para esto, se puede realizar una encuesta en el blog, sitio Web o bien vía email donde se pregunte qué temas le interesarían de un listado predefinido. También puede observar en los artículos publicados en el blog qué temas son los que generar más participación en forma de comentarios o interacción.

- ▶ **Cuidar la presentación del contenido**: el contenido generado por los expertos de la empresa se debe presentar en el blog de una forma amena, atractiva y original para convertirse en contenido interesante.

- **Entrevistas**: un recurso importante para generar tráfico en su blog pasa por la realización de entrevistas. Estas son interesantes, ofrecen la opinión de otros profesionales o personas de interés así como una voz distinta.

- **Fuentes de información**: se debe tener un grupo de sitios Web como fuente de información fiable y de valor para la audiencia, para acudir cuando estemos escasos de contenido.

- **Noticias**: es importante monitorizar las noticias acontecidas sobre los temas principales seleccionados para crear artículos cuando sucedan eventos de interés.

- **Recopilación de artículos**: cuando el blog tenga un recorrido se puede crear un artículo con la recopilación de artículos anteriores sobre un tema determinado para generar tráfico de visitas.

- **Otras metodologías para generación de contenido**: algunas metodologías que se puede utilizar para genera ideas son: lluvia de ideas, mapas mentales, revisión del contenido actual y reciclaje, analítica Web y analítica del email.

## Diseñe una estrategia de difusión del contenido

Se debe diseñar una estrategia de difusión del contenido publicado en el blog. Algunos canales de difusión son:

- Sitio Web.
- Twitter.
- Facebook.
- LinkedIn.
- Google+.
- Tuenti.
- Pinterest.
- Agregadores de noticias como: Menéame, Mktfan, Bitácoras.
- Influenciadores.

Es importante anotar la originalidad del contenido, no debe ser copiado y pegado en ningún canal, al derivar en un efecto negativo en cuanto al posicionamiento en buscadores.

> **Nota:** Una buena estrategia de difusión permite mejorar la visibilidad de los artículos y al mismo tiempo obtener mejores resultados en el posicionamiento en buscadores.

## Mida y ajuste continuamente la estrategia

- **Mida:** definir y asignar metas para los indicadores y hacer un seguimiento permanente de dichos indicadores en el blog.

- **Ajuste:** actuar cuando se presenten desviaciones sobre el cumplimiento de los indicadores o cuando se detecten cambios de gustos y necesidades de la audiencia. Esta etapa permite que la estrategia se retroalimente a sí misma para conseguir una mejora continua.

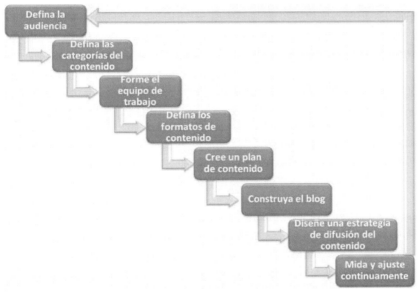

**Figura 3.12.** Pasos para crear una estrategia de contenido basada en blogs.

# PAUTAS PARA ESCRIBIR UN ARTÍCULO DE BLOG

Revisaremos, a continuación, algunas pautas para escribir un artículo de blog exitoso.

## Título del artículo

El título del artículo debe tener dos características:

- ▶ Debe ser atractivo para impulsar al usuario potencial a leer el artículo.
- ▶ Debe explicar el contenido del artículo.
- ▶ Debe contener palabras claves de interés para conseguir un buen posicionamiento en buscadores (SEO).
- ▶ Debe tener máximo 120 caracteres para poder difundirse fácilmente a través de Twitter.

## El primer párrafo

El primer párrafo es muy importante, es el que logra llamar la atención del resto del artículo.

El primer párrafo debe contener:

- ▶ Un resumen del artículo que actúe como gancho.
- ▶ El motivo por el cual el tema del artículo es importante.
- ▶ Palabras claves, ya que son importantes para el posicionamiento en buscadores (SEO).

## El cuerpo del artículo

- ▶ El cuerpo del artículo debe estar separado por subtítulos que permitan al lector poder identificar rápidamente qué temas cubre el artículo sin leerlo todo. Esto se puede lograr mediante la introducción de listas numeradas y de viñetas.
- ▶ Puede ser importante destacar palabras o frases importantes con letra negrita o cursiva.
- ▶ Es deseable que el artículo tenga como mínimo 500 palabras para posicionarse mejor en buscadores.

## El cierre del artículo

Los artículos deberían terminar con dos elementos:

- ▶ **Una conclusión**: un párrafo que resuma el contenido del artículo y que deje clara la posición del articulista.

- **Una pregunta**: es importante hacer una pregunta a los lectores para motivar la escritura de comentarios.

## Otros elementos importantes

- **Enlaces a otros sitios**: es deseable que los artículos tengan enlaces a otros sitios. Permite ampliar información, definir términos y dar los créditos de conceptos utilizados.

- **Imágenes**: el artículo debe tener, al menos, una imagen relacionada con el artículo de buena resolución (sugiero mínimo 800x600). Para que ésta puede ser indexada fácilmente por los buscadores (SEO) se le debe poner un nombre y etiquetas ALT y TITLE con palabras clave.

- **Vídeos**: es deseable que el artículo tenga un vídeo asociado al tema tratado para convertirlo en un producto más completo y atractivo.

- **Infografías**: cuando se realizan artículos con base en infografías, debe aparecer un resumen explicativo de la misma con 500 palabras mínimo. Al tratarse de un contenido técnico, los motores de búsqueda pueden encontrar problemas al tratar de indexar.

**Nota:** Un artículo bien escrito aumenta el número de lectores, el número de comentarios, el nivel de propagación y su posicionamiento en buscadores (SEO).

## RESUMEN, PREGUNTAS DE REPASO Y EJERCICIOS

### Resumen

En este capítulo se definió el concepto de blog.

Se revisó también los blogs que más dinero ganan en el mundo y que fuentes de ingresos que puede tener un blog profesional.

Se mencionaron algunos aspectos por los cuales el blog es importante en la estrategia de marketing digital en una empresa.

Se mencionaron las plataformas para publicar un blog: publicación gratis en Internet y de administración de contenidos (CMS).

Se explicaron los pasos para crear una estrategia de contenido basada en blogs.

Se terminó el capítulo con las pautas para escribir un artículo de blog.

## Preguntas de repaso

- ¿Qué es un blog?
- ¿Cuáles son los 5 blogs que más ganan dinero en el mundo?
- ¿Cuáles son las tres fuentes de ingresos más importantes para un blogger?
- ¿Cuáles beneficios tiene para las empresas crear una estrategia de blogs?
- ¿Cuáles son los principales beneficios de utilizar plataformas de publicación gratis de blogs en Internet?
- ¿Cuáles son las tres principales plataformas de publicación gratis de blogs en Internet?
- ¿Cuáles son los principales beneficios de administradores de contenido para crear blogs?
- ¿Cuáles son los tres principales administradores de contenido con los que se pueden crear blogs?
- ¿Cuáles son los pasos para crear una estrategia de contenido basada en blogs?
- ¿Cuáles son las pautas para escribir artículos para un blog?

## Ejercicios

- Construya una estrategia de contenido basada en el blog que creó en el capítulo anterior utilizando la plataforma `Blogger.com`.
- Cree un artículo con los criterios vistos en este capítulo y compárelo con los artículos anteriores en su blog.

# 4. Uso de redes sociales en la empresa

Objetivos:

- ▶ Crear un perfil efectivo en redes sociales.
- ▶ Facebook.
- ▶ Twitter.
- ▶ LinkedIn.
- ▶ Google+.
- ▶ YouTube.
- ▶ Pinterest.
- ▶ Instagram.
- ▶ Otras redes sociales (Foursquare, Slideshare, Flickr y Vine).

## CASO DE ESTUDIO

Rixar García es un taxista de Oviedo, (España) pionero en el uso de redes sociales y el mundo digital para impulsar su negocio. Los pasos más importantes en esta evolución son:

- ▶ En 2003 creó su primer sitio Web llamado, www.TaxiOviedo.com.
- ▶ En 2006 Rixar compró su primera Blackberry para poder contestar los emails de su negocio mientras trabajaba.
- ▶ En 2008 comenzó a escribir en su blog TaxiOviedo.blogspot.com, donde escribe sobre las rutas turísticas que él mismo diseña, ése fue el inicio de su trayectoria 2.0.
- ▶ En 2009 integró Twitter (@TaxiOviedo) en su estrategia.

- En 2011 creó su cuenta de Facebook (www.facebook.com/taxi.aeropuerto.asturias).
- En 2011 creó una aplicación para iOS (iPhone) y para Android.

## Twitter

La cuenta de Rixar tiene más de 8.400 seguidores y a través de ella le llegan entre el 15% y el 25% de las contrataciones totales del aeropuerto. Otorga un descuento a quien lo contacte por Twitter.

Twitter es una herramienta muy poderosa para Rixar, le permite hablar de su día a día y de la ciudad, hace crónicas en tiempo real de lo que sucede, hace fotos desde el taxi e informa sobre el tráfico.

## Foursquare

Tiene más de 3.800 amigos en esta plataforma. Rixar comparte localizaciones continuamente y desde hace dos años le otorga un descuento para viajar en su taxi a las personas que hagan *checkin* en el aeropuerto de Oviedo.

## Otros beneficios de las redes sociales

El uso de redes sociales le ha dado gran visibilidad a Rixar García gratis. Algunos ejemplos:

**Figura 4.1.** Taxi de Rixar García. Imagen tomada de: http://TaxiOviedo.blogspot.com

- Cuando pegó un vinilo en su taxi, con la frase "*Foursquare Special Here*", logró que 500.000 personas hablaran de Taxi Oviedo.
- Recibió el premio al mejor sitio Web de Asturias.
- Recorrió Estados Unidos en 40 días gracias a un patrocinio.
- Es conferencista en España y Estados Unidos.
- Es citado en varios libros como caso de éxito.

## CREAR UN PERFIL EFECTIVO EN REDES SOCIALES

Para crear una presencia efectiva en los diferentes canales de redes sociales es fundamental reconocer algunos elementos comunes a la mayoría de ellos: nombre del perfil, imagen y resumen de biografía, enlaces a su sitio Web, blog y otros canales de redes sociales.

## Nombre del perfil

El nombre del perfil en redes sociales es muy importante, muchas de las redes sociales lo usan en la dirección Web de la cuenta. Es ideal que el nombre de dominio sea el mismo en las principales redes sociales. Para ilustrarlo les muestro a continuación los nombres que utilizo en algunas de ellas:

- `https://twitter.com/JuanCMejiaLlano`
- `https://www.facebook.com/JuanCMejiaLlano`
- `http://www.linkedin.com/in/JuanCMejiaLlano`
- `http://pinterest.com/JuanCMejiaLlano`
- `http://www.slideshare.net/JuanCMejiaLlano`
- `http://instagram.com/JuanCMejiaLlano`

**Nota:** Es deseable que el nombre de perfil sea el mismo en las distintas redes sociales donde tenga presencia.

Para escoger el nombre del perfil en los diferentes canales de redes sociales se debe tener en cuenta:

- El perfil de los diferentes canales de redes sociales debe estar asociado con el nombre de su empresa.
- El nombre del perfil debe ser lo más corto posible.

- ▶ Evitar abreviaturas poco comunes.
- ▶ No incluya números en su nombre de perfil. Si el nombre de su empresa está ocupado antes de incorporar números, es mejor hacer variaciones como: incluir guión bajo para separar palabras, añadir al final la palabra oficial, entre otros.
- ▶ Se debe verificar que estén disponibles en las redes sociales importantes. El sitio Web namechk.com es una buena opción para ver la disponibilidad de un nombre en diferentes redes sociales.

## Foto del perfil

Además del nombre del perfil, todos los sitios de redes sociales le permiten subir una foto asociada a su empresa. Para la selección de la foto se debe tener en cuenta lo siguiente:

- ▶ La foto debe ser la misma en todos los canales de redes sociales.
- ▶ Es deseable que la foto sea el logotipo de la empresa, para esto se debe probar que la foto se pueda reconocer en un tamaño de 48x48 píxeles, que es el que tendría al ser reducido por las redes sociales.
- ▶ Si el logotipo reducido no se entiende, se debe seleccionar para la foto una iconografía que identifique la empresa, como lo hace Walmart que no utiliza el nombre de la empresa en la foto sino una imagen que se asocia a la marca.

**Logotipo de Walmart**

**Ícono para redes sociales**

**Figura 4.2.** Logotipo e icono de redes sociales de Walmart.

**Nota:** La foto debe ser la misma para todos los canales de Redes Sociales.

## Descripción del perfil

Los canales de redes sociales, por lo general, permiten informar con una breve descripción (1 ó 2 frases) a qué se dedica la empresa. Se debe escribir una descripción concisa y convincente que informe de los productos o servicios principales y a quién están dirigidos. Generalmente las descripciones deben tener palabras claves con el objetivo que cuando alguien busque por esas palabras claves encuentre la empresa.

Por ejemplo, la descripción del Portal `Puromarketing.com` en Twitter es: "Diario digital Líder de Marketing y publicidad en español. Marketing online, Social Media, Marketing viral, *Branding*, Anuncios, inversión publicitaria". En esta descripción se identifica qué es Puromarketing y qué temas principales cubre en su portal (palabras claves).

## Enlaces a sitios Web

Los sitios de redes sociales frecuentemente permiten ingresar los enlaces al sitio Web para aprender más acerca de su compañía, además, le generarán tráfico de calidad hacia su sitio Web.

## FACEBOOK

Facebook es la red social, con más de 1.050 millones de usuarios registrados, es una herramienta muy poderosa para el marketing digital.

## Servicios de Facebook

Los servicios principales de Facebook son:

- **Publicar contenidos**: Facebook tiene un sistema para publicación de contenido bastante completo.
- **Comentarios**: se pueden escribir comentarios tanto en la página propia como en la de otros. Esto genera gran interacción entre los usuarios.
- **Mensajes directos**: esta opción facilita la recepción y envío de mensajes directos (privados).
- **Fotos**: se pueden compartir fotos con otras personas.
- **Vídeos**: permite cargar y etiquetar vídeos.
- **Grupos**: permite reunir a personas con intereses comunes.
- **Páginas**: se crean con fines específicos y están orientadas a empresas, marcas o personajes.
- **Chat**: sistema de chat que le permite ver qué amigos están en línea para invitarlos a conversar.

- **Motor de búsqueda:** Facebook posee un motor de búsquedas que permite realizar búsquedas en esa plataforma.
- **Biografía:** llamada *Timeline* en inglés reemplazó al Muro y tiene una alta posibilidad de personalización.
- **Regalos:** los regalos llamados *Gifts,* en inglés, son pequeños iconos con un mensaje, que se pueden enviar a los amigos.
- **Estadísticas:** completo sistema de estadística de lo que sucede en su página de Facebook.
- **Botón me gusta:** Aparece en la parte inferior de cada publicación y se caracteriza por un pequeño icono en forma de una mano con el dedo pulgar hacia arriba. Permite valorar si el contenido es del agrado del usuario.
- **Correo electrónico:** sistema de correo con la siguiente estructura: `NombreUsuario@facebook.com`.

> **Truco:** Para conocer todos los servicios de Facebook visita su servicio de ayuda en: `https://www.facebook.com/help/`

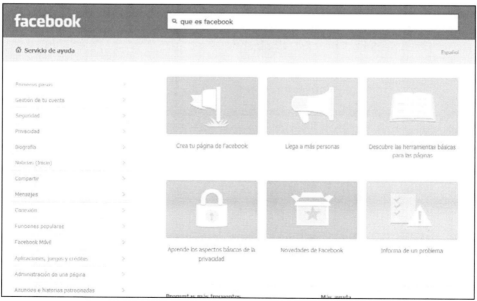

**Figura 4.3.** Página de ayuda de Facebook.

## Términos más usados en Facebook

- **Administrador**: son personas que crean y gestionan actividades en grupos y páginas.
- **Amigo**: son todos los contactos que una persona, con cuenta personal de Facebook, ha aceptado compartir su actividad.
- **Aplicaciones**: son los programas que se conectan a una página o perfil de Facebook para hacer concursos o publicar en ella, información, noticias, fotos y otros tipos de contenidos.
- **Biografía**: es el conjunto de publicaciones o actualizaciones que tienen los perfiles o páginas de Facebook.
- **Bloquear**: cuando bloquea a alguien, dejará de ser su amigo en Facebook. La persona bloqueada no podrá abrir chats de Facebook con usted, ni enviarle mensajes, ni publicar en su biografía o ver lo que publica en ella.
- **Chat**: es una función que permite enviar mensajes instantáneos a sus amigos en línea. Las páginas empresariales no tienen la opción de chat.
- **Eventos**: es una función que permite organizar encuentros, responder a invitaciones y estar al día de lo que hacen sus amigos.
- **Foto de perfil**: es la foto principal que aparece en una biografía personal o página de empresa. La foto del perfil aparece en miniatura, junto a sus comentarios y otras actividades de Facebook.
- **Foto de portada**: es una imagen grande que se sitúa al principio de la biografía, justo debajo de la foto de perfil.
- **Fotos**: son las imágenes que una persona o empresa sube a su cuenta en Facebook. Estas pueden ser subidas desde un ordenador o con una de las aplicaciones fotográficas móviles disponibles para teléfonos inteligentes.
- **Grupos**: son conjuntos de usuarios de Facebook con gustos e intereses comunes. Los integrantes de un grupo pueden compartir mensajes, fotos, vídeos y noticias acerca del tema de su interés.
- **Listas**: son una forma opcional de organizar a sus amigos de Facebook.
- **Lugares**: se puede compartir la localización con sus amigos si visita algún lugar. También puede encontrar a los amigos que están cerca.
- **Me Gusta**: es un botón creado por Facebook para indicar que un contenido es del gusto de quien lo ve.
- **Mensajes**: son conversaciones privadas entre usuarios de Facebook. Estas quedan guardadas en la bandeja de entrada de un perfil o página.

- **Muro**: es el espacio individual de cada usuario donde aparecen sus publicaciones y aquellas que son publicadas por sus amigos. En la actualidad este espacio personal se conoce como Biografía.
- **Página**: son los perfiles creados específicamente por empresas, marcas, artistas y profesionales independientes en Facebook.
- **Perfil**: es el nombre que recibe una cuenta personal en Facebook.
- **Suscripciones**: Las suscripciones son una forma de recibir noticias de los perfiles que le interesan, incluso si no son sus amigos.

> Truco: Para conocer el glosario completo de Facebook, visite el siguiente enlace: https://www.facebook.com/help/219443701509174/

## Breve historia de Facebook

La historia de Facebook se resume en los siguientes eventos:

- En octubre de 2003, Mark Zuckerberg, estudiante de la Universidad de Harvard, lanza FaceMash que fue el predecesor de Facebook.
- En febrero de 2004 Mark lanza `Thefacebook.com` una red para universidades.
- En diciembre de 2004 Facebook cuenta con 1 millón de usuarios registrados.
- En agosto de 2005 `TheFacebook.com` cambia por `Facebook.com`.
- En marzo de 2006 Facebook rechazó una oferta de compra por $750 millones.
- En septiembre de 2006 Facebook abre su red a cualquier persona mayor de 13 años.
- En agosto de 2007 se le dedicó a Facebook la portada de la prestigiosa revista Newsweek.
- En noviembre de 2007 Facebook presenta su sistema de publicidad Facebook Ads.
- En febrero de 2008 Facebook lanza su versión en español.
- En abril de 2008 Facebook lanza su sistema de chat.
- En febrero de 2009 Facebook añade el botón **"me gusta"** a su sitio Web.
- En julio de 2009 Facebook ya contaba con 250 millones de usuarios registrados.

- En abril de 2010 Facebook lanza las páginas empresariales.
- En diciembre de 2010 Mark Zuckerberg es elegido persona del año por la revista Time.
- En septiembre de 2011 Facebook lanza la biografía llamada en inglés *Timeline*.
- En octubre de 2011 Facebook lanza la aplicación (*App*) de iPad.
- En abril de 2012 Facebook compra `Instagram.com`.
- En mayo de 2012 Facebook comienza a cotizar en bolsa.
- En octubre de 2012 Facebook alcanza 1.000 millones de usuarios registrados.

## Beneficios de utilizar Facebook en la empresa

Los principales beneficios del uso de Facebook en la estrategia de Marketing Digital de la empresa son:

- **Herramienta de *branding*:** es una excelente herramienta de *branding* y gestión de la imagen en la empresa y sus marcas.
- **Contacto directo con los clientes:** establezca contacto directo con los clientes actuales o potenciales.
- **Generación de tráfico:** Facebook tiene gran capacidad para generar tráfico hacia tu sitio Web o blog.
- **Gestión de reputación:** conozca rápidamente los ataques a la reputación para poder realizar una gestión efectiva.
- **Comunicación personalizada:** permite ajustar la comunicación de acuerdo con los diferentes tipos de usuarios.
- **Escucha activa:** Facebook le permite conocer mejor a sus clientes actuales, para desarrollar estrategias efectivas de fidelización.
- **Amplificación de la información:** aproveche las características virales de Facebook para aumentar la amplificación de la información que quiere comunicar.
- **Canal interactivo:** utilice la capacidad de interacción de Facebook para aumentar el conocimiento de su audiencia.
- **Canal emocional:** cercanía de la empresa hacia sus clientes con gran capacidad de comunicación emocional.
- **Excelentes estadísticas:** monitoree en forma periódica qué está sucediendo con sus visitantes de la página de Facebook de su empresa.

> **Nota:** Facebook es un canal emocional y cercano.

## Guía para crear una página de Facebook

En esta guía se revisará el proceso necesario para crear y personalizar una página de Facebook.

Para cumplir las normas de Facebook, una persona de la empresa debe crear un perfil y a partir de ese perfil se debe crear una página de Facebook para la empresa. Para la creación del perfil puede ingresar al siguiente enlace: https://www.facebook.com/ y seguir las instrucciones como muestra la figura siguiente.

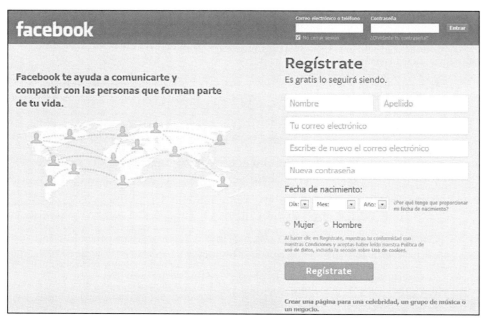

**Figura 4.4.** Formulario de registro en Facebook.

Para crear una página en Facebook se puede hacer clic en la opción **Crear una página** del menú inferior o cargar la siguiente dirección: https://www.facebook.com/pages/create.php. Luego se escoge el tipo de página entre:

- ▶ Lugar o negocio local.
- ▶ Empresa, organización o institución.

USO DE REDES SOCIALES EN LA EMPRESA

- Marca o producto.
- Artista, grupo musical o personaje público.
- Entretenimiento.
- Causa o comunidad.

Si va a crear una página de Facebook para una empresa o marca puede utilizar cualquiera de las tres primeras opciones y seguir las instrucciones hasta crear la página.

**Figura 4.5.** Formulario de creación de página en Facebook.

**Advertencia:** Las empresas que tengan presencia en Facebook a través de un perfil personal están incumpliendo las normas de uso y desaprovechando los beneficios de tener una página de Facebook.

## Pasos para personalizar la página de Facebook

Para personalizar la página de Facebook es importante tener presentes los siguientes aspectos.

## Foto de portada

- La portada es una foto que se sitúa al principio de la página de Facebook, encima de la foto del perfil de la página.
- Las dimensiones para la foto de portada son: 851 píxeles de ancho por 315 píxeles de alto.
- La foto de portada no puede tener:
  - Precios ni información de compra.
  - Información de contacto: dirección de un sitio Web o de correo electrónico.
  - Elementos de la interfaz de Facebook como: "Me gusta" o "Compartir".
  - Llamadas a la acción, como por ejemplo "Pídalo ahora".

**Nota:** La foto de portada puede ser cambiada de forma periódica, de acuerdo a lo que se quiera comunicar o la campaña que esté vigente en la empresa.

## Foto del perfil

- La foto debe tener las características que se mencionaron arriba.
- Las fotos del perfil de las páginas son cuadradas y se muestran con una resolución de 160 x160 píxeles.
- La foto que suba debe tener, al menos, 180 x180 píxeles.
- Si el logotipo no tiene una proporción cuadrada, es importante ajustarlas a un cuadrado con espacios en blanco, ya que las fotos de perfil rectangulares se recortarán para ajustarlas a una forma cuadrada.

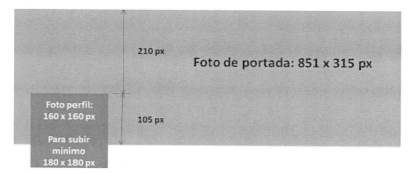

**Figura 4.6.** Distribución de espacios para la personalización de Facebook.

## Biografía de la página

- La biografía de la página es llamada en inglés *Timeline*.
- Se puede configurar el *Timeline* de la página de la siguiente forma:
  - Para que no se muestren las publicaciones de otros usuarios en el *Timeline* hasta que sean revisadas por el Community Manager.
  - Para impedir que otros usuarios publiquen en tu página.
  - Para desactivar la casilla "Publicaciones recientes de otros" en el *Timeline* de su página.
  - Para realizar estos cambios debe entrar a la opción "Editar la página" y escoge la opción "Gestionar permisos".
  - Se pueden destacar publicaciones en la página marcándola con una estrella. La imagen de la publicación quedará con ancho doble.

## Presencia de una empresa en Facebook

Es importante aclarar que la forma adecuada para que una empresa consiga presencia en Facebook es a través de una página y no de un perfil personal.

Si una empresa tiene un perfil personal está incumpliendo las normas de Facebook (https://www.facebook.com/legal/terms) donde mencionan: *"No utilizarás tu biografía personal para obtener ganancias comerciales, para ello te servirás de una página de Facebook."* Por lo que puede ser eliminada por Facebook en cualquier momento sin previo aviso.

> **Advertencia:** Las empresas que estén en Facebook a través de un perfil personal, están incumpliendo las normas de uso, y pueden ser sancionadas con la eliminación definitiva del perfil sin previo aviso.

## Cambio de perfil personal a página de Facebook

Si su empresa tiene presencia en Facebook a través de un perfil personal es recomendable realizar un procedimiento para cambiar de perfil a página, de tal forma que los amigos se conviertan en fans.

Para realizar el cambio del perfil a página de Facebook se debe cargar la siguiente página: http://www.facebook.com/pages/create.php?migrate.
Al ingresar, Facebook hace la siguiente aclaración: *"Por el momento, solo la foto del perfil y tu lista de amigos se transferirán a tu nueva página. El resto de contenido continuará en tu perfil."*

Con este sencillo proceso usted podrá pasar los amigos que tenía en el perfil personal a fans de una página profesional cumpliendo las normas de Facebook.

Algunas ventajas de tener una página de Facebook en vez de un perfil personal son:

- ▶ Si es una empresa o marca es la única forma legal de conseguir repercusión en Facebook.
- ▶ En las páginas de Facebook el número de fans es ilimitado, en cambio el número de amigos de un perfil personal está limitado a 5.000.
- ▶ Las páginas de Facebook son públicas lo que lo hacen más adecuadas para empresas, marcas, políticos, artistas y profesionales que estén trabajando la marca propia.
- ▶ Las páginas de Facebook pueden tener una pestaña de Bienvenida totalmente personalizada.
- ▶ Se pueden crear pestañas y aplicaciones para hacer concursos y promocionar la empresa.
- ▶ El contenido de las páginas de Facebook aparece en los resultados de la búsqueda de Google.
- ▶ Se pueden nombrar más administradores para tu página.
- ▶ Tiene completas estadísticas.

**Truco:** Para conocer el proceso de convertir un perfil personal en página de Facebook puede visitar la siguiente página: `http://www.facebook.com/pages/create.php?migrate`

## Tácticas para aumentar el número de fans en la página de Facebook de su empresa

Algunos aspectos a considerar para aumentar la comunidad de Facebook son:

- ▶ **Personalizar el perfil de Facebook de su empresa**: personalice el perfil de su empresa para que tenga un aspecto profesional y sea consistente con el sitio Web y las otras redes sociales de la organización para generar confianza en la comunidad virtual.
- ▶ **Crear contenido de valor**: para crear contenido de valor añadido, para la audiencia de su empresa es necesario conocerla muy bien, para identificar el contenido de su interés. Es muy importante crear contenido en diferentes formatos: fotografías, infografías, audios, vídeos, material multimedia, entre otros.

**Figura 4.7.** Página de Facebook de migración de perfiles a páginas comerciales.

▶ **Ser constante en la publicación:** hay estudios que muestran que lo óptimo es publicar contenido de valor entre 3 y 5 veces al día. En lo posible, se debe evitar hablar solamente de la empresa.

▶ **Responder a los comentarios y motivar a la participación de su comunidad:** el Community Manager debe estar atento a responder de manera oportuna cualquier inquietud o comentario que se realice en la página de Facebook de su empresa. Haga preguntas, publique consejos útiles, comparta artículos que les guste y sean compartidos por su audiencia.

▶ **Incrustar vídeos:** cree publicaciones con vídeos incrustados que estén alojados en YouTube.com. Se ha probado que los vídeos provocan mucha atención en Facebook.

▶ **Regla 80-20:** cuando se tiene una página de Facebook cuyo único propósito es vender, puede ser poco atractiva para los visitantes. Utilice la regla 80-20 como relación contenido no comercial / contenido comercial.

▶ **Ser divertido:** Facebook es una red social y las personas están allí para divertirse. Manteniéndose fiel a la marca, piensa en formas de entretener a su audiencia.

- **Crear una conexión entre Facebook y el mundo físico**: utilice Facebook para promover eventos del mundo físico, a través de actualizaciones y fotografías.

- **Crear concursos en Facebook**: los concursos son una manera divertida y atractiva para estimular la participación de los visitantes e incluso generar nuevos fans. Es muy importante que los concursos cumplan con las normas de uso de Facebook.

- **Integrar anuncios tradicionales con Facebook**: añada su dirección de Facebook en sus anuncios de medios tradicionales. Otra opción consiste en utilizar los anuncios tradicionales para informar y promover la participación de sus clientes en concursos dentro de su página de Facebook.

- **Introducir nuevos productos en Facebook**: publique información exclusiva en Facebook sobre nuevos productos o servicios antes de informarlo por otros canales.

- **Crear una página de bienvenida**: haga una página de bienvenida para los visitantes nuevos de la página de Facebook.

- **Integrar contenido social en su página de Facebook**: es importante incorporar el contenido de otros canales sociales como `YouTube.com`, `Pinterest.com` y `Slideshare.com` para propagarlo y extender la vida útil de ese contenido.

- **Utilizar los anuncios de Facebook**: los anuncios de Facebook permiten promover su empresa, crecer el número de fans de su página de Facebook y atraer clientes potenciales. Los anuncios de Facebook se pueden segmentar por: edad, ubicación, estudios, temas de interés, etc.

- **Utilizar el sitio Web de su empresa para promocionar su página de Facebook**: debe integrar el sitio Web de su empresa con la página de Facebook. Esta integración puede ser de dos formas: un botón de **"síguenos en Facebook"** o un área en el sitio Web que muestra las últimas publicaciones y comentarios de la página de Facebook.

- **Utilizar Twitter para promocionar la página de Facebook de su empresa**: Twitter tiene una gran capacidad de propagación de contenido, es por eso que debe utilizarlo para propagar las publicaciones de Facebook. La labor de propagación se debe realizar de manera manual para garantizar que los tuits se ajusten a 140 caracteres.

- **Promover su página de Facebook utilizando e-mail**: es una práctica recomendada agregar en su firma de e-mail la dirección de la página de Facebook, lo que le permitirá promoverla y por tanto aumentar su visibilidad. Si cuenta ya con una base de datos con permiso para envío de emails, debe crear una campaña para comunicar la existencia de su página Facebook.

- **Promover su página de Facebook en el mundo offline:** debe anunciar su página de Facebook en todos los canales de promoción offline: material publicitario, vallas, tarjetas personales, `packaging`, *contact center*, etc.

**Truco:** Para conocer cómo utilizar este sistema de anuncios de Facebook visite el siguiente enlace: `https://www.facebook.com/help/326113794144384/`

**Advertencia:** Nunca se deben programar publicaciones automáticas en Facebook desde el blog, Twitter o cualquier otra fuente. Lo anterior debido a que los tonos de comunicación de todos los canales son diferentes.

## Uso de métricas en Facebook

Si se presta atención a las personas a las que les gusta su página de Facebook, la interacción en sus publicaciones o la creación de sus propias publicaciones, se puede conocer qué entradas despiertan mayor interés entre los usuarios.

**Advertencia:** Para tener acceso a las estadísticas de la página de Facebook se debe tener un mínimo de 30 "Me gusta".

### Métricas principales

Puede obtener datos estadísticos del número de personas a las que llegó su publicación, interactuaron con ella y hablaron de ella a sus amigos. Los principales indicadores son:

- **Me gusta:** es el número de personas que hicieron clic en **"Me gusta"** en su página en el intervalo de fechas seleccionado.
- **Amigos de fans:** indica el número de personas que son amigas de tus fans.
- **Personas que están hablando de esto:** indica el número de personas que crearon una historia a partir de tu publicación en la página. Ejemplos de historias son: hacer clic en **"Me gusta"**, comparten o comentan la publicación, responden una pregunta, responden a un evento o solicitan una oferta.

- **Alcance**: es el número de personas que vieron su publicación. La cifra del alcance incluye a los usuarios de Facebook que vieron la publicación tanto en el ordenador como en el teléfono. Se considera que su publicación llega a alguien cuando se carga y se muestra en la sección de noticias.

- **Usuarios que interactúan**: es el número de personas que hicieron clic en cualquier lugar de su publicación.

- **Difusión**: es el número de personas que crea una historia a partir de su publicación, se expresa como el porcentaje del número de personas que la vieron.

> **Truco**: Para conocer más sobre las métricas de Facebook visite el siguiente enlace: https://www.facebook.com/help/383440231709427/

## EdgeRank

Cuando se añade una publicación en su página de Facebook, ésta no aparece en las páginas de todos sus fans. Facebook determina en qué páginas aparecerá con un indicador llamado EdgeRank.

El EdgeRank es una fórmula matemática que incluye los siguientes factores:

- **Afinidad**: es el grado de afinidad entre el usuario y el creador del contenido, a mayor interactuación mayor nivel de afinidad.

- **Peso**: es la relevancia del contenido publicado. Compartir tiene un peso alto, un comentario tiene un peso medio-alto, un "**Me gusta**" un peso medio y un clic un peso bajo.

- **Paso del tiempo**: tiempo transcurrido desde que se publicó el contenido, cuanto mayor es el tiempo desde que se publicó menor es la importancia de éste.

# TWITTER

Twitter es una plataforma, con más de 280 millones de usuarios registrados, que permite publicar mensajes en tiempo real (como un blog), pero cada mensaje es de un máximo de 140 caracteres (*micro blogging*). Los usuarios de Twitter pueden enviar estos mensajes cortos, los llamados "tuits".

La definición que hace Twitter de su servicio es: "*Twitter es una red de información basada en mensajes de 140 caracteres llamados tuits. Es una forma nueva y fácil de descubrir las últimas noticias relacionadas con los temas y las personas que te interesan.*"

Los tuits se pueden publicar desde el sitio Web `Twitter.com`, un teléfono inteligente (smartphone), o cualquier otra aplicación construida por otra empresa diferente de Twitter.

La información que se comparte con Twitter "tuits" es pública, por lo que cualquiera la puede ver. En la práctica, los que tienen más probabilidad de ver los tuits son los seguidores de la cuenta.

## Términos más usados en Twitter

Algunos términos de Twitter en orden alfabético son:

- **Acortador de URL**: permite acortar la URL que se va a incluir a un tuit, para que ocupe los menos caracteres posibles.
- **Amigos**: usuarios que su empresa sigue y/o le siguen.
- **Favorito**: llamado en inglés *Favorite*, es una marca que se le hace a un tuit cuando se considera importante para tener acceso a él más adelante.
- *Follow Friday* **(#FF)**: son tuits que recomiendan seguir otras cuentas el día viernes porque se consideran útiles para sus seguidores.
- *Followback*: cuando las cuentas de Twitter siguen de vuelta a todos sus nuevos seguidores.
- *Hashtag* **(#)**: se obtiene al adicionar el símbolo "#" a una palabra del tuit. Crea un enlace que cuando la persona hace clic Twitter realiza una búsqueda de todas las personas que utilizan ese hashtag.
- **Listas**: llamada en inglés *List*, permite organizar los perfiles por grupos. Las listas crean su propio *feed* lo que facilita hacer seguimiento a los diferentes temas de interés.
- **Mención (@)**: llamada en inglés *Mention*, se obtiene cuando se agrega el símbolo "@" a un nombre de usuario. Esto facilita que el usuario vea el tuit.
- **Mensaje Directo (DM)**: llamado en inglés *Direct Message* o *DM*, se presenta cuando usted recibe o envía un mensaje privado en Twitter. Para enviar un Mensaje Directo es necesario que la cuenta destino lo siga a usted.
- **Seguidores**: llamados en inglés *Followers* son las cuentas que reciben una notificación cuando su empresa escribe un tuit.
- **Siguiendo**: llamado en inglés *Following*, es cuando se sigue un usuario en Twitter.

- ▶ *Timeline* (**TL**): es el lugar de Twitter donde aparecen, de manera cronológica, todos los tuits enviados de las cuentas que usted sigue.
- ▶ **Troll**: usuario de Twitter que utiliza su cuenta para atacar a otros usuarios con comentarios agresivos o groseros.
- ▶ **Tuit**: llamado en inglés *tweet*, es un mensaje de máximo 140 caracteres que se escribe en Twitter.
- ▶ **Responder**: llamado en inglés *Reply*, permite responder un tuit o hacer preguntas a un usuario.
- ▶ **Retuit (RT)**: llamado en inglés *Retweet o RT*, facilita enviar a los seguidores de la empresa un tuit que consideramos útil para ellos dando los créditos del autor.
- ▶ **Tendencias**: llamado en inglés *Trending Topic*, muestra los temas que más se están escribiendo en un momento determinado en Twitter.
- ▶ *Unfollow*: es la acción de dejar de seguir una cuenta.

## Breve historia de Twitter

Basada en una excelente infografía de `ClasesDePeriodismo.com`, la historia de Twitter se resume en los siguientes eventos:

- ▶ En marzo de 2006, el cofundador de Twitter, Jack Dorsey, publica el primer tuit: "*just setting up my twttr*" (sólo ajustando mi twttr).
- ▶ En julio de 2006, Twttr es lanzado al mercado.
- ▶ En octubre de 2006, `Twttr.com` es reemplazado por `Twitter.com`.
- ▶ En febrero de 2007, se estableció un límite de 140 caracteres.
- ▶ En marzo de 2008, ya habían 1,3 millones de usuarios registrados en Twitter.
- ▶ En mayo de 2008, Twitter crea un blog para informar sobre el funcionamiento de la plataforma.
- ▶ En abril de 2009, Twitter ya contaba con 6 millones de usuarios registrados.
- ▶ En mayo de 2009, el coronel Tim Kopra envía el primer tuit desde el espacio: "*What a fun shuttle mission - especially with 13 people on board station. Life here is amazing - still getting used to floating!*" es decir: "*¡Qué misión tan divertida - especialmente con 13 personas a bordo de la estación. La vida aquí es fascinante - aún estoy acostumbrándome a flotar!*"

- En junio de 2009, la muerte de Michael Jackson establece el primer record en Twitter: 456 tuits por segundo.
- En noviembre de 2009, comienza la versión de Twitter en español.
- En diciembre de 1009, Twitter alcanza 100 millones de usuarios registrados.
- En abril de 2010, Twitter lanza sus tuits patrocinados.
- En agosto de 2010, Twitter tenía 145 millones de usuarios registrados.
- En octubre de 2010, Twitter lanza sus cuentas patrocinadas.
- En enero de 2011, con la llegada del año nuevo en Japón logra un nuevo record de 7.000 tuits por segundo.
- En marzo de 2011, el actor Charlie Sheen hace un récord Guinnes al conseguir un millón de seguidores en 25 horas.
- En septiembre de 2011, Twitter alcanza 200 millones de usuarios registrados.
- En febrero de 2012, Twitter lanza su nueva interfaz.
- En noviembre de 2012, el tuit de victoria de Barack Obama como presidente de Estados Unidos hizo un record al ser retuiteado más de 510.000 veces.
- En enero de 2013, se alcanzó un record durante la celebración de la llegada del 2013 en Tokio: 34.000 tuits por segundo.

**Truco:** Para ver una completa infografía con la historia de Twitter creada por ClasesDePeriodismo.com, visite este enlace: http://pinterest.com/pin/135248795029574885/

## Beneficios de utilizar Twitter en la empresa

Los principales beneficios del uso de Twitter en la estrategia de Marketing Digital de la empresa son:

- **Crear redes sociales alrededor de la marca**: cree una red social alrededor de la marca, lo que facilitará la construcción y fortalecimiento de esta.
- **Publicar información de interés**: Twitter es una excelente herramienta para la publicar información de interés para los clientes, colaboradores, clientes potenciales y en general de sus seguidores.

- **Anunciar y promover eventos**: anuncie de manera efectiva los eventos que sucederán en la empresa como son: nuevos productos o servicios, cambios en su organización, eventos organizados por la empresa, entre otros.

- **Monitorear la competencia**: es ideal para monitorear de forma oportuna lo que hace la competencia y lo que dicen sus clientes de ella.

- **Conocer la opinión de la gente**: conozca de primera mano lo que piensan sus clientes actuales y potenciales de su marca o empresa.

- **Identificar los ataques a la reputación**: es el canal más importante de las redes sociales para identificar los ataques a la reputación de la marca ya que, a diferencia de los perfiles personales de Facebook, su información es pública.

- **Mejorar la atención al cliente**: Twitter sirve como un efectivo canal de atención al cliente con respuesta en tiempo real.

- **Generar tráfico hacia el sitio Web o blog**: propague la información de su sitio Web y blog con enlaces hacia ellos para generar tráfico de calidad.

- **Detectar tendencias en el mercado**: identifique los cambios que afectan a su negocio antes que la competencia, utilizando Twitter como un medio para estar informado de la actualidad de su categoría de negocio.

- **Identificar a los líderes de opinión**: identifique los líderes de opinión e influenciadores en su categoría de negocio.

- **Convertirse en referentes de la categoría**: conviértase en un referente de su categoría de tal forma que no solo sea seguido por sus clientes, sino también por prospectos y competidores.

- **Segmentar a los usuarios**: utilice las opciones de listas para segmentar las cuentas que sigue.

- **Comunicar ofertas**: comunique ofertas y promociones en tiempo real para aumentar sus ventas.

## Guía para crear un perfil en Twitter

En esta guía se revisará el proceso necesario para crear un perfil de Twitter.

Para la creación del perfil de Twitter debe acceder al siguiente enlace: `https://www.twitter.com`, y completar el formulario de ¿Eres nuevo en Twitter? **Regístrate**, a continuación siga las instrucciones.

Es importante recordar que, en lo posible, todos los nombres de cuentas de redes sociales tengan el mismo nombre.

**Figura 4.8.** Página de registro de Twitter.

El primer paso es encontrar y seguir a otras cuentas de Twitter de interés para su empresa y su público objetivo. Una forma de encontrar cuentas interesantes es ver a quién siguen tus clientes y los influenciadores de su categoría de negocio.

Cuando se va a utilizar Twitter como una herramienta empresarial es necesario escribir su propio contenido en Twitter (algunos lo llaman "tuitear"). La estructura ideal de un tuit es:

- ► **Mensaje**: máximo 115 caracteres para que pueda ser retuiteado sin que se corte.
- ► **Enlace**: un enlace acortado donde se encuentra la ampliación del mensaje anterior. Si se va a utilizar la plataforma de Twitter para enviar los tuits se deben utilizar sitios Web que permitan acortar las URLcomo es: https://bitly.com.
- ► **Hashtag**: todos los tuits deberían tener hashtags (palabras precedidas por el carácter "#") para ampliar su visibilidad.

En el siguiente tuit de ejemplo se mostrarán las partes descritas:

"Todo lo que quería saber sobre la profesión de `#CommunityManager` `http://ow.ly/hYWyA`. `#RedesSociales`"

- **Mensaje:** Todo lo que quería saber sobre la profesión de
- *Hashtags*: `#CommunityManager` y `#RedesSociales`
- **Enlace:** `http://ow.ly/hYWyA`

> **Nota:** El tuit ideal tiene: mensaje, enlace y hashtag.

## Pasos para personalizar su perfil de Twitter

Para personalizar su perfil de Twitter debe hacer clic en la opción con forma de engranaje al lado derecho del buscador y escoger la opción Configuración.

En el menú izquierdo aparecen varias opciones y la opción que queda activa es Cuenta. En esta opción se pueden personalizar el nombre de usuario:

- **Nombre de usuario:** como se mencionó antes se debe tratar que el nombre de usuario sea el mismo en todas las redes sociales. En Twitter la longitud máxima para el nombre de usuario es de 15 caracteres y no puede contener espacios. El nombre de usuario será único e identificará su cuenta en todo Twitter. Por ejemplo un nombre de usuario es **NombreEmpresa**.

Si se activa en el menú izquierdo la opción Perfil, se puede continuar con la personalización del perfil. En esta opción se puede cambiar:

- **Foto:** cuando se crea una cuenta la foto que aparece por defecto es un huevo. Esta foto te identifica en Twitter y aparece con tus tuits y se debe cambiar con los criterios mencionados antes. La foto puede tener hasta 2MB en cualquiera de los siguientes formatos: JPG, GIF o PNG.
- **Encabezado:** el encabezado es la foto que está detrás de la foto en la interfaz de Twitter. Las dimensiones recomendadas son 1252 por 626 píxeles, con un tamaño máximo del archivo 5MB.
- **Nombre:** el nombre de la cuenta, a diferencia del nombre de usuario, si puede contener espacios y tiene una longitud máxima de 20 caracteres. Por ejemplo un nombre es: **Nombre de Empresa**.
- **Ubicación:** la ubicación, a pesar de ser una información opcional, se debe señalar siempre. Se recomienda informar de la ciudad y el país.
- **Sitio Web:** Debe escribir la URL del sitio Web de su empresa. Este campo es muy importante ya que creará un enlace desde Twitter a su sitio Web.

▶ **Biografía**: Tal como se mencionó antes, se debe escribir un texto resumen que explique qué es la empresa con una longitud máxima de 160 caracteres.

Si se activa en el menú izquierdo la opción Diseño, se puede continuar con la personalización del perfil. En esta opción se puede cambiar:

▶ **Imagen de fondo**: se debe personalizar la imagen de fondo para aprovechar los espacios disponibles fuera del área de trabajo para informar cosas. Las dimensiones recomendadas son 1600 por 1200 píxeles, con un tamaño máximo del archivo 2MB. En la imagen de fondo se pueden aprovechar los primeros 200 píxeles del ancho para comunicar lo que la empresa necesite: mostrar presencia en otras redes sociales, URL del sitio Web, etc.

En la figura siguiente se muestra la disposición de espacios en la interfaz de Twitter.

**Figura 4.9.** Distribución de espacios para personalizar Twitter.

## Tácticas para aumentar el número de seguidores de la cuenta de Twitter de su empresa

Twitter es una herramienta muy importante para las empresas. Algunas tácticas para que crezca el número de seguidores son:

- **Personalizar el perfil de Twitter de su empresa**: como se mencionó en las tácticas para crecer los fans de su página de Facebook, para Twitter también es muy importante personalizar el perfil de Twitter ya que le da una presentación profesional a la cuenta, lo que facilitará generar confianza en los visitantes.

- **Crear contenido de valor**: establezca una política constante de generación de contenidos de calidad en múltiples formatos. Además de textos e imágenes, es deseable utilizar formatos novedosos cómo: vídeos, infografías, animaciones y otros. Se puede compartir contenido propio y de otras fuentes.

- **Ser constante en la publicación**: en Twitter, a diferencia de Facebook, muchos tuits no son igual a SPAM. Algunos medios de comunicación como el país (`https://twitter.com/el_pais`) envían hasta 80 tuits al día. Cuando no se tiene esa capacidad de generar valor, el número mínimo de tuits al día que se deben enviar es de 5.

- **Regla 1 de cada 10**: el máximo número de tuits comerciales es 1 de cada 10 tuits para evitar que los seguidores empiecen a sentir que la cuenta solo se usa para vender.

- **Interactuar con sus seguidores**: responda siempre las menciones y mensajes directos, agradezca los #FF, escribe #FF, lance preguntas a su audiencia, haga retuit de algunos tuits de sus seguidores, agradezca a sus seguidores que más propagan su contenido.

- **Interactuar con influenciadores**: un influenciador en Twitter es una cuenta (persona o empresa) que tiene muchos seguidores y que su información es muy propagada. Se debe seguir e interactuar con influenciadores para buscar que mencionen la cuenta de la empresa o hagan retuits de sus tuits.

- **Aumentar la visibilidad de sus tuits**: utiliza *Hashtag* (#), haga menciones (@), siga seguidores de cuentas con perfil similar a suyo, envíe los tuits en horarios de alto impacto, cree tuits en inglés, etc.

- **Utilizar Twitter como canal de atención al cliente**: muchos clientes tuitean problemas o hacer preguntas sobre los productos o servicios que adquieren y es por eso que es una buena práctica utilizar Twitter como un canal de atención al cliente. Cuando se usa Twitter como un canal de atención al cliente se debe informar el horario y días de atención.

- **Promocionar su cuenta de Twitter en su sitio Web y blog**: adicione a su sitio Web y blog el botón de **"síganos en"**. En los blogs, sitios de noticias y sitios de comunidades se debe adicionar los últimos tuits.

- **Promover la cuenta de Twitter en su página de Facebook**: cree una pestaña en Facebook con los últimos tuits.

- **Anunciar su cuenta de Twitter en otros medios**: se debe anunciar la cuenta de Twitter en diferentes medios como son: otras redes sociales, la firma de todos los e-mail, las tarjetas personales, la papelería de la empresa, etc.

- **Crear una conexión entre Twitter y el mundo físico**: utilice Twitter para promover eventos del mundo físico y cree un *hashtag* para los eventos.

- **Promover su página de Twitter en el mundo offline**: debe anunciar su cuenta de Twitter en todos los canales de promoción offline: material publicitario, vallas, tarjetas personales, empaques, *contact center*, etc.

- **Integrar los anuncios tradicionales con Twitter**: adicione su cuenta de Twitter en sus anuncios de medios tradicionales.

- **Ofertas especiales y promociones**: Twitter es un canal muy eficiente para informar sobre promociones y ofertas en tiempo real. Una empresa pionera y que ha tenido mucho éxito con este sistema es Dell con su cuenta `https://twitter.com/DellOutlet`.

- **Enviar información exclusiva en Twitter**: envíe información exclusiva en Twitter antes de informarlo por otros canales.

- **Promover su cuenta de Twitter utilizando e-mail**: agregue en su firma de e-mail la dirección de cuenta de Twitter para aumentar su visibilidad.

**Advertencia:** El máximo número de tuits comerciales es 1 de cada 10 tuits para evitar que los seguidores sientan que la cuenta solo es utilizada para vender.

## LINKEDIN

LinkedIn es una red social profesional con más de 200 millones de personas registradas y miles de empresas. Su objetivo principal es permitir a los profesionales relacionarse con personas y empresas con quienes tienen algún nivel de relación.

LinkedIn permite a los profesionales ingresar el Currículum Vitae (CV) para mejorar su visibilidad y a las empresas crear su página donde podrán comunicar a los profesionales interesados las vacantes disponibles y otros temas.

## Servicios de LinkedIn

Los servicios principales de LinkedIn son:

- **Publicar los currículums vitae**: comparta en Internet los currículums vitae de los trabajadores de su empresa.
- **Crear una página de empresa**: las páginas incluyen una descripción sobre la actividad de la compañía y su catálogo de productos y servicios, que los miembros de LinkedIn pueden también recomendar y compartir con su red de contactos.
- **Añadir contactos**: LinkedIn permite añadir contactos, lo que volverá mucho más visible la información que publique en ese canal.
- **Crear grupos profesionales**: alcance y atraiga a los clientes potenciales de su empresa en línea creando un grupo profesional.
- **Publicidad segmentada**: LinkedIn da la posibilidad de segmentar con precisión la audiencia a la que se le muestra la publicidad.
- **Eventos**: este servicio permite a la empresa crear un evento (como una feria internacional, un congreso).
- **Anunciar y gestionar empleos**: puede crear y gestionar las vacantes disponibles en su empresa para tener acceso a millones de profesionales calificados.
- **Buzón**: LinkedIn permite enviar mensajes privados a los contactos en esta red social.
- **Encuestas**: es posible crear y participar en encuestas en LinkedIn.
- **Crear aplicaciones**: Al igual que Facebook, LinkedIn ofrece también valiosas aplicaciones. Las aplicaciones le ayudarán a promocionar su contenido y su marca.

## Breve historia de LinkedIn

La historia de LinkedIn se resume en los siguientes eventos:

- En diciembre de 2002 es fundada por Reid Hoffman, Allen Blue, Konstantin Guericke, Eric Ly y Jean-Luc Vaillant.
- En mayo de 2003 `LinkedIn.com` es lanzada.
- En diciembre de 2003 tenía 82.000 miembros.
- En diciembre de 2004 termina con 1.600.000 miembros.
- En 2005 LinkedIn Jobs es lanzada.

- En diciembre de 2005 llega a 4.000.000 de miembros.
- En diciembre de 2006 alcanza 8.000.000 de miembros.
- En 2007 lanza: el blog corporativo.
- En diciembre de 2007 termina con más de 15.000.000 de miembros.
- En 2008 lanza las opciones de reclutamiento y productos móviles.
- En diciembre de 2008 termina con 33.000.000 de miembros.
- En el 2009 lanza las encuestas.
- En diciembre de 2009 llega a más de 40.000.000 de miembros.
- En diciembre de 2010 alcanza 70.000.000 de miembros.
- En diciembre de 2011 tenía 150.000.000 de miembros.
- En diciembre de 2012 termina con más de 200.000.000 de miembros.

## Beneficios de utilizar LinkedIn en la empresa

Los principales beneficios del uso de LinkedIn en la estrategia de Marketing Digital de su empresa son:

- **Búsqueda de nuevos clientes**: LinkedIn permite crear una red de contactos muy amplia y promocionar de una manera directa su empresa.
- **Conviértase en referente**: genere de forma regular mensajes a los seguidores que tenga su empresa para informar novedades de la empresa y del sector.
- **Búsqueda de profesionales**: LinkedIn puede ser utilizado por la empresa para realizar reclutamiento de colaboradores ya que los profesionales ingresan su Currículum Vitae en el perfil.
- **Grupos profesionales**: Una de las mayores fortalezas of LinkedIn es la creación de grupos especializados en ciertos temas que pueden enriquecer con artículos, noticias, debates, preguntas y ofertas de empleo.
- **Mantenerse en contacto**: LinkedIn ayudan a mantener tu negocio en la mente de la gente a la que más le importa tu negocio.
- **Encontrar a los proveedores**: LinkedIn facilita encontrar proveedores a través de su red de contactos.
- **Obtener respuestas a preguntas difíciles**: la opción de Preguntas y Grupos de LinkedIn le permite encontrar respuestas a esas preguntas desconcertantes rápidamente, recurriendo a la sabiduría de su red.

- **Atraer a nuevos clientes**: responda a preguntas sobre su especialidad para atraer a nuevos clientes o al menos encontrar clientes potenciales.

- **Propagar el contenido de su blog**: comparta sus nuevas entradas en el blog con su red de contactos de LinkedIn.

## Guía para crear un perfil en LinkedIn

En esta guía se revisará el proceso necesario para crear y personalizar un perfil de LinkedIn.

Para la creación del perfil de LinkedIn se debe ingresar al siguiente enlace: http://www.linkedin.com complete el formulario de **Únete a LinkedIn hoy mismo** y siga las instrucciones.

**Figura 4.10.** Página de registro de LinkedIn.

Al diligenciar el perfil tenga en cuenta:

- **Incluya su nombre completo**: ingrese los nombres y apellidos completos para asegurar que la gente lo pueda encontrar.

- **Cargue su foto**: cargue una foto de buena calidad y con presentación profesional como las que emplea para su currículum vitae físico. Evite utilizar fotos en grupo o en la playa por ejemplo.

- **Personalice su título profesional**: actualice su título profesional, este será actualizado automáticamente cuando cambie de cargo. Debe crear un texto atractivo para posibles clientes o empleados.

- **Agregue su experiencia laboral**: es deseable que ingrese la totalidad de su experiencia laboral, sin son muchos trabajos como mínimo usted debe ingresar sus cargos más recientes. Si requiere reportar un nuevo trabajo, haga clic en **"Añade un puesto de trabajo"**. Para cada cargo debe ingresar sus responsabilidades y logros en el cargo.

- **Ingrese los idiomas**: ingrese los idiomas que maneja y su nivel: competencia básica, competencia básica profesional, competencia profesional completa o competencia nativa.

- **Adicione las actitudes y conocimientos**: escriba los conocimientos que tiene por su recorrido profesional. Estos podrán ser validados por sus contactos.

- **Personalice sus reconocimientos y premios**: si ha tenido algún reconocimiento o ha ganado algún premio consígnelo en esta parte.

- **Ingrese su educación**: escriba de forma detallada toda la educación formal que ha tenido y en qué universidad se ha graduado. Si desea ingresar una nueva educación haga clic en **Añadir educación**.

- **Personaliza su URL de LinkedIn**: en la parte inferior de su foto está escrita su URL, si la desea cambiar haga clic en el enlace **Editar**. Cuando lo haga usted será llevado a una nueva pantalla, desplácese hacia abajo y hacia la derecha de la página para cambiar su URL. Recuerde que es deseable unificar el nombre de usuario en todas las redes sociales como se mencionó antes.

**Nota:** El perfil de LinkedIn se debe completar en su totalidad para lograr mayor visibilidad en esta red social.

## Guía para crear una página de empresa en LinkedIn

### Cree la página de empresa

Antes de mostrarle cómo se crea una página de empresa en LinkedIn, quiero mencionarle algunas ventajas que reporta a la compañía:

- Genere oportunidades de negocio.
- Puede ser seguida por profesionales y líderes de su sector.
- Encuentre proveedores, clientes y empleados.
- Promocione sus productos o servicios.
- Realice acuerdos y obtenga tráfico hacia su Web o blog.

- Publique ofertas de empleo.
- Publique eventos como cursos, seminarios, conferencias.

Para crear la página de una empresa debe ser empleado de la empresa y estar autorizado para hacerlo. Después de autenticarse en LinkedIn debe hacer clic en la opción **Empresa** del menú principal. Al cargar la nueva pantalla debajo del buscador se activa una opción **Añadir una empresa**. Si no la encuentra puede acceder a este enlace: `http://www.linkedin.com/company/add/show`.

**Figura 4.11.** Página para crear una página empresarial en LinkedIn.

Para completar su página como empresa debe tener en cuenta:

- Debe escribir el nombre oficial de la empresa y su dirección de correo electrónico.
- Ingrese el tipo de empresa (pública, privada o mixta) y el tamaño de la empresa.
- Se escribe la dirección del sitio Web y la industria a la que pertenece.
- Se activa el estatus **En operación** y se agrega el logo.
- Se asignan los administradores de la página.
- Luego se ingresa la descripción de la empresa y las especialidades de la empresa.
- Incluya los productos y finalmente se agrega el RSS del blog de la empresa si existe.

> **Nota:** La creación de una página empresarial en LinkedIn aumenta la visibilidad de las empresas en esta red social.

## Personalice la página de empresa

Para personalizar la página de empresa tenga en cuenta:

- Página de Inicio.
  - El logotipo tiene una dimensión de 100x60píxeles. Tenga en cuenta las medidas establecidas en él antes para el logotipo que se utilizará.
  - La imagen principal de la página de inicio mide 646x220 píxeles.
  - La imagen principal de la página de empleo mide 974x238 píxeles.
- Pestaña de Productos y servicios.
  - La imagen principal de la página de Productos y servicios mide 646x220 píxeles.
  - Las fotos de los productos y servicios miden 100x80 píxeles.

## Guía para crear un grupo en LinkedIn

Los grupos de LinkedIn le dan la oportunidad de alcanzar y atraer a los clientes potenciales en línea. Para crearlo puede seleccionar en el menú principal **Grupos / Crear un grupo** y complete el formulario que aparece en la figura 4.12. Algunos aspectos a tener en cuenta son:

- **Grupo para la industria:** piense en un grupo que sea de interés para la industria, para lograr que se unan personas que no siguen la empresa.
- **Logotipo:** es deseable contar con una imagen que identifique el grupo. Si tiene texto verifique que al reducirlo se pueda al leer. Este campo no es obligatorio.
- **Nombre del grupo:** es importante que el nombre tenga palabras claves con las cuales los profesionales buscan el tema del grupo.
- **Resumen:** agregue un breve texto para describir el grupo donde se mencione qué temas tratará y cuál es su propósito.
- **Descripción:** escriba la descripción ampliada del grupo utilizando las palabras clave que utilizarían las personas para buscar el tema.
- **Sitio Web:** escriba la dirección de la página o sitio Web que habla del grupo. Cree una página dentro de su sitio Web donde informe de qué trata el grupo e invite a unirse.

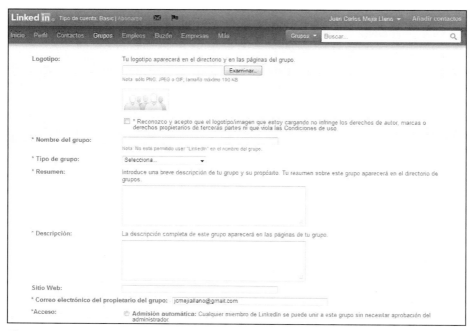

**Figura 4.12.** Página para crear un grupo en LinkedIn.

- **Promueva el grupo**:
  - **Invite a contactos**: invite a los empleados de la empresa, clientes, proveedores a unirse e iniciar discusiones.
  - **Anuncie el grupo**: promueva el grupo en conferencias, *webinars*, su sitio Web, blog, boletín y redes sociales.
  - **Invite a expertos**: invite a expertos de la industria a unirse al grupo para volverlo más atractivo para los profesionales.

> **Nota:** Los grupos son poderosos servicios de LinkedIn que permiten crear y mantener comunidades de profesionales.

# Tácticas para aumentar el número de seguidores en la página de LinkedIn de su empresa

- **Personalice el perfil de la página de su empresa en LinkedIn**: la presentación profesional a la página de LinkedIn generará confianza en los visitantes.

- **Informe las vacantes:** esta es una de las estrategias más efectivas para crecer el número de seguidores de la página de su empresa en LinkedIn.

- **Sea constante en la publicación de noticias:** es importante publicar de manera frecuente noticias asociadas a la empresa.

- **Interactúe con los seguidores de su empresa en LinkedIn:** responda siempre los comentarios, lance preguntas a su audiencia, agradezca a sus seguidores que más viralicen su contenido.

- **Utilice LinkedIn *Answers*:** esta es una útil herramienta de LinkedIn donde las personas hacen preguntas acerca de los negocios.

- **Aproveche las aplicaciones de LinkedIn:** en el área de aplicaciones de LinkedIn, usted puede agregar nuevas e interesantes aplicaciones que mejoren la experiencia de las personas que visitan su página.

- **Únase a grupos de LinkedIn:** únase a varios grupos a LinkedIn de su industria y fuera de ella.

- **Cree su propio grupo profesional:** cree un grupo profesional de su industria como se mencionó antes.

- **Anúnciese en LinkedIn:** LinkedIn tiene un programa de publicidad que se puede utilizar para atraer nuevos prospectos a la página de LinkedIn o grupo.

- **Promocione la página de su empresa de LinkedIn en su sitio Web y blog:** adicione a su sitio Web y blog el botón de "**síganos en**".

## GOOGLE+

Google+ es una red social, similar a Facebook, creada por Google en junio de 2011. Los usuarios tienen que ser mayores de 18 años de edad, para crear sus propias cuentas. Comparado con Facebook, Google+ se usa menos para compartir contenidos pero tiene un grupo importante de usuarios registrados aficionados a la tecnología y el marketing.

Los términos más utilizados en Google+ son:

- ***Hangout*:** es una vídeoconferencia que permite conversaciones simultáneas con nueve personas.

- **Círculos:** permite agrupar sus contactos y determinar un perfil de privacidad para cada grupo.

- **+1:** es equivalente al "Me gusta" de Facebook y sirve para indicar que una publicación es del agrado de quien la lee.

- **Comunidades:** es el equivalente a los grupos en Facebook.

> **Nota:** Comparado con Facebook, Google+ se usa menos para compartir contenidos pero tiene un grupo importante de usuarios registrados, aficionados a la tecnología y el marketing.

## Breve historia de Google+

La historia de Google+ se resume en los siguientes eventos:

- El 28 de junio de 2011 se lanza el nuevo servicio de Google requiriendo invitación para poderse registrar.
- El 14 de julio de 2011 alcanza 10 millones de usuarios (dos semanas después).
- En septiembre de 2011, cuando fue liberado al público en general, se registró un aumento del 30% en la cantidad de perfiles creados.
- En noviembre de 2011 Google+ lanza las páginas para empresas.
- En diciembre de 2012 Google+ llega a 343 millones de usuarios activos mensuales.

Beneficios de utilizar Google+

- **Muy utilizado por personas interesadas por la tecnología**.
- **Integración**: integre Google+ con los demás servicios de Google.
- **Visibilidad en Google**: mejore la visibilidad en Google (posicionamiento en buscadores - *SEO*).
- **Foto en los resultados de búsqueda de Google**:
  - Cuando se usa un perfil personal de Google+, Google pone la foto del perfil de la persona en los resultados de búsqueda cuando se busca por el nombre y se muestra la cuenta de Google+.
  - Si usted aporta contenido en su blog o un blog de la industria, reportándolos en Google+, puede lograr que su foto aparezca junto a sus artículos en los resultados de búsqueda.
- **Segmentación de la comunidad**: Google+ tiene gran capacidad para segmentar la comunidad, a través de los círculos, para asignarle a cada segmento accesos específicos.
- **Vídeo chat**: poderoso sistema de vídeo chat llamado *Hangout*.

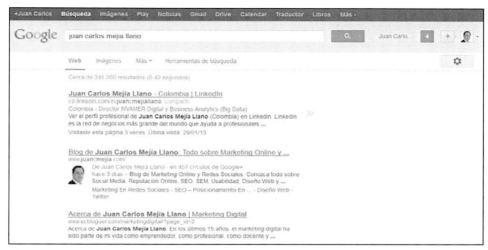

**Figura 4.13.** Que aparezca la foto entre los resultados de la búsqueda de Google, aumenta la tasa de clics.

> **Nota:** Aproveche los círculos de Google+ para segmentar su comunidad y entregar contenido de valor a cada audiencia.

## Guía para crear una cuenta en Google+

En esta guía se revisará el proceso necesario para crear y personalizar un perfil personal de Google+.

Como ocurre en Facebook, hay dos tipos de cuentas de Google+: los perfiles personales y las páginas para empresas.

Para crear una nueva cuenta se ingresa a `Google.com` y en la parte superior derecha hacemos clic en **Iniciar sesión**.

En la parte superior derecha de la página que se abre hay un botón muy llamativo llamado **CREAR CUENTA**. Al hacer clic sobre él aparece como se ve en la figura 4.14.

Se deben cumplimentar todos los campos, hasta concluir el formulario. Tenga en cuenta que el nombre de usuario es importante que esté asociado a su empresa como: `SuEmpresa@gmail.com`.

Recuerde que las cuentas en todas las redes sociales deben llevar, preferiblemente, el mismo nombre como se mencionó antes.

**Figura 4.14.** Página de registro de Google.

La cuenta que cree le dará acceso a todos los servicios gratuitos de Google para su empresa. Algunos ejemplos son:

- **Gmail**: servicio de correo gratuito.
- **Google+**: red social.
- **Docs**: gestión de documentos en la nube.
- **Drive**: almacenamiento en la nube.
- **Calendario**: calendario en la nube.
- **Analytics**: analítica Web.
- **Herramientas de Webmaster**: herramientas para optimizar un sitio Web.
- **Adwords**: pago por clic.
- **Adsense**: red de afiliados de Google para su sistema de pago por clic.

No asocie su cuenta de Google+ de la empresa a una dirección de correo electrónico personal, porque si alguna vez usted deja su puesto actual, sus colegas no podrán acceder a la cuenta corporativa de YouTube.

Estando autenticado en `Google.com`, debe ingresar la dirección: `https://plus.google.com` para completar el proceso de registro en Google+.

**Figura 4.15.** Página de registro de Google+.

## Guía para crear una página en Google+

En esta guía se revisará el proceso necesario para crear y personalizar una página de Google+. Para crear una página de Google+, seleccione en el menú principal izquierdo la opción de "Más/Páginas" y haga clic en la opción de "CREAR UNA PÁGINA NUEVA". También puede acceder directamente a la dirección: `https://plus.google.com/pages/create` como se muestra en la figura siguiente.

**Figura 4.16.** Página de creación de páginas de empresa de Google+.

## Tácticas para aumentar el número de fans en la página de Google+ de su empresa

La mayoría de las tácticas vistas para aumentar el número de fans de la página de Facebook se aplican para Google+. Algunas tácticas adicionales son:

- **Añada personas y empresas en los círculos de la empresa**: un porcentaje al recibir la notificación de que los hemos añadido, harán lo mismo y nos incluirán en sus círculos.

- **Utilice *hangouts***: utilice *hangouts* para programar: conferencias de prensa, grupos de enfoque, conversatorio sobre lanzamientos de productos, entrevistas de trabajo, atención al cliente, soporte técnico o cualquier otra cosa que se le ocurra.

- **Segmente su audiencia**: utilice los círculos para segmentar su audiencia de acuerdo a sus intereses.

- **Cree contenido específico para cada público**: pregunte a sus seguidores, a cada segmento de su audiencia, qué información quiere recibir y cree contenido para cada uno.

- **Utilice Google Adwords**: cree campañas de Google Adwords para generar tráfico de calidad a su cuenta de Google+.

## YOUTUBE

YouTube.com es un sitio Web donde los usuarios pueden subir y compartir vídeos de manera gratuita sin tener que preocuparse del coste de almacenamiento o ancho de banda necesario para poderlos visualizar. Utilizar YouTube en las estrategia de Redes Sociales de su empresa, le permite diferenciarse de su competencia, generar tráfico hacia su sitio Web al mejorar el posicionamiento en los dos primeros buscadores del mundo: Google.com y YouTube.com. De acuerdo con Alexa.com, YouTube.com es el tercer sitio con más tráfico del mundo, después de Google.com y Facebook.com.

> **Truco**: Para ver los sitios Web con más tráfico en el mundo puede visitar: http://www.alexa.com/topsites

Algunos beneficios de utilizar YouTube en la estrategia de redes sociales son:

- El vídeo es un formato muy atractivo y capta la atención del lector con facilidad.

- El vídeo complementa muy bien la información dada en texto.

- Se recuerda mucho más lo que se ve y se escucha (vídeo) que lo que se lee (texto).
- El vídeo genera confianza y credibilidad.
- YouTube da visibilidad, ya que como mencionamos antes, es el tercer sitio con más tráfico en el mundo.
- YouTube permite mejorar el posicionamiento en `Google.com`.

## Breve historia de YouTube

- En febrero de 2005 YouTube Inc. fue fundada por Chad Hurley, Steve Chen y Jawed Karim.
- En abril de 2005 se subió el primer vídeo: "Me at the Zoo."
- En octubre de 2006 Google compra YouTube por 1.650 millones de dólares.
- En diciembre de 2006 termina con 2,5 millones de vistas.
- En junio de 2007 YouTube se lanza en 9 países.
- En diciembre de 2008 es lanzado el vídeo HD (720 p).
- En octubre de 2009 se llega a 1.000 millones de vídeos vistos en el día.
- En mayo de 2010 se alcanzan 2.000 millones de vídeos vistos en el día.
- En diciembre de 2010 se lanza el sistema de anuncios TrueView.
- En diciembre de 2010 se alcanzan 700.000 millones de vídeos vistos al año.
- En mayo de 2011 se llega a 3.000 millones de vídeos vistos al día.
- En diciembre de 2011 se rediseña el sitio de `YouTube.com`.
- En enero de 2012 se logran 4.000 millones de vídeos vistos al día.
- En diciembre de 2012 se logra por primera vez 1.000 millones de vistas de un vídeo.

## Beneficios de utilizar YouTube en la empresa

Los principales beneficios del uso de YouTube en la estrategia de Marketing Digital de su empresa son:

- **Mejora el posicionamiento en buscadores**: los vídeos publicados en YouTube, sin están bien etiquetados, le ayuda en sus esfuerzos de posicionamiento en buscadores.
- **Educación**: los vídeos facilita la capacitación de clientes actuales y potenciales.

- **Propagación**: los vídeos tienen una gran capacidad de propagación, lo que favorecerá de manera significativa el conocimiento de su marca.
- **Cercanía**: el medio audiovisual es ideal para crear una mayor sensación de cercanía.
- **Confianza**: cree testimonios en vídeo para generar confianza entre sus visitantes ya que los vídeos generan más confianza que los textos escritos.
- **Generación de tráfico**: genere tráfico de calidad con estrategias de contenido audiovisual en YouTube.
- **Recordación**: los contenidos audiovisuales se recuerdan mucho más que los contenidos leídos.
- **Despierta interés**: un vídeo despierta más interés en el visitante que un texto con imágenes.
- **Incrementa la duración de las visitas**: al adicionar vídeos alojados en YouTube en el sitio Web, aumentará la media de tiempo que los usuarios permanecen en el sitio Web o blog de la empresa.
- **Fomenta la interactividad**: se pueden utilizar vídeos para animar a los clientes a expresar sus comentarios y compartir sus ideas o sugerencias.

**Nota:** Los vídeos tienen gran capacidad de propagación y generan confianza y cercanía.

## Guía para crear y personalizar su canal YouTube

Para la creación de una cuenta YouTube, lo primero que debe hacer es crear una cuenta de `Google.com` para la empresa si no la tienen ya, como se explicó antes.

Para personalizar el canal de YouTube debe ingresar en la siguiente dirección: `http://www.youtube.com/user/SuEmpresa` y luego haga clic en el botón **Configuración del canal**:

- **Foto del canal**: es la misma que se utiliza en su cuenta de Google y Google+ si las tiene conectadas. Si la modifica, cambiará para todos los servicios de Google. Tenga en cuenta los consejos dados antes para la selección de la foto.
- **Fondo del canal**: Puede seleccionar una imagen de fondo o un color para su canal. Si selecciona una imagen de fondo, tenga en cuenta que el tamaño máximo es de 1 MB. Las dimensiones que se recomiendan son: 2.120 × 1.193 píxeles como se muestra en la figura siguiente.

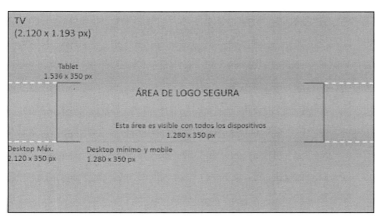

**Figura 4.17.** Dimensiones para el fondo de canal de YouTube.

- **Acerca de:** se debe escribir una descripción ampliada en este campo que mencione qué hace la empresa, cuáles son sus productos y servicios principales.

- **Sitios Web y Redes Sociales:** ingrese las direcciones del sitio Web de su empresa, el blog, y cada una de las redes sociales donde tiene presencia su empresa.

> **Truco:** Para conocer la guía de YouTube, puede visitar el siguiente enlace: http://support.google.com/youtube/bin/topic.py?hl=es-419&topic=16630&parent=16571&ctx=topic

## Tácticas para aumentar el número de suscriptores en YouTube

### Pautas para publicar en su canal de vídeo

- **Primeros 15 segundos:** preste especial atención al comienzo de sus vídeos, ya que de acuerdo con YouTube, es el tiempo que toma el usuario para estimar o desestimar la visualización de un vídeo.

- **Duración:** de acuerdo con un estudio realizado por IAB Research, cualquier vídeo cuya duración esté por encima de dos minutos puede hacer perder hasta el 52% de la audiencia si se trata de un vídeo de presentación de la empresa, el 46% en vídeos de presentación de nuevos productos y servicios, y el 22% en los de explicación del funcionamiento de producto.

- **Calidad**: los vídeos que suba a su canal de YouTube deben ser profesionales y de calidad HD 720 (resolución 1280x720 píxeles) o superior. Un formato adecuado para grabar su vídeo HD es MP4.
- **Frecuencia**: la frecuencia de publicación de vídeos debe ser la mayor posible, ya que un público constante requiere contenido constante. Si su empresa tiene poca capacidad para producir vídeos, publique como mínimo uno por mes pero lo deseable es al menos uno por semana.

## Cree vídeos memorables

- **Testimonios y casos de éxito**: pídale a algunos clientes importantes que expliquen cómo ha sido la experiencia de utilizar sus productos o servicios. Este tipo de vídeos son muy efectivos ya que generan mucha confianza.
- **Vídeos educativos**: cree vídeos educativos de sus productos o servicios. Las animaciones lúdicas pueden ser una excelente opción.
- **Haga un vídeo corporativo**: Haga un vídeo que presente de manera profesional su empresa.
- **Entreviste a expertos**: identifique a expertos de su industria y grabe un vídeo con ellos. Generalmente es más fácil que las personas acepten ser entrevistados que escribir un artículo para su blog.
- **Vídeos interactivos**: cree vídeos interactivos donde el usuario decida seguir en la historia. Este tipo de vídeos tiene gran capacidad de difusión.
- **Comerciales**: publique los comerciales de su empresa en YouTube.
- **Noticias**: responda a los temas actuales con contenido relevante en vídeo.

## Otras actividades para aumentar el número de suscriptores

- **Optimice sus etiquetas**: escriba títulos, etiquetas y descripciones optimizados con palabras claves para mejorar su posicionamiento en `YouTube.com` y `Google.com`.
- **Optimice sus miniaturas**: cree atractivas miniaturas para representar, de forma precisa, el contenido de sus vídeos ya que son importantes para atraer clics.
- **Anotaciones**: utilice anotaciones en sus vídeos para aumentar la audiencia, la participación y los suscriptores.
- **Listas de reproducción**: organice sus vídeos mediante listas de reproducción para que los visitantes puedan encontrar rápidamente los vídeos de su interés.

- **Difusión en blogs**: comparta los vídeos de su empresa con blogs, sitios y comunidades en línea relevantes.

- **Redes sociales**: aproveche otras redes sociales como: Facebook, Twitter, LinkedIn, Google+ y otros para generar audiencia en su canal.

> **Truco**: Para conocer la Guía del creador de YouTube en español, escrita por YouTube, diríjase al siguiente enlace: `http://www.slideshare.net/JuanCMejiaLlano/gua-del-creador-de-youtube-en-espaol`

## PINTEREST

Pinterest es una red social predominantemente visual que permite a los usuarios compartir imágenes o vídeos propios o de otros en tableros virtuales. Cada tablero agrupa imágenes o vídeos de un tema determinado y se pueden crear los tableros que se deseen.

Se puede seguir usuarios o tableros que le interesen a la empresa y, similar a Twitter, todas las imágenes nuevas que publiquen los usuarios o tableros que se siguen formarán el *Timeline*.

## Términos más usados en Pinterest

Algunos términos de Pinterest en orden alfabético son:

- **Comentar**: cada pin publicado puede ser comentado por cualquier usuario.

- **Dejar de seguir (*UnFollow*)**: Cuando alguien deja de seguir un usuario, sus pins ya no se mostrará en el timeline de Pinterest.

- ***Hashtag***: tiene un significado similar a Twitter, cuando se utiliza crea un enlace y al hacer clic se hace entonces una búsqueda en Pinterest por este tema.

- **Me gusta**: tiene un significado similar a Facebook, donde el usuario lo marca cuando le gusta un pin.

- ***Pin***: es una imagen o vídeo adicionados a Pinterest.

- **Pineadores (*Pinners*)**: son los usuarios registrados en Pinterest que publican pins.

- ***Repin***: publicar en su cuenta de Pinterest un pin de otra persona.

- **Seguir (*Follow*)**: usted puede seguir un usuario completo (todos los tableros) o un tablero en particular. Cuando se sigue a un usuario los pins aparecerán en el *Timeline* en la página principal de Pinterest de su empresa.
- **Tablero (*Board*)**: un tablero es donde se organizan los pins por tema, estos pueden ser públicos o privados y se pueden invitar a otros usuarios a publicar pins en sus tableros.
- *Timeline*: son los pins de las personas que seguimos que son publicadas en la primera página de Pinterest de su empresa.

## Breve historia de Pinterest

La historia de Pinterest se resume en los siguientes eventos:

- En marzo de 2010 se lanzó Pinterest en versión beta fundada por Ben Silbermann, Paul Sciarra, y Evan Sharp.
- En noviembre de 2010 Pinterest contaba con 10.000 usuarios.
- En marzo de 2011 se lanzó la aplicación para iPhone.
- En agosto de 2011, la revista Time incluyó a Pinterest en su artículo: "Los 50 Mejores Sitios Web del 2011".
- En septiembre de 2011 fue lanzado Pinterest para móviles.
- En diciembre de 2011 Pinterest tenía 11 millones de visitas por semana.
- En enero de 2012, comScore informó que el sitio tenía 11,7 millones de visitantes únicos, lo que lo convierte en el sitio más rápido de la historia en superar la marca de 10 millones de visitantes únicos.
- En marzo de 2012, Pinterest dio a conocer las condiciones de servicio actualizadas que eliminaron la política que le daba el derecho de vender el contenido de sus usuarios.
- En agosto de 2012, Pinterest se abrió a todo el mundo sin exigir una invitación.
- En febrero de 2013, Pinterest cuenta con 12 millones de usuarios registrados y 31 millones de visitantes únicos al mes.

## Beneficios de utilizar Pinterest

- **Gran facilidad para compartir los pins**: por su facilidad para repinear, Pinterest tiene una gran capacidad de difusión.
- **Diseño visual y minimalista**: el diseño de Pinterest es otro elemento que facilita su uso.

- **Tiene lo mejor de otras redes sociales**: Pinterest es una mezcla de la comunidad de Facebook con la propagación de Twitter.

- **Red social visual**: este canal de social media es indispensable para las categorías de empresas que puedan sacar provecho a los visual, tales como: moda, restaurantes, fotografía, turismo y otros.

- **Red efectiva para mujeres**: Pinterest comenzó como una red social muy femenina (cerca del 80% de los usuarios eran mujeres) aunque la participación se ha ido equilibrando entre mujeres y hombres sigue siendo muy importante para productos orientados a mujeres.

> **Nota:** Pinterest es una red social muy efectiva cuando su audiencia son mujeres o personas interesadas en moda, restaurantes, fotografía, turismo y otros.

## Guía para crear una cuenta en Pinterest

En esta guía se revisará el procedimiento necesario para crear y personalizar una cuenta de Pinterest. Para la creación una cuenta en Pinterest acceda al siguiente enlace: `http://www.pinterest.com` y haga clic en el botón de **Únete a Pinterest**, como muestra la figura.

Luego complemente el formulario hasta terminar el registro.

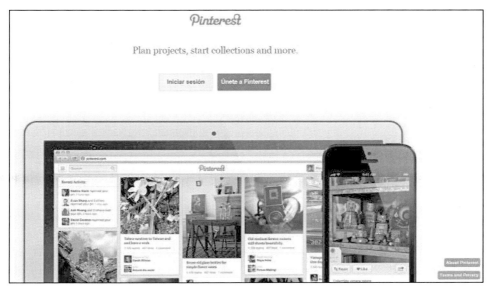

**Figura 4.18.** Página de registro de Pinterest.

# Personalice su cuenta de Pinterest

En esta guía se revisará el proceso necesario para personalizar una cuenta de Pinterest para una empresa.

Para iniciar haga clic en la opción Configuración al activar el menú de la parte superior derecha. Al hacerlo, Pinterest permite ajustar toda la configuración de la cuenta. Algunos aspectos que se deben personalizar son:

- **Correo electrónico**: utilice el correo electrónico que creó para administrar las cuentas de redes sociales de la empresa.
- **Género**: debe marcar la opción Sin especificar.
- **Nombre y apellido**: escriba el nombre de la empresa en el campo nombre. Si es un nombre compuesto escriba en el nombre la primera parte y en apellido la segunda.
- **Nombre de usuario**: escriba el nombre de la cuenta en Pinterest. Recuerde que es deseable unificar el nombre de usuario en todas las redes sociales como se mencionó antes.
- **Imagen**: se puede subir una imagen o poner la misma de Facebook o Twitter. Tenga en cuenta los tamaños para la selección de la foto.

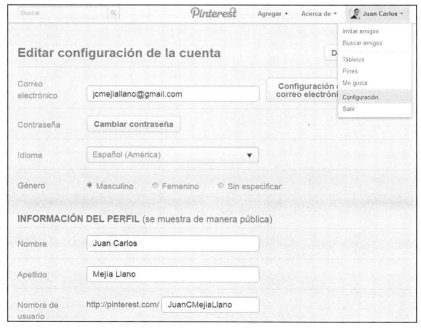

**Figura 4.19.** Personalización de la cuenta en Pinterest.

- **Acerca de**: cree una descripción ampliada de cerca de 200 caracteres (incluidos los espacios) que explique qué hace su empresa y sus productos principales.
- **Ubicación**: escriba la ciudad y el país donde está localizada la empresa.
- **Sitio Web**: escriba la URL de su sitio Web.
- **Redes Sociales**: active el inicio de sesión con Facebook y Twitter para que Pinterest adicione sus cuentas a la descripción escrita en **Acerca de**.

## Tácticas para aumentar el número de seguidores en Pinterest

- **Personalice su cuenta**: personalice su cuenta como se mostró antes para que tenga una apariencia profesional y genere confianza.
- **Cree los tableros adecuados**: de acuerdo con el conocimiento de sus clientes actuales y potenciales, cree los tableros con las categorías que ellos previeran.
- **Antes de promover su cuenta**: tenga una cantidad suficiente de pines antes de empezar a promover su cuenta de Pinterest. Esto animará a los visitantes a seguir la cuenta de su empresa.
- **Invitar a amigos**: después de tener personalizada su cuenta y con suficientes pins, utilice la opción de Invitar amigos de `Facebook.com`, `Gmail.com` o `Yahoo.com`. Esta opción la tendrá en el menú que se despliega, en el extremo superior derecha.
- **Calidad de las imágenes**: agregue imágenes de buena resolución en sus tableros.
- **Separe vídeos e imágenes**: cuando tiene vídeos e imágenes de un mismo tema cree dos tableros independientes.
- **Siga cuentas claves**: siga cuentas similares a la suya y que sean muy activas en la publicación de pines, para tener de forma constante material para publicar en su cuenta.
- **Cree infografías**: cree infografías (imágenes que explican procesos, funcionamiento de productos, etc.) para compartir en Pinterest.
- **Gráficos**: realice gráficos con datos de interés para su audiencia y publique en Pinterest dichas gráficas.
- **Fotos de sus productos**: publique las fotos de sus productos con una buena resolución. Cuando sea un producto o servicio de comercio electrónico, lleve a los visitantes al detalle del producto (sitio de conversión).

- **Descripción del pin**: escriba una completa descripción del pin. Esto le servirá para mejorar el posicionamiento en buscadores.
- **Identifique qué pines prefiere su audiencia**: monitoree el comportamiento de los pines en cuanto a repines, marcas de "Me gusta" y comentarios para publicar más pines de ese tipo.
- **Promueva con Facebook**: cree una pestaña en Facebook con el *Timeline* de Pinterest.
- **Promueva con el blog**: agregue en su blog el síguenos de Pinterest y los últimos pines publicados.
- **Promueva con Twitter**: cree un tuit notificando cada pin que publique.
- **Evitar la autopromoción**: debe evitar usar Pinterest para autopromoción ya que este tipo de acciones no es bien aceptada por la comunidad.

> **Nota:** La unión de contenido en infografías con la red social Pinterest es muy poderosa.

## INSTAGRAM

Instagram, al igual que Pinterest, es una red social visual que permite a los usuarios compartir imágenes tomadas con su teléfono móvil con otras personas de la comunidad. Las imágenes para compartir se pueden modificar a través de una serie de filtro que se han ido sofisticando a lo largo de las sucesivas versiones del programa. Las fotos se pueden comentar y las cuentas se pueden seguir. El seguimiento de los perfiles y los comentarios tenía un poco de Twitter y un poco de Facebook. Algunas ventajas de Instagram son:

- **Cercanía**: al ser fotos tomadas con un dispositivo móvil de situaciones que están sucediendo, lo que le permitirá mostrar el lado humano de la empresa.
- **Fotos llamativas**: los filtros retro y *vintage*, los contrastes elevados, hacen que las imágenes sean visualmente muy atractivas.

### Breve historia de Instagram

La historia de Instagram se resume en los siguientes eventos:

- En octubre de 2010, Kevin Systrom y Krieger Mike creadores de la aplicación Instagram la llevan a AppStore.
- En diciembre de 2010, Instagram llega a 1 millón de usuarios registrados.

- En enero de 2011, Instagram añadió *hashtags* para ayudar a los usuarios a descubrir las fotos que los demás usuarios compartían.
- En mayo de 2011, Instagram llega a 5 millones de usuarios registrados con solo dos empleados.
- En julio de 2011, alcanzó los 100 millones de fotografías subidas.
- En agosto de 2011, alcanzó 7 millones de usuarios registrados con solo 7 trabajadores.
- En septiembre de 2011, la versión 2.0 se puso en marcha en la App Store. Se incluyeron nuevos filtros en vivo y otras funcionalidades.
- En marzo de 2012, Instagram anunció que había alcanzado 27 millones de usuarios registrados.
- En abril de 2012, salió la versión abierta al público para Android.
- En abril de 2012, Facebook compra a Instagram por 1.000 millones de dólares.
- En noviembre de 2012, Instagram lanzó su sitio Web para administrar la página desde un ordenador.
- En diciembre de 2012, Instagram cambió su política de privacidad pudiendo disponer de forma gratuita y sin ninguna restricción de todas las fotografías de todos sus usuarios. Ese mismo mes, Instagram regresa a sus anteriores políticas de privacidad por las críticas de la gente.

## Guía para crear una cuenta en Instagram

En esta guía se revisará el proceso necesario para crear y personalizar una cuenta de Instagram.

No es posible registrar una cuenta de Instagram en el sitio Web. Los pasos para crear una cuenta son:

- Descargue en su dispositivo móvil la aplicación de Instagram que puede encontrar en:
    - AppStore para iPhone.
    - Google Play para Android.
- Después de instalar la aplicación, ábrala en el dispositivo y haga clic en el botón **"Registrarse"** para empezar el proceso de creación de la cuenta (el botón **"Regístrate"** está en la parte inferior izquierda de la pantalla).
- Introduzca los datos de su empresa, el correo electrónico de gestión de redes sociales de su empresa, el nombre de la compañía y una contraseña.

**Figura 4.20.** Registro de Instagram en un dispositivo móvil.

> **Advertencia:** No es posible registrar una cuenta nueva en Instagram en el sitio Web `Instagram.com`.

## Tácticas para aumentar el número de seguidores en Instagram

- **Documente lo que está sucediendo:** muestre los eventos que suceden en su organización, tanto actividades del día a día como eventos especiales.

- **Cubra otros eventos:** cuando participe en eventos tome fotos para subirlas a la cuenta de Instagram de su empresa.

- **Muestre sus productos:** tome fotos a sus productos para que sus visitantes los conozcan. Puede mostrar también cómo se hacen sus productos.

- **Usa *hashtags*:** use *hashtag* para ampliar la visibilidad de sus imágenes. Para saber qué es un *hashtag*, visite en la Web de Twitter los términos más utilizados.

- **Geolocalización:** use la herramienta de geolocalización de Instagram para relacionar sus imágenes a lugares específicos y entregarles a los seguidores potenciales otra forma de acercarse a su empresa.

- **Cree concursos:** realice concursos para motivar a los usuarios a subir sus propias imágenes con el *hashtag* de tu marca.

## OTRAS REDES SOCIALES

A continuación me referiré a otras redes sociales que pueden ser importantes para el marketing:

### Foursquare

Foursquare es un servicio basado en geolocalización aplicada a las redes sociales. El servicio fue creado en 2009 por Dennis Crowley y Selvadurai Naveen.

Foursquare permite a las personas conseguir puntos cada vez que hacen un *check-in* en un lugar. Un usuario se puede convertir en "alcalde" si es la persona que más *check-in* ha realizado en un lugar.

Los sitios en Foursquare pueden ser creados por cualquier persona (el primero que se registre) y todos los que llegar después lo ven disponible para hacer *check-in*. Es importante aclarar que la empresa puede tomar la administración de los lugares físicos pertenecientes a la empresa que hayan sido creados por otras personas.

Para crear la cuenta de su empresa visite el siguiente enlace:
https://foursquare.com/

Entregue promociones a los que hagan *check-in* en sus lugares físicos. Algunos ejemplos son:

- Aplique una oferta especial a aquellos usuarios que hagan *check-in* por primera vez en su negocio.

- Siempre que haya *check-in* habrá una oferta.

- Una promoción súper especial para la persona que se nombra como "alcalde" o "mayor" por ser el que más *check-in* ha realizado en tu negocio.

- Promoción para los seguidores que acudan con amigos a su negocio y hagan *check-in* grupal para poder acceder a una oferta.

- Rete a sus usuarios a que en un determinado momento haya un número de personas que hagan *check-in* para que se haga una recompensa a todos los clientes.

- Una promoción por el número de veces que sus usuarios visiten su negocio y hagan *check-in*.

**Figura 4.21.** Página de registro de Foursquare.

**Advertencia:** Los sitios en Foursquare pueden ser creados por cualquier persona (el primero que se registre), pero la empresa puede solicitar el control de los lugares que le pertenezcan.

**Truco:** Para reclamar un sitio como de su negocio en Foursquare visite el siguiente enlace: http://support.foursquare.com/entries/21376233-Claim-Your-Business-On-Foursquare

## Slideshare

Slideshare es un sitio Web que permite subir y compartir presentaciones de PowerPoint, documentos de Word, PDF y otros, de manera pública o privada.

USO DE REDES SOCIALES EN LA EMPRESA

Slideshare también brinda a los usuarios la posibilidad de evaluar, comentar, y compartir el contenido subido.

Las empresas lo pueden usar para:

- ▶ Utilizar una presentación para presentar la empresa.
- ▶ Educar a los clientes.
- ▶ Añadir audios.
- ▶ Publicar casos de estudio.
- ▶ Publicar investigaciones.
- ▶ Contactar con influenciadores.

Para crear la cuenta de Slideshare ingrese al siguiente enlace: http://www.slideshare.net/ y escoja la opción Signup, situada en la esquina superior derecha.

**Figura 4.22.** Página principal de Slideshare.

**Advertencia:** No publique en Slideshare documentos o libros que estén protegidos por derechos de autor.

## Flickr

Flickr es una red social que permite almacenar, ordenar, buscar y compartir fotografías y vídeos en línea. Flickr tiene capacidad para administrar imágenes y fotografías que se pueden ser etiquetar, explorar y comentar con otros usuarios registrados.

Las empresas pueden usar Flickr para:

- ▶ Acceder a un repositorio inmenso de imágenes, filtrarlas y compartirlas de un modo mucho más eficiente.
- ▶ Algunas empresas la están usando para compartir imágenes de actividades o reuniones de sus miembros, y así generar sentido de pertenencia.
- ▶ Para ayudar a dar una mayor visibilidad de la empresa, bien sea publicando imágenes de sus productos, o también de actividades y eventos que organiza.
- ▶ Generación de tráfico hacia un sitio Web, blog o tienda virtual.
- ▶ Reclutamiento de clientes actuales y potenciales.
- ▶ Para crear la cuenta de Flickr ingrese al siguiente enlace: http://www.flickr.com/ y haga clic en el botón **Crear cuenta** del menú principal.

**Figura 4.23.** Página principal de Flickr.

## Vine

Vine es una red social de vídeo para dispositivos móviles. Por ahora sólo está disponible para iPhone. Vine está creciendo muy rápido, sobre todo por su novedad. Twitter compró y lanzó esta red social para ofrecer un nuevo tipo de contenidos a sus usuarios. Si conoce Instagram, se puede decir que Vine es el Instagram de los vídeos.

Las empresas pueden usar Vine para:

- ► Mostrar un trabajo realizado para un cliente.
- ► Mostrar curiosidades relevantes.
- ► Mostrar eventos de la empresa.
- ► Crear expectación a los usuarios sobre la llegada de un nuevo producto.
- ► Mostrar lo que ocurre dentro de las oficinas de las empresas.
- ► Educar.
- ► Contar la historia de la marca.

**Figura 4.24.** App de Vine en iPhone.

Les informo que no es posible registrar una cuenta de Vine en el sitio Web. Los pasos para crear una cuenta son:

- Descargue en su dispositivo móvil la aplicación de Vine que puede encontrar en: AppStore para iPhone.
- Después de instalar la aplicación, ábrala en el dispositivo y realice el proceso de registro.

## RESUMEN, PREGUNTAS DE REPASO Y EJERCICIOS

### Resumen

Este capítulo comenzó con las pautas para **crear un perfil** de redes sociales efectivo. Se revisó cómo definir el nombre del perfil, cómo debe ser la foto para un perfil de empresa, qué características debe tener la descripción del perfil, entre otros.

Se mostró además qué es **Facebook**, los servicios que ofrece, los términos más usados, una breve historia, beneficios de utilizarlo. Además se revisó la forma de crear y personalizar una página de Facebook, la presencia de una empresa en Facebook, tácticas para aumentar el número de fans de la página de Facebook de la empresa y se concluyó con el uso de métricas en Facebook.

Se continuó con **Twitter**, donde se cubrieron aspectos como: qué es Twitter, los términos más usados, una breve historia, beneficios de utilizarlo. Además se revisó la forma de crear y personalizar una cuenta de Twitter y se concluyó con las tácticas para aumentar el número de seguidores de la cuenta de Twitter.

Se explicó además **LinkedIn**, donde se cubrieron aspectos como: qué es LinkedIn, breve historia, beneficios de utilizarlo. Además se revisó la forma de crear y personalizar un perfil y página de LinkedIn y se concluyó con las tácticas para aumentar el número de seguidores de la página de LinkedIn.

La siguiente red social fue **Google+** donde se revisó: qué es Google+, breve historia y beneficios de usarlo. Guía para crear y personalizar una cuenta de Google+.

La siguiente red social revisada fue **YouTube**. En esta red social se miró: qué es YouTube, breve historia y beneficios de usarla. Además se revisó una guía para crear y personalizar un canal de YouTube y se terminó con tácticas para aumentar el número de suscriptores.

**Pinterest** fue la primera red social gráfica que se cubrió. Se revisaron aspecto como: qué es Pinterest, los términos más usados, breve historia, beneficios de utilizar Pinterest. Además se revisó la guía para crear y personalizar un perfil de Pinterest.

Luego se revisó Instagram que es otra red social gráfica. Se cubrieron aspectos como: qué es Instagram, breve historia, guía para crear una cuenta en Instagram y tácticas para crecer el número de seguidores en Instagram.

Se terminó el capítulo con un breve resumen de las redes sociales: Foursquare, Slideshare, Flickr y Vine.

## Preguntas de repaso

- ¿Qué características debe tener el nombre de perfil de una empresa?
- ¿Cómo debe ser seleccionada la foto para las redes sociales de su empresa?
- ¿Qué información debe ir y qué se debe tener en cuenta para crear la descripción de las redes sociales de su empresa?
- ¿Qué es Facebook?
- ¿Qué servicios tiene Facebook?
- ¿Cuáles son los términos más usados en Facebook?
- ¿Cuáles son los beneficios de utilizar Facebook en la empresa?
- ¿Qué elementos se deben personalizar de una página de Facebook?
- ¿Cómo se cambia un perfil personal a página empresarial en Facebook?
- ¿Qué tácticas existen para aumentar el número de fans de una página de Facebook?
- ¿Cuáles son las principales métricas de Facebook?
- ¿Qué es el PageRank y cuáles son sus factores?
- ¿Qué es Twitter?
- ¿Cuáles son los términos más usados en Twitter?
- ¿Cuáles son los beneficios de utilizar Twitter en la empresa?
- ¿Qué elementos se deben personalizar de un perfil de Twitter?
- ¿Qué tácticas existen para aumentar el número de seguidores de una cuenta de Twitter?
- ¿Qué es LinkedIn?
- ¿Cuáles son los servicios de LinkedIn?
- ¿Cuáles son los beneficios de utilizar LinkedIn en la empresa?
- ¿Qué elementos se deben personalizar de una página de empresa de LinkedIn?

- ¿Qué elementos se deben considerar al crear un grupo en LinkedIn?
- ¿Qué tácticas existen para aumentar el número de seguidores de una página de empresa en LinkedIn?
- ¿Qué es Google+?
- ¿Cuáles son los beneficios de utilizar Google+ en la empresa?
- ¿Qué tácticas existen para aumentar el número de fans de una página de Google+?
- ¿Qué es YouTube?
- ¿Cuáles son los beneficios de utilizar YouTube en la empresa?
- ¿Qué elementos se deben personalizar en un canal de YouTube?
- ¿Qué tácticas existen para aumentar el número de suscriptores de un canal en YouTube?
- ¿Qué es Pinterest?
- ¿Cuáles son los términos más usados en Pinterest?
- ¿Cuáles son los beneficios de utilizar Pinterest en la empresa?
- ¿Qué elementos se deben personalizar en una cuenta de Pinterest?
- ¿Qué tácticas existen para aumentar el número de seguidores de una cuenta de Pinterest?
- ¿Qué es Instagram?
- ¿Cuáles son los beneficios de utilizar Instagram en la empresa?
- ¿Qué tácticas existen para aumentar el número de seguidores de una cuenta de Instagram?
- ¿Qué es y cuáles son los beneficios de utilizar Foursquare en la empresa?
- ¿Qué es y cuáles son los beneficios de utilizar Slideshare en la empresa?
- ¿Qué es y cuáles son los beneficios de utilizar Flickr en la empresa?
- ¿Qué es y cuáles son los beneficios de utilizar Vine en la empresa?

# Ejercicios

- Si su empresa no tiene cuentas de Facebook, Twitter o LinkedIn, créelas con los criterios vistos en este capítulo.
- Si ya existen las cuentas, ajústelas con los visto en este capítulo.

# 5. Herramientas de gestión para el Community Manager

Objetivos:

- ▶ Herramientas de Administración de las redes sociales.
- ▶ Herramientas de analítica.
- ▶ Herramientas para monitoreo de redes sociales.
- ▶ Herramientas para medir influencia.
- ▶ Otras herramientas.

## CASO DE ESTUDIO

Este caso de estudio fue tomado con referencia a un documento de la cuenta de Hootsuite en la red social Slideshare: `http://www.slideshare.net/hootsuite/`

TransLink, que es la autoridad de tránsito de Vancouver (Canadá), utilizó Hootsuite para realizar un proyecto en Twitter que consistía en informar a las personas en tiempo real el estado del tránsito. Con su cuenta `@translink` los usuarios recibían notificaciones durante eventos específicos o interrupciones del servicio. Teniendo en consideración el éxito obtenido con estos mensajes, TransLink decidió ampliar su estrategia de comunicación en Twitter a todos los acontecimientos en el sistema.

El proyecto de Twitter fue creado para ofrecer soporte en esa cuenta diariamente desde las 6:30 de la mañana hasta las 11:30 de la noche.

TransLink necesitaba una aplicación que les permitiera administrar una única cuenta de Twitter por gran cantidad de personas, ya que empleados de distintos departamentos trabajan con la cuenta diariamente.

Cada día, un empleado de TransLink es designado para informar a los usuarios de los acontecimientos del sistema en el momento en que suceden, además de monitorizar y dar respuesta a cualquier pregunta.

**Hootsuite** permitía al equipo de @translink observar rápidamente qué tuits habían sido respondidos, por parte de quién, realizar el seguimiento de nuevas respuestas y monitorizar todas las conversaciones producidas en torno al servicio ofrecido por TransLink.

Después de tres meses de iniciado el proyecto de Twitter, @translink obtuvo 3.000 seguidores adicionales y se configuró como la primera fuente de información para los usuarios cuando el servicio se veía afectado. Con esta estrategia se pasó de:

- 10 a 188 retuits promedio al día.
- 50 a 418 menciones promedio diarias.
- 39 a 393 seguidores adicionales promedio al día.

El proyecto ha tenido tanto éxito, que TransLink ha convertido su presencia en Twitter en un servicio permanente.

**Figura 5.1.** TransLink: cuenta de Twitter.

# CRITERIOS DE EVALUACIÓN DE LAS HERRAMIENTAS

Para la evaluación de las herramientas que se revisarán en este capítulo se tendrán en cuenta los siguientes aspectos:

## Escala de calificación

Las herramientas tendrán una calificación cualitativa y otra cuantitativa.

- La evaluación cualitativa consistirá en mencionar las ventajas y desventajas de utilizar el producto.

- La evaluación cuantitativa consiste en asignar una calificación entre 1 y 5 de cada aspecto.

## Aspectos evaluados

Los aspectos evaluados son los siguientes:

- **Importancia:** establece lo necesaria que resulta la herramienta para la gestión del Community Manager.

- **Utilidad:** determina el valor agregado de la herramienta en la gestión del Community Manager.

- **Precio:** indica la relación beneficio/precio de la herramienta, las gratuitas tienen una ventaja importante en esta calificación.

- **Usabilidad:** muestra la facilidad de uso de la herramienta, las que se pueden utilizar sin una capacitación previa tienen ventaja.

- **Calificación general:** se trata de una calificación ponderada de la herramienta:
  - La importancia es el 35% de la calificación.
  - La utilidad es el 25% de la calificación.
  - El precio es el 25% de la calificación.
  - La usabilidad es el 15% de la calificación.

# HERRAMIENTAS DE ADMINISTRACIÓN DE LAS REDES SOCIALES

## HootSuite

HootSuite es una de las herramientas más importantes para la gestión de las redes sociales disponible para el Community Manager ya que permite administrar estas desde un único panel de control. Para crear una cuenta, acceda a: `http://www.HootSuite.com`.

El registro es gratis y tiene múltiples servicios muy útiles para el Community Manager. Hay varias versiones de pago que también son importantes considerar.

**Figura 5.2.** HootSuite: página de registro.

## Calificación

- **Cuantitativa**:
    - **Importancia**: 5,0, la herramienta es indispensable para la gestión del Community Manager.
    - **Utilidad**: 5,0, tiene muchas opciones de valor añadido para el usuario.
    - **Precio**: 5,0, la opción gratuita suple la mayoría de las necesidades de un Community Manager.

- **Usabilidad**: 4,5, es muy fácil de manejar y no se requiere un curso para empezar a usarlo.
- **Calificación general**: 4,9.
- **Cualitativa**:
  - **Ventajas**: es una herramienta de administración de redes sociales completamente en español, que facilita de manera importante la gestión del Community Manager. Es la mejor del mercado en este momento y en todas su versiones (gratuita y de pago) ofrece un gran valor añadido al usuario.
  - **Desventajas**: no tiene desventajas identificadas.

## Redes sociales

Hootsuite permite administrar varias redes sociales:

- Twitter.
- Facebook.
- LinkedIn.
- Páginas de Google.
- FourSquare.
- MySpace.
- WordPress.
- Mixi (Red social japonesa con más de 30 millones de usuarios).
- Directorio de Apps: permite añadir más redes sociales y herramientas en su panel de control. Algunos ejemplos son:
  - Blogger.
  - Instagram.
  - YouTube.
  - Tumblr.
  - Flickr.
  - Vimeo.
  - Reddit.
  - SlideShare.
  - Xing.
  - Orkut.

## Descripción general

HootSuite es una herramienta que permite al Community Manager administrar desde un solo lugar diferentes perfiles de redes sociales. Permite escribir actualizaciones, insertar enlaces, subir fotos, monitorear comentarios y seguir conversaciones en las redes sociales más populares.

HootSuite permite al Community Manager:

- **Manejar cuentas de redes sociales**: puede agregar las cuentas de redes sociales de la empresa.
- **Programar publicaciones**: se pueden programar las publicaciones en la hora y fecha que usted decida en aquellas redes que haya integrado a HootSuite.
- **Funcionalidades de Twitter**: se puede usar todas las funcionalidades que existen en la Web de Twitter (ver la información de un contacto, seguir a alguien, retuitear, responder a un Tweet, etc.).
- **Organizar los *feeds***: puede organizar los *feeds* de las redes sociales por ventanas para administrar la herramienta más fácilmente.
- **Acortar URL**: opción de acortar URL le permite optimizar sus publicaciones, especialmente en Twitter.
- **Obtener estadísticas**: Se pueden generar estadísticas propias de HootSuite e integrar las estadísticas de Facebook Insights y Google Analytics.
- **Crear equipos**: puede crear equipos de trabajo para administrar una única cuenta.
- **Conversaciones**: las conversaciones de HootSuite permiten a los equipos y organizaciones comunicarse vía chat sin dejar el panel de control.
- **Monitoreo**: se puede crear una ventana para monitorear a la competencia o cualquier palabra clave de nuestro interés.
- **Aplicaciones móviles**: es posible acceder a HootSuite desde cualquier dispositivo móvil (iPhone, iPad, Android y BlackBerry).

## Tipos de cuenta

Existen tres tipos de cuentas:

- **Gratis**:
    - **Precio**: es gratis.
    - Conversaciones de HootSuite.

- 5 cuentas de redes sociales.
- No permite manejo de administración en equipo.
- Reportes básicos de analítica.
- Programación de Mensajes.
- Ilimitada instalación de Apps.
- 2 Fuentes RSS/Atom.

**Figura 5.3.** HootSuite: columnas con líneas de tiempo independientes.

- **Pro**:
  - **Precio**: $9,99 dólares al mes.
  - Conversaciones de HootSuite.
  - Cuentas de redes sociales ilimitadas.
  - Hasta 10 usuarios para administración en equipo.
  - Análisis estadístico mejorado.
  - Programación de Mensajes avanzados (permite hacer programación por lotes).
  - Ilimitada instalación de Apps.
  - Ilimitadas fuentes RSS/Atom.
  - Integración con Google Analytics.
  - Integración con Facebook Insights.

- **Enterprise**:
  - **Precio**: creado para grandes empresas tiene un precio variable según necesidades.
  - Conversaciones de HootSuite.
  - Cuentas de redes sociales ilimitadas.
  - Hasta 500.000 usuarios para administración en equipo.
  - Análisis estadístico mejorado.
  - Seguridad avanzada.
  - Programación de Mensajes avanzados (permite hacer programación por lotes).
  - Ilimitada instalación de Apps.
  - Ilimitadas fuentes RSS/Atom.
  - Integración con Google Analytics.
  - Integración con Facebook Insights.
  - Soporte prioritario.
  - Entrenamiento y certificación Hootsuite.
  - Configuración personalizada.
  - Integración con algunos sistemas de información.

## TweetDeck

Es una herramienta adquirida por Twitter que permite administrar ilimitadas cuentas de Twitter y Facebook (perfiles personales; no páginas de fans) desde una misma plataforma.

Para crear una cuenta, acceda a: `http://www.TweetDeck.com`.

## Calificación

- **Cuantitativa**:
  - **Importancia**: **4,0**, la herramienta es útil para la gestión del Community Manager.
  - **Utilidad**: **4,0**, tiene menos opciones de valor agregado para el usuario que HootSuite.
  - **Precio**: **5,0**, solo tiene opción gratuita.

- **Usabilidad**: 4,5, es muy fácil de manejar y no se requiere un curso para empezar a usarlo.
- **Calificación general**: 4,3.

**Figura 5.4.** TweetDeck: columnas con líneas de tiempo independientes.

- **Cualitativa**:
  - **Ventajas**: es una herramienta de administración de redes sociales gratuita que pertenece a Twitter y permite realizar la gestión de ilimitadas redes sociales del Community Manager. Tiene una versión online y otra para instalar en el ordenador.
  - **Desventajas**: solo se pueden administrar cuentas de Twitter y perfiles personales de Facebook, lo que es muy limitado comparado con HootSuite.

## Descripción general

Tweetdeck permite a los Community Managers:

- **Manejar cuentas de redes sociales**: puede integrar las cuentas de redes sociales de la empresa.
- **Programar publicaciones**: se pueden programar las publicaciones en la hora y fecha que usted decida en aquellas redes que haya integrado a Tweetdeck.
- **Funcionalidades de Twitter**: se pueden usar todas las funcionalidades que existen en la Web de Twitter (ver la información de un contacto, seguir a alguien, retuitear, responder a un Tuit, etc.).

- **Organizar los *feeds*:** puede organizar los *feeds* de Twitter y Facebook por ventanas para administrar la herramienta más fácilmente.
- **Monitoreo:** se puede crear una ventana para monitorear a la competencia o cualquier palabra clave de nuestro interés.

## Diferencias con HootSuite

Las principales diferencias con HootSuite son:

- No tiene versión de pago.
- Tiene dos versiones: una para ejecutar en Internet y otra para descargar al ordenador.
- Permite administrar un ilimitado número de cuentas.
- No tiene acortador de URL.
- Solo permite administrar Twitter y Facebook.
- No suministra estadísticas.

# SocialBro

SocialBro es una herramienta muy útil que permite administrar la comunidad de Twitter de la empresa. Existen varios planes de pago que funcionan en Internet y un plan gratuito que se descarga al ordenador. Para descargar la opción gratuita puede hacerlo a través del siguiente enlace: `https://es.socialbro.com/download`.

## Calificación

- **Cuantitativa:**
    - **Importancia:** 4,5, la herramienta es muy importante para la gestión del Community Manager.
    - **Utilidad:** 5,0, tiene muchas opciones de valor agregado para el usuario.
    - **Precio:** 5,0, la opción gratuita suple la mayoría de las necesidades de un Community Manager.
    - **Usabilidad:** 4,5, es muy fácil de manejar y no requiere de un curso para empezarlo a usar.
    - **Calificación general:** 4,8.

HERRAMIENTAS DE GESTIÓN PARA EL COMMUNITY MANAGER

**Figura 5.5.** SocialBro: página para descargar la versión gratuita.

- **Cualitativa**:
  - **Ventajas**: es una excelente herramienta para administrar la comunidad de Twitter. En todas su versiones (gratuita y de pago) ofrece un gran valor añadido al usuario.
  - **Desventajas**: resulta cara para las empresas que tengan un número importante de seguidores.

## Descripción general

SocialBro permite a los Community Managers:

- **Encontrar la audiencia de su empresa en Twitter**: identificar las personas correctas con la que debe interactuar dentro de su comunidad, la de sus clientes y la de su competencia. Utilice los potentes filtros y opciones de búsqueda para segmentar su audiencia con precisión.

- **Conocer su comunidad de Twitter**: tener un conocimiento muy profundo de su comunidad de Twitter, ya que puede buscar y filtrar tus contactos por criterios muy específicos, como pueden ser: quién ha dejado de seguir la cuenta de su empresa, sus nuevos seguidores, los más influyentes, los que llevan tiempo inactivos, los de una ubicación o idioma específicos, entre otros.

- **Descubrir usuarios de Twitter**: buscar a la gente correcta a la que seguir en Twitter, además de potenciales clientes y consumidores, personas influyentes de su sector, etc. Es muy fácil afinar su target en Twitter con SocialBro usando los distintos filtros y las opciones de búsqueda que se mencionaron anteriormente. SocialBro tiene una base de usuarios activos en Twitter de más de 100 millones, lo que le permite encontrar a gente según diversos criterios.

- **Analizar su competencia**: analizar las cuentas de sus competidores, ya que le aportan información muy valiosa como: estadísticas detalladas en Twitter, seguidores o seguidos en común, etc.

- **Identificar la mejor hora para tuitear**: analizar el *timeline* de tus seguidores para generar un informe que le oriente sobre las horas en las que debe publicar contenido en Twitter para que alcance la máxima audiencia.

- **Identificar los influenciadores**: SocialBro tiene integrados los índices de influencia: Kred y Peerindex. Puede filtrar su comunidad usando uno de los medidores.

- **Seguir y dejar de seguir**: seguir las cuentas que tengan una característica determinada con la ayuda de los filtros y dejar de seguir las cuentas inactivas.

## Tipos de cuenta

Existen cinco tipos de cuentas:

- **Gratis**:
    - **Precio**: es gratis.
    - Se debe instalar en el ordenador.
    - Tiene todas las características mencionadas anteriormente.
    - No tiene límite de seguidores.
    - Para cuentas con muchos seguidores puede demorarse el proceso de actualización de seguidores.

# HERRAMIENTAS DE GESTIÓN PARA EL COMMUNITY MANAGER

**Figura 5.6.** SocialBro: completa información en su versión gratuita.

- **Premium:**
  - **Precio:** $6,95 dólares al mes.
  - La aplicación está en Internet. Se accede a través de la siguiente dirección: https://dashboard.socialbro.com/?locale=es
  - Tiene todas las características mencionadas anteriormente.
  - Cubre comunidades de hasta 10.000 contactos.
  - Máximo se pueden administrar 5 cuentas de Twitter.
  - El cálculo para la mejor hora para tuitear se hace en función de 500 contactos.
- **Premium Plus:**
  - **Precio:** $13,45 dólares al mes.
  - La aplicación está en Internet. Se accede en la siguiente dirección: https://dashboard.socialbro.com/?locale=es
  - Tiene todas las características mencionadas antes.
  - Cubre comunidades de hasta 20.000 contactos.
  - Máximo se pueden administrar 5 cuentas de Twitter.
  - El cálculo para la mejor hora para tuitear se hace en función de 500 contactos.

- **Profesional**:
    - **Precio**: $39,00 dólares al mes.
    - La aplicación está en Internet. Se accede a través de la siguiente dirección: `https://dashboard.socialbro.com/?locale=es`
    - Tiene todas las características mencionadas antes.
    - Cubre comunidades de hasta 50.000 contactos.
    - Máximo se pueden administrar 10 cuentas de Twitter.
    - El cálculo para la mejor hora para tuitear se hace en función de 1.000 contactos.
    - Pueden inscribirse hasta tres administradores de la cuenta.
    - Permite realizar campañas con mensajes directos (DM).
- **Business**:
    - **Precio**: $149,00 dólares al mes.
    - La aplicación está en Internet. Se accede a través de la siguiente dirección: `https://dashboard.socialbro.com/?locale=es`
    - Tiene todas las características mencionadas anteriormente.
    - Cubre comunidades de hasta 200.000 contactos.
    - Máximo se pueden administrar 30 cuentas de Twitter.
    - El cálculo para la mejor hora para tuitear se hace en función de 5.000 contactos.
    - Pueden inscribirse hasta cinco administradores de la cuenta.
    - Permite realizar campañas con mensajes directos (DM).

# Otras herramientas de administración de redes sociales

Algunas herramientas adicionales que permiten al Community Manager administrar las redes sociales son:

## Buffer

Tal como su nombre indica, esta herramienta almacena las publicaciones que un Community Manager quiera difundir en las redes sociales Twitter, Facebook y LinkedIn.

# HERRAMIENTAS DE GESTIÓN PARA EL COMMUNITY MANAGER

**Figura 5.7.** Buffer: herramienta para programar publicaciones.

## Calificación

- **Importancia: 4,0**, la herramienta es útil para la gestión del Community Manager.
- **Utilidad: 4,0**, Buffer tiene menos opciones de valor agregado para el usuario que HootSuite.
- **Precio: 4,0**, su opción gratuita es limitada en el número de publicaciones.
- **Usabilidad: 4,0**, es fácil de manejar y no requiere de un curso para empezarlo a usar.
- **Calificación general: 4,0**.

Buffer permite a los Community Managers:

- Decidir a qué hora serán enviados los tuits y las publicaciones de Facebook y LinkedIn.
- Añadir una gran cantidad de horarios para la difusión.
- Instalar *plugins* dependiendo del navegador, que le hará más fácil la tarea de añadir las publicaciones a su Buffer.
- Controlar los usuarios que podrán hacer uso de la cuenta.

- Tener métricas inmediatas de Twitter sobre el número de personas que alcanzó el tuit, las personas que hicieron clic en la publicación enviada y el número de retuits.
- Permite tener varios administradores de la cuenta.
- La versión gratuita permite publicar hasta 10 publicaciones al día.
- Tiene una cuenta de pago ($10 dólares al mes) para administrar hasta 12 cuentas en las redes sociales mencionadas, con un número ilimitado de publicaciones.
- Para crear una cuenta en Buffer acceda al siguiente enlace: `http://www.BufferApp.com`.

## Postcron

Sencilla herramienta de gestión gratuita para Facebook y Twitter.

## Calificación

- **Importancia**: 3,5, la herramienta es útil para la gestión del Community Manager.
- **Utilidad**: 3,5, tiene menos opciones de valor agregado para el usuario que HootSuite.
- **Precio**: 5,0, su opción gratuita es limitada en el número de publicaciones.
- **Usabilidad**: 4,0, es fácil de manejar y no se requiere un curso para comenzar a usarlo.
- **Calificación general: 4,0.**

Postcron permite a los Community Managers:

- Publicar en varias cuentas de Facebook y Twitter simultáneamente.
- Especificar la hora y la fecha para cada publicación, o publique su contenido automáticamente en la mejor franja horaria.
- Un botón integrado a Chrome para publicar sus actualizaciones instantáneamente sin tener que autenticarse.
- Pegar el logo de su marca automáticamente en cada foto publicada.
- Para crear una cuenta en Postcron ingrese al siguiente enlace: `http://www.postcron.com`.

# HERRAMIENTAS DE GESTIÓN PARA EL COMMUNITY MANAGER

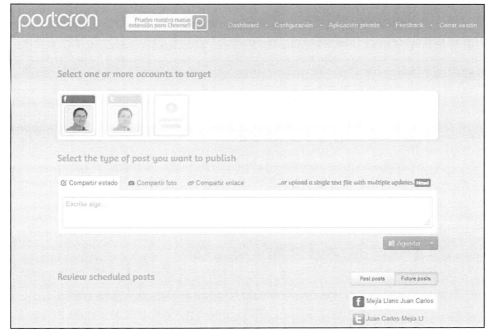

**Figura 5.8.** Postcron, herramienta simple para programar publicaciones.

## HERRAMIENTAS DE ANALÍTICA

Las herramientas de analítica le permiten al Community Manager optimizar sus estrategias, reducir la incertidumbre y le ayuda en la toma de decisiones basadas en información relevante. Adicionalmente las herramientas de analítica le permiten entender al Community Manager el comportamiento de sus usuarios y mejorar su experiencia de navegación.

Existe una importante frase en la administración que dice: "Lo que no se mide, no se controla, y lo que no se controla, no se puede mejorar."

A continuación se revisarán las principales herramientas de analítica disponibles para el Community Manager.

### Google Analytics

Google Analytics es una excelente herramienta de estadísticas de sitios Web y blogs completamente gratis. Se basa en una plataforma de informes potente y fácil de usar para que pueda visualizar todos los indicadores necesarios para la gestión y optimización de su blog. Para tener acceso al servicio acceda a: `http://www.google.com/intl/es/analytics/` y luego haga clic en **Inicie sesión** o **cree una cuenta**.

## Calificación

- **Cuantitativa**:
  - **Importancia**: 5,0, la herramienta es indispensable para la gestión del Community Manager.
  - **Utilidad**: 5,0, tiene muchas opciones de valor agregado para el usuario.
  - **Precio**: 5,0, es gratuita.
  - **Usabilidad**: 4,0, su uso requiere una curva de aprendizaje.
  - **Calificación general**: 4,9.
- **Cualitativa**:
  - **Ventajas**: es una indispensable herramienta gratis para que el Community Manager conozca el impacto de su gestión en redes sociales en su sitio Web y blog.
  - **Desventajas**: por ser un sistema tan completo tiene una curva de aprendizaje larga.

## Descripción general

Google Analytics es una herramienta que le permite al Community Manager conocer lo que sucede con sus visitantes en su blog y el tráfico que genera en su sitio Web desde redes sociales. Esta herramienta permite al Community Manager:

- **Contar con una excelente herramienta de análisis**: Google Analytics tiene un grupo de informes potentes y fáciles de usar para que el Community Manager pueda decidir qué datos desea ver y personalizar sus informes con pocos clics.
- **Analítica de contenido**: los informes de contenido le muestran al Community Manager qué partes de su blog tienen más visitas y en qué páginas los visitantes permanecen más tiempo, para poder optimizar la experiencia para sus visitantes.
- **Analítica de redes sociales**: el sitio Web y el blog son lugares sociales, y Google Analytics permite medir el éxito de su gestión en redes sociales. El Community Manager puede analizar la interacción de los visitantes

con las funciones para compartir de su sitio o blog (Twitter, Facebook, Google+, LinkedIn y otros).

- **Analítica de móviles**: Google Analytics le ayuda a medir el impacto de los dispositivos móviles, el tráfico de su sitio Web o blog. Además, si crea aplicaciones para móviles, Google Analytics ofrece *kits* de desarrollo de software para iOS y Android, de forma que se pueda evaluar cómo emplean los usuarios su aplicación.

- **Analítica de conversiones**: descubra a cuántos visitantes atrae, cuántos registros obtiene y cuántos clientes produce su gestión en redes sociales.

## Cómo empezar a trabajar con Google Analytics

Se requieren tres pasos para registrarse y configurar Google Analytics.

- **Paso 1. Regístrese para obtener una cuenta**: visite el sitio Web de Google Analytics para solicitar una nueva cuenta. Haga clic en el botón **Crear una cuenta** y siga las instrucciones que aparecen en pantalla.

- **Paso 2. Cree el código de seguimiento**: cree el código de seguimiento de acuerdo tipo de sitio que quiere monitorear: sitio Web, sitio móvil, etc.

- **Paso 3. Inserte el código de seguimiento**: Incluya el ID y código de seguimiento de Analytics en su sitio Web o en aplicaciones para móviles para recopilar y enviar datos de uso a su cuenta de Analytics.

Para conocer el uso de Google Analytics le sugiero descargar el libro electrónico creado por Google llamado, **Curso de formación de Google Analytics**: http://www.slideshare.net/JuanCMejiaLlano/curso-de-formacin-de-google-analytics

## Indicadores principales

Los indicadores principales que se pueden consultar en Google Analytics son:

- **Visitas**: número de veces que los visitantes han visitado su sitio (sesiones únicas iniciadas por todos los visitantes). Si un usuario permanece inactivo en su sitio durante al menos 30 minutos, toda actividad posterior se atribuirá a una nueva sesión.

- **Visitantes únicos**: número de visitantes no duplicados (contabilizados una sola vez) que han accedido a su sitio Web a lo largo de un periodo de tiempo determinado.

- **Páginas vistas**: número total de páginas vistas; las visitas repetidas a una misma página también se contabilizan.

- **Páginas vistas únicas**: número de visitas durante las cuales las páginas especificadas se han consultado al menos una vez.

- **Páginas/Visitas**: promedio de páginas vistas durante una visita a su sitio; las visitas repetidas a una misma página también se contabilizan.

- **Duración media de la visita**: tiempo de duración media de una visita a su sitio.

- **Promedio de tiempo en la página**: tiempo medio que permanecen los visitantes en una página determinada o en un conjunto de páginas.

- **Porcentaje de rebote**: porcentaje de visitas de una sola página, es decir, visitas en las que el usuario ha abandonado su sitio en la página de entrada.

- **Porcentaje de visitas nuevas**: porcentaje de primeras visitas (por parte de usuarios que nunca han visitado el sitio con anterioridad).

- **Accesos**: número de veces que los visitantes acceden a su sitio a través de una página determinada.

- **Porcentaje de salida**: porcentaje de salidas del sitio desde una página determinada.

- **Tiempo medio de carga de página**: tiempo medio que tarda una página en cargarse, desde el inicio de la visita a la página (es decir, cuando se hace clic en un enlace a la página) hasta que esta se carga por completo en el navegador.

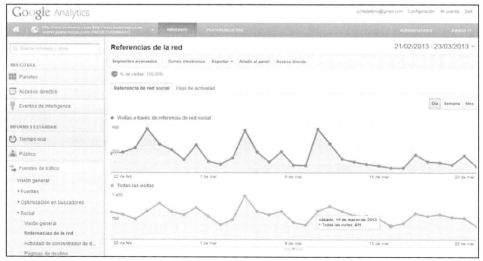

**Figura 5.9.** Google Analytics: cuadro de mando.

## Facebook Insights

Facebook Insights es un excelente sistema de estadísticas para conocer lo que hacen los visitantes en su página y aplicaciones en Facebook. Para tener acceso a esta herramienta se debe tener **mínimo 30 fans** a los que les debe gustar su página.

La información obtenida de Facebook Insights le dirá qué encuentra su audiencia más interesante, de forma que pueda centrarte en ese contenido. Además, esta información se puede usar para ajustar las páginas con el objetivo de incrementar la afinidad con tu público objetivo. Facebook, comparado con otras redes sociales, da muy completa información de lo que ocurre en la página.

Sólo los administradores de la página y los propietarios de la aplicación podrán ver los datos de Insights para los elementos de los que son propietarios o administradores.

Para ver las métricas en su página de Facebook, ingrese a la siguiente dirección `https://www.facebook.com/insights` y seleccione **Ver estadísticas** en la página que desea visualizar.

Otra forma de acceder a Facebook Insights es haciendo clic en **Ver todas** de la parte de estadísticas del panel de administración de la página como muestra la gráfica siguiente.

**Figura 5.10.** Facebook Insights: forma de ingreso.

## Calificación

- **Cuantitativa:**
    - **Importancia:** 5,0, la herramienta es indispensable para la gestión del Community Manager.
    - **Utilidad:** 5,0, tiene muchas opciones de valor añadido para el usuario.
    - **Precio:** 5,0, es gratuita.
    - **Usabilidad:** 4,5, Su uso requiere una curva de aprendizaje.
    - **Calificación general:** 4,9.
- **Cualitativa:**
    - **Ventajas:** es una herramienta gratis indispensable para que el Community Manager conozca su audiencia en Facebook y el impacto de sus publicaciones.
    - **Desventajas:** la curva de aprendizaje requerida para utilizar la herramienta.

## Descripción general

Facebook Insights le permite al Community Manager:

- **Visión General:** tener una visión general de la página con la información de lo que ha sucedido en sus publicaciones.
- **Me gusta:** conocer las personas que han hecho "Me gusta" en la página por:
    - Sexo.
    - Edades.
    - Lugar de procedencia.
    - Idioma.
- **Alcance:** informa de las personas a las que ha llegado (datos demográficos y ubicación) con sus publicaciones.
- **Personas que están hablando de esto:** informa de manera detallada quién está hablando de su página (datos demográficos y de país).

Para conocer el uso de Facebook Insights le sugiero descargar el libro electrónico creado por Facebook llamado **Facebook Insights: Guía de producto para propietarios de Páginas de Facebook**: `http://www.slideshare.net/JuanCMejiaLlano/gua-oficial-de-facebook-insights-facebook`

## Indicadores principales

Los principales indicadores son:

- **Me gusta**: es el número de personas que hicieron clic en "Me gusta" en su página en el intervalo de fechas seleccionado.
- **Amigos de fans**: indica el número de personas que son amigas de sus fans.
- **Personas que están hablando de esto**: indica el número de personas que creó una historia a partir de tu publicación en la página. Ejemplos de historias son: hacer clic en "Me gusta", comparten o comentan la publicación, responden una pregunta, responden a un evento o solicitan una oferta.
- **Alcance**: es el número de personas que vieron su publicación. La cifra del alcance incluye a los usuarios de Facebook que vieron la publicación tanto en el ordenador como en el celular. Se considera que su publicación llega a alguien cuando se carga y se muestra en la sección de noticias.
- **Usuarios que interactúan**: es el número de personas que hicieron clic en cualquier lugar de su publicación.
- **Difusión**: es el número de personas que crea una historia a partir de su publicación, se expresa como el porcentaje del número de personas que la vieron.

**Figura 5.11.** Facebook Insights: cuadro de mando.

## YouTube Analytics

YouTube Analytics proporciona al Community Manager un completo conocimiento del canal, los vídeos y el público. Analytics se debe usar para que le ayude a priorizar las optimizaciones, a medir el impacto de las nuevas estrategias y a evaluar el rendimiento de su canal.

Utilice YouTube Analytics de forma regular para evaluar el rendimiento de su canal, para investigar los cambios o las tendencias en las diferentes métricas, para seleccionar la programación y producción de su canal y para ser más estratégico con los vídeos que crea.

Para acceder a YouTube Analytics haga clic en el botón **Analytics** de la parte superior derecha, como aparece en la gráfica siguiente.

**Figura 5.12.** Canal de YouTube.

### Calificación

- **Cuantitativa**:
    - **Importancia**: **5,0**, la herramienta es indispensable para la gestión del Community Manager.
    - **Utilidad**: **5,0**, tiene muchas opciones de valor agregado para el usuario.
    - **Precio**: **5,0**, es gratuita.
    - **Usabilidad**: **4,5**, su uso requiere una curva de aprendizaje.
    - **Calificación general**: **4,9**.

- **Cualitativa**:
  - **Ventajas**: es una herramienta gratis indispensable para que el Community Manager conozca sus usuarios en YouTube y el impacto de sus vídeos.
  - **Desventajas**: la curva de aprendizaje requerida para utilizar la herramienta.

## Descripción general

YouTube Analytics le permitirá al Community Manager:

- **Descubrir lo que funciona en su canal de YouTube**: YouTube Analytics muestra el contenido que a su audiencia le gusta y no le gusta ver. Utilice esta información para mejorar sus vídeos y lograr que causen el mayor impacto entre los clientes que más le interesen.

- **Transmitir el mensaje adecuado a su audiencia**: YouTube Analytics es una herramienta que le proporciona estadísticas detalladas sobre sus vídeos y audiencia. Se trata de una forma sencilla y eficaz de descubrir los vídeos y los temas que mejor funcionan para su audiencia. Una vez que conozca esta información, podrá adaptar sus vídeos para llegar a un mayor número de espectadores y aumentar su interacción.

- **Interpretar las cifras correctamente**: ¿cómo lo han encontrado los espectadores? ¿Durante cuánto tiempo ven sus vídeos? ¿Cuándo dejan de verlos? YouTube Analytics le ofrece toda la información de cada vídeo o de todos sus vídeos de forma simultánea para que pueda conocer realmente a su audiencia.
  - **Espectadores**: completa información de sus espectadores en cantidad, procedencia, edad, etc.
  - **Interacción**: da información tan relevante como: vídeos más populares, cuándo saltan el contenido, qué hace que los espectadores vean contenido durante más tiempo, etc.
  - **YouTube para móviles**: permite identificar los espectadores que ven los vídeos a través de teléfonos inteligentes y tabletas.

Para conocer el uso de YouTube Analytics le sugiero descargar el libro electrónico creado por Google llamado **Guía del creador de YouTube**: `http://www.slideshare.net/JuanCMejiaLlano/gua-del-creador-de-youtube-en-espaol`

## Indicadores principales

Los principales indicadores son:

- **Reproducciones**: reproducciones de los vídeos en la región y el período seleccionados.
- **Estimación de minutos visto**: minutos totales estimados de tiempo de reproducción de sus vídeos.
- **Sitios de reproducción**: si sus vídeos se reproducen desde YouTube, sitio Web o móvil.
- **Fuente de tráfico**: cómo llegaron a su vídeo: mediante búsquedas en YouTube o Google, sitio Web externo, etc.
- **Permanencia del público**: el tiempo que están viendo el vídeo.
- **Suscriptores**: son los espectadores que se inscriben al canal para recibir una notificación cada vez que se publica un nuevo vídeo.
- **Me gusta y no me gusta**: la cantidad de espectadores que han hecho Me gusta o No me gusta en sus vídeos.
- **Favoritos**: la cantidad de espectadores que han marcado sus vídeos como favoritos.
- **Comentarios**: la cantidad de comentarios escritor por los espectadores.

**Figura 5.13.** YouTube: cuadro de mando.

## Otras herramientas de analítica

### Wildfire Social Media Monitor

- ▶ Herramientas gratis indispensables para el Community Manager.
- ▶ Es una excelente herramienta para poder monitorear el crecimiento de:
  - ▶ Seguidores en Twitter.
  - ▶ "Me gusta" en Facebook.
- ▶ Además permite comparar hasta tres cuentas en cada red social (ideal para compararse con la competencia).
- ▶ Entrega información numérica del crecimiento de la cuenta de los últimos siete días, último mes y últimos tres meses.
- ▶ Para acceder a la herramienta, visite el siguiente enlace: https://monitor.wildfireapp.com.

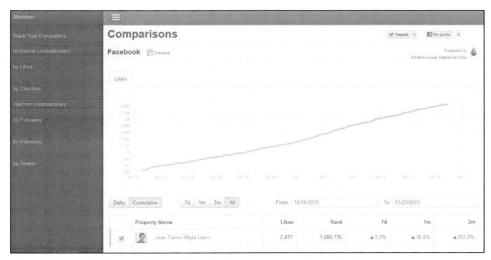

**Figura 5.14.** Wildfire Social Media Monitor: muestra el crecimiento de comunidad en Facebook y Twitter.

### Calificación

- ▶ **Importancia: 4,0**, la herramienta es útil para la gestión del Community Manager.
- ▶ **Utilidad: 3,5**, tiene menos opciones de valor añadido que las herramientas anteriores.

- **Precio**: **5,0**, es gratis.
- **Usabilidad**: **4,5**, es fácil de usar.
- **Calificación general**: **4,2**.

## Twitter Counter

- Twitter Counter a diferencia del servicio anterior, solamente brinda información de Twitter.
- Permite medir varios indicadores:
    - Seguidores.
    - Tuits.

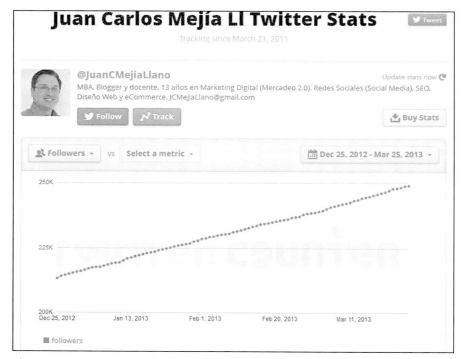

**Figura 5.15.** Twitter Counter: muestra el crecimiento de la comunidad en Twitter.

- Al igual que Social Media Monitor este servicio permite comparar tres cuentas.
- Un aspecto relevante de Twitter Counter es que permite realizar proyecciones aproximadas hacia el futuro:

- Informa cuánto tiempo tardará para llegar a un número de usuarios determinado.
- Informa cuántos seguiremos se tendrá en una fecha señalada.
- Para acceder a la herramienta: https://www.twittercounter.com.

### Calificación

- **Importancia**: 3,5, la herramienta es útil para la gestión del Community Manager.
- **Utilidad**: 3,5, tiene menos opciones de valor añadido que las herramientas anteriores.
- **Precio**: 5,0, es gratis.
- **Usabilidad**: 4,5, es fácil de usar.
- **Calificación general**: 4,0.

## HERRAMIENTAS PARA MONITOREO DE REDES SOCIALES

Las herramientas de monitoreo de redes sociales permiten conocer las conversaciones que acontecen en las redes sociales e Internet sobre su empresa o marca. Existen muchas herramientas de monitoreo, por lo que sólo se revisarán las principales.

## Herramientas de monitoreo de redes sociales de pago

Existen muchas herramientas de pago que monitorean redes sociales con diferentes precios y características.

### Aspectos a evaluar en una herramienta de monitoreo de pago

Los aspectos que se deben evaluar a la hora de seleccionar una herramienta de monitoreo de pago son los siguientes:

- **Precio**: generalmente tiene un precio acorde al servicio.
- **Consultas**: límite de consultas configuradas, muchas veces asociadas al precio.
- **Menciones**: límite de menciones (resultados de búsqueda), muchas veces asociados al precio.
- **Usuarios**: límite de usuarios creados (administración y visualización), muchas veces asociado al precio.

- **Idiomas**: debe incluir el español y el inglés como mínimo.
- **Fuentes**: cantidad de fuentes de información cubiertas:
    - Blogs.
    - Vídeos.
    - Fotos.
    - Noticias.
    - Redes sociales (Twitter, Facebook, LinkedIn y otros).
- **Alertas vía email**: envío de email cuando se presente un número de menciones (totales o negativas) en un tiempo determinado.
- **Datos de los usuarios**:
    - Edad.
    - Idioma.
    - Ubicación.
    - Género.
- **Tablero de control**: resumen gráfico de lo que está sucediendo en las redes sociales sobre un tema determinado.
- **Influenciadores**: identificación de influenciadores (personas con un alto indicador *Klout*) que están hablando del tema de estudio.
- **Análisis**: análisis de información no estructurada para determinar palabras claves más utilizadas relacionadas con el tema concreto y relación entre ellas.
- **Personalización**: permitir construir las gráficas que se estimen, con los datos que tiene el programa.
- **Sentimiento**: valoración de las menciones como positivas, negativas o neutras. Esta evaluación debe ser en español.
- **Soporte**: sistema de soporte con el que se cuenta: chat, ticket, email, etc.
- **Asignación de tareas**: poder desviar las menciones a una persona de servicio al cliente mediante un sistema de flujo de datos (*Workflow*).
- **Ordenación**: ordenación de la información por múltiples aspectos.
- **Usabilidad**: facilidad de uso del programa que permita usarse sin mucha capacitación.
- **Reportes**: generación de reportes personalizados de acuerdo a la necesidad del cliente.

- **Exportación**: exportar datos a múltiples formatos: Excel, CSV, PDF, imágenes, etc.
- **Drilldown**: profundizar en la información que se está visualizando haciendo clic en un dato.

## Herramientas de monitoreo de redes sociales de pago

De acuerdo con el sitio `TopTenReviews.com` las mejores herramientas de monitoreo en el 2013 son:

1. **Sysomos**: 10,0/10,0 (`http://www.sysomos.com`).
2. **Radian6**: 9,6/10,0 (`http://www.salesforcemarketingcloud.com`).
3. **Lithium**: 9,48/10,0 (`http://lithium.com`).
4. **Collective Intellect**: 8,9/10,0 (`http://www.collectiveintellect.com`).
5. **Alterian SM2**: 8,78/10,0 (`http://www.alterian.com/socialmedia`).
6. **uberVU**: 8,6/10,0 (`http://www.ubervu.com`).
7. **Viralheat**: 8,38/10,0 (`https://www.viralheat.com`).
8. **Brandwatch**: 8,33/10,0 (`http://www.brandwatch.com`).
9. **Beevolve**: 8,13/10,0 (`http://www.beevolve.com`).
10. **Trendrr**: 7,9/10,0 (`http://www.trendrr.com`).

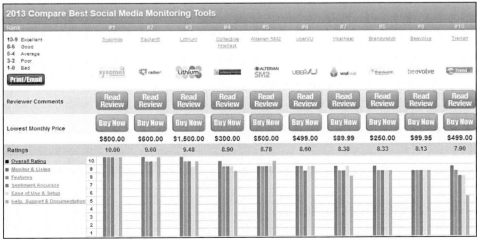

**Figura 5.16.** Comparación de herramientas de monitoreo de pago en redes sociales.

> **Truco:** Para conocer el detalle de la comparación visite: `http://social-media-monitoring-review.toptenreviews.com`

## Calificación de los dos principales

- **Calificación Sysomos:**
    - **Importancia: 4,5**, la herramienta es muy útil para la gestión del Community Manager.
    - **Utilidad: 5,0**, tiene todo lo que necesita una herramienta de monitoreo de redes sociales.
    - **Precio: 4,2**, el valor añadido generado por el precio del producto es adecuado.
    - **Usabilidad: 4,0**, es fácil de usar, aunque requiere una curva de aprendizaje.
    - **Calificación general: 4,5.**
- **Calificación Radian6:**
    - **Importancia: 4,5**, la herramienta es muy útil para la gestión del Community Manager.
    - **Utilidad: 5,0**, tiene todo lo que necesita una herramienta de monitoreo de redes sociales.
    - **Precio: 3,8**, el valor agregado generado por el precio del producto es adecuado.
    - **Usabilidad: 4,0**, es fácil de usar, aunque requiere una curva de aprendizaje.
    - **Calificación general: 4,4.**

# Topsy

Esta es una herramienta gratuita de monitoreo general, es decir cubre sitios Web, blogs, fotos, vídeos, Google+ y Twitter.

Para acceder a la herramienta, puede visitar la siguiente Web: `https://www.topsy.com`

# HERRAMIENTAS DE GESTIÓN PARA EL COMMUNITY MANAGER

**Figura 5.17.** Topsy: herramienta de monitoreo gratuita.

## Calificación

- **Cuantitativa:**
    - **Importancia: 4,5**, la herramienta es fundamental para la gestión del Community Manager.
    - **Utilidad: 5,0**, tiene muchas opciones de valor añadido para el usuario.
    - **Precio: 5,0**, es gratuita.
    - **Usabilidad: 4,5**, es fácil de usar y no requiere capacitación previa.
    - **Calificación general: 4,8**.
- **Cualitativa:**
    - **Ventajas:** es una herramienta gratis muy importante para que el Community Manager sepa qué se está hablando de su empresa o marca en redes sociales e Internet.
    - **Desventajas:** no permite exportar la información a un archivo plano o excel.

## Descripción general

Topsy es similar a un buscador normal pero, además de buscar en los sitios Web y blogs, busca en fuentes de redes sociales como Twitter, vídeos, Google+ y otros.

- **Menciones**: esta herramienta muestra todas las menciones que se han hecho respecto a una palabra clave en Twitter.
- **Gráfica de menciones**: Topsy muestra una gráfica con las menciones diarias del tema de interés.
- **Filtro de menciones**: las menciones se pueden filtrar por: links, tuits, fotos, vídeos y expertos.
- **Tiempo de las menciones**: los resultados se presentan de acuerdo a las necesidades del usuario: la última hora, el último día, los últimos 14 días, los últimos 30 días o todo el tiempo.
- **Expertos**: presentan los usuarios que tienen más influencia en redes sociales con el número de menciones que han hecho de los términos de búsqueda.
- **Responder**: se puede responder o retuitear una mención desde Topsy.
- **Menciones de su blog**: si en la casilla de búsqueda se escribe **"site:"** seguido de la dirección de su blog devolverá todo el listado de tweets asociados a los artículos de su blog ordenados según su importancia.

## Búsqueda avanzada

La búsqueda avanzada permite afinar la búsqueda:

- Incluya todas las palabras.
- Incluya al menos una palabra.
- No incluya la palabra en cuestión.
- Búsqueda en un dominio específico.
- Búsqueda de un tipo de dato específico: fotos o vídeos.
- Búsqueda en un idioma.
- Información ordenada por: relevancia o fecha.
- Búsqueda por rango de fechas y horas.

## Social Mention

Esta es una herramienta gratuita de monitoreo general, que cubre más de 60 fuentes de información que incluyen: Google, Twitter, Facebook, YouTube, Flickr, LinkedIn y muchos otros.

Para acceder a la herramienta, puede visitar su Web: `https://www.SocialMention.com`

# HERRAMIENTAS DE GESTIÓN PARA EL COMMUNITY MANAGER

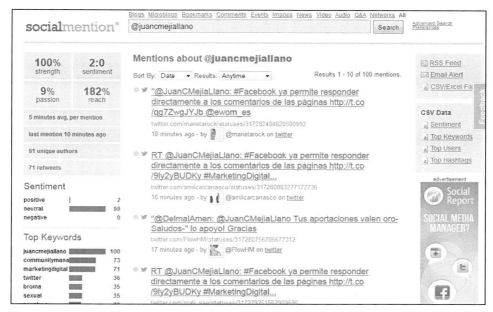

**Figura 5.18.** SocialMention: herramienta de monitoreo de redes sociales gratuita que evalúa el sentimiento.

## Calificación

- **Cuantitativa:**
    - **Importancia: 4,5,** la herramienta es importante para la gestión del Community Manager.
    - **Utilidad: 5,0,** tiene muchas opciones de valor añadido para el usuario.
    - **Precio: 5,0,** es gratuita.
    - **Usabilidad: 4,2,** es fácil de usar y no requiere capacitación previa.
    - **Calificación general: 4,7.**
- **Cualitativa:**
    - **Ventajas:** es una herramienta gratis muy importante para que el Community Manager conozca qué se está hablando de su empresa o marca en redes sociales e Internet. Es de las únicas herramientas gratuitas que tiene la calificación de sentimiento.
    - **Desventajas:** las menciones que recupera de redes sociales son bastante menores que Topsy.

## Descripción general

Las características principales de Social Mention son:

- **Fuentes de información**: dispone de más de 60 fuentes de información que incluyen redes sociales, microblogs, social *bookmarks* y vídeos.
- **Indicadores importantes**:
    - **Sentimiento (*sentiment*)**: realiza de manera automática la evaluación del sentimiento en inglés, si lo prefiere en español se debe cambiar en Preferencias. A diferencia de las herramientas de pago, Social Mention no permite configurar lo que considera menciones positivas o negativas.
    - **Pasión (*passion*)**: indica la frecuencia con que habla un usuario de una marca.
    - **Alcance (*reach*)**: calcula la relación entre el número de usuario únicos, que hablan de la marca, sobre el número de menciones.
    - **Fuerza (*strength*)**: probabilidad que su marca se esté mencionando en redes sociales.
- **Exportación**: respecto a la exportación de datos, `Socialmention.com` permite la exportación de datos, (informes de palabras clave relacionadas, sentimiento y usuarios más activos) en formato CSV y Excel.
- **Palabras clave**: muestra el grupo de palabras clave más frecuentes en las menciones.
- **Usuarios principales**: indica los usuarios que más menciones realizan de las palabras consultadas.
- ***Hashtag***: informa sobre los hashtag más usados en los tuits.

## Búsqueda avanzada

La búsqueda avanzada permite afinar la búsqueda:

- Incluir todas las palabras.
- Incluir la frase exacta.
- No incluir una palabra.
- No incluir un autor determinado.
- Buscar en una fuente de información específica.
- Buscar en una localización específica.

# HERRAMIENTAS DE GESTIÓN PARA EL COMMUNITY MANAGER

- ▶ Buscar por rango de tiempo específico: última hora, últimas 12 horas, último día, última semana o último mes.
- ▶ Búsqueda en un idioma.
- ▶ Información ordenada por: fuente o fecha.

## Otras herramientas de monitoreo

### Addict-o-matic

- ▶ Herramientas gratis útil para el Community Manager.
- ▶ Es una herramienta que permite monitorear las menciones en redes sociales.
- ▶ Permite configurar el panel de control de acuerdo a las necesidades del usuario.
- ▶ Para acceder a la herramienta, puede visitar la siguiente Web: http://addictomatic.com.

**Figura 5.19.** Addict-o-matic: herramienta de monitoreo gratuita.

## Calificación

- **Importancia: 4,0**, la herramienta es útil para la gestión del Community Manager.
- **Utilidad: 3,5**, tiene menos menciones que las opciones anteriores.
- **Precio: 5,0**, es gratis.
- **Usabilidad: 4,5**, es fácil de usar.
- **Calificación general: 4,2**.

## Alertas de Google

- Las alertas de Google permiten hacer seguimiento de las menciones en blogs, noticias, YouTube y otros de la marca.
- Google envía un mail con las menciones que ocurren en esas fuentes.
- Se puede configurar la frecuencia de notificación, diaria o semanal.
- Para acceder a la herramienta, visite el siguiente link: http://www.google.com/alerts?hl=es

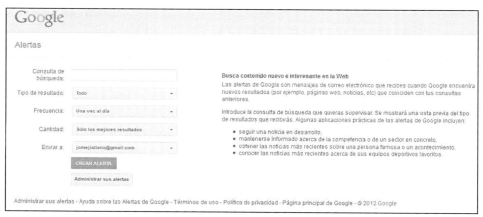

**Figura 5.20.** Alertas de Google: sistema de alertas de Google.

## Calificación

- **Importancia: 3,5**, la herramienta es útil para la gestión del Community Manager.
- **Utilidad: 3,5**, el valor agregado que ofrece es específico.

- **Precio**: 5,0, es gratis.
- **Usabilidad**: 5,0, es fácil de usar.
- **Calificación general**: 4,1.

## HERRAMIENTAS PARA MEDIR LA INFLUENCIA

Existen varias herramientas para medir la influencia de una marca en redes sociales. El Community Manager debe hacer esfuerzos permanentes para, además de aumentar su comunidad en las redes sociales, extender su nivel de influencia.

## Klout

Klout es una herramienta gratuita que mide la influencia social que tiene una persona o una marca a través de las redes sociales a las cuales pertenece. Esta influencia tiene una calificación que oscila entre 1 y 100, asignada por Klout y se basa en diversos factores o "señales" que son medidos por esta herramienta.

Para acceder a la herramienta, visite su página Web: http://www.klout.com

## Calificación

- **Cuantitativa**:
    - **Importancia**: 4,5, la herramienta es muy importante para la gestión del Community Manager.
    - **Utilidad**: 5,0, tiene muchas opciones de valor añadido para el usuario.
    - **Precio**: 5,0, es gratuita.
    - **Usabilidad**: 4,5, su uso requiere una curva de aprendizaje.
    - **Calificación general**: 4,8.
- **Cualitativa**:
    - **Ventajas**: es una herramienta gratis muy importante para que el Community Manager conozca la influencia de la marca que maneja, en redes sociales. Es el indicador más popular a nivel internacional para medir la influencia.
    - **Desventajas**: en ocasiones se presentan cambios súbitos que parecen no tener explicación.

## Descripción general

Klout es una herramienta que mide, analiza y monitoriza la influencia de los usuarios o las marcas de redes sociales. Este indicador es visible para otros usuarios, lo que permite identificar las personas más influyentes en general, en una especialidad o zona geográfica determinada.

Para determinar este indicador, Klout monitorea las interacciones de cada usuario en las redes sociales que decida sincronizar:

- **Twitter:**
    - Menciones y respuestas.
    - Listas a las que pertenece la cuenta.
    - Retuits.
    - Seguidores.
- **Facebook:**
    - Comentarios.
    - Menciones.
    - Compartidos.
    - Fans.
    - Me gusta.
- **Google+:**
    - +1.
    - Comentarios.
    - Compartidos.
- **LinkedIn:**
    - Título en LinkedIn.
    - Contactos.
    - Recomendaciones.
    - Comentarios.
- **Foursquare:**
    - Tips en lugares.
- **Klout:**
    - Los +K que asignen los usuarios aumentan el indicador Klout.

▶ **Otras redes tenidas en cuenta:**
- ▶ You Tube.
- ▶ Instagram.
- ▶ Tumblr.
- ▶ Blogger.
- ▶ WordPress.
- ▶ Last.fm.
- ▶ Flickr.

**Figura 5.21.** Klout: herramienta líder para medir influencia en redes sociales.

## Kred

Kred es una herramienta que permite ver de forma gráfica, distintos aspectos de la influencia en Twitter. Maneja dos indicadores:

- ▶ **Influencia (*Influence*)**: con una escala entre 1 y 1.000 puntos, mide la influencia que tiene la cuenta en los usuarios que nos siguen.
- ▶ **Actividad (*Outreach Level*)**: con una escala entre 1 y 10 puntos, mide la actividad en Twitter.

Para acceder a la herramienta, visite el enlace: http://www.kred.com

## Calificación

- **Cuantitativa**:
  - **Importancia**: 4,0, la herramienta es importante para la gestión del Community Manager.
  - **Utilidad**: 5,0, además de la influencia, muestra mucha información de la cuenta evaluada.
  - **Precio**: 5,0, es gratuita.
  - **Usabilidad**: 4,5, su utilización es sencilla.
  - **Calificación general**: 4,6.
- **Cualitativa**:
  - **Ventajas**: es una herramienta gratis fundamental para que el Community Manager conozca la influencia de la marca en Twitter. Presenta mucha información de la cuenta evaluada.
  - **Desventajas**: solo mide la influencia en Twitter.

## Descripción general

Es una herramienta para medir la influencia en Twitter. Cuenta con las siguientes características:

- Tiene un diseño similar a Pinterest.
- Mide la influencia en una escala de 1 a 1.000. Aumenta cuando la cuenta tiene una mención, un retuit o una respuesta (*replay*).
- Mide el alcance en una escala de 1 a 10. Aumenta cuando la cuenta hace una mención, retuit o respuesta a otra cuenta.
- Entrega una información muy completa de la cuenta entre la que se encuentra:
  - Usuarios que más mencionan la cuenta en evaluación.
  - Crecimiento en seguidores durante el último mes.
  - Menciones diarias.
  - Tuits más retuiteados.
  - Palabras claves utilizadas.
  - *Hashtags* utilizados.
  - Puntaje de influencia.

# HERRAMIENTAS DE GESTIÓN PARA EL COMMUNITY MANAGER

> ▶ La herramienta muestra cómo obtiene cada uno de los indicadores, lo que le da mucha transparencia.
>
> ▶ Permite ver toda esta información para otras cuentas (competidores, por ejemplo).

**Figura 5.22.** Kred: herramienta para medir la influencia en Twitter, con completa información de la cuenta.

## Otros sistemas de influencia

### Peer Index

> ▶ Peer Index es una herramienta que permite establecer un indicador de presencia y actividad en algunas de las redes sociales (Twitter, Facebook, LinkedIn, el blog, ...). Se basa en la puntuación de tres componentes: la autoridad, la actividad y la audiencia, y su distribución para establecer un índice ponderado entre 1 y 100.
>
> ▶ Establece 8 áreas temáticas para implementar una especie de "huella digital" de la resonancia de una persona dentro de cada temática. Estas áreas son: arte, medias y entretenimiento; tecnología e Internet; ciencias y medio ambiente; salud; deportes; política y sociedad; negocios y economía; y ocio y estilo de vida.

- Esta herramienta identifica los influenciadores de la cuenta y a las cuentas que ella influencia.
- Para acceder a la herramienta, acceda al siguiente enlace: http://www.peerindex.com

## Calificación

- **Importancia: 3,5**, la herramienta es útil para la gestión del Community Manager.
- **Utilidad: 3,0**, es una herramienta muy simple.
- **Precio: 5,0**, es gratis.
- **Usabilidad: 4,5**, es sencilla de usar.
- **Calificación general: 3,9**.

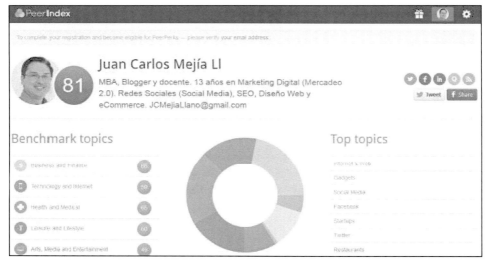

**Figura 5.23.** PeerIndex: herramienta para medir influencia.

## Tweet Grader

- Tweet Grader es una herramienta de Hubspot bastante simple pero con alguna funcionalidad destacada, como los listados de tuiteros relevantes por ámbito geográfico.
- Es bastante transparente ya que explican su algoritmo de forma sencilla.

- Tienen en cuenta:
  - Frecuencia de actualización.
  - Relación de seguidores y seguidos.
  - Influencia de sus seguidores.
- Para acceder a la herramienta, visite el siguiente enlace: `http://tweet.grader.com`

## Calificación

- **Importancia**: 3,5, la herramienta es útil para la gestión del Community Manager.
- **Utilidad**: 3,0, es una herramienta muy simple.
- **Precio**: 5,0, es gratis.
- **Usabilidad**: 4,0, es fácil de usar.
- **Calificación general**: 3,8.

**Figura 5.24.** Tweet Grader: herramienta para medir influencia.

# OTRAS HERRAMIENTAS

## Gimp

Gimp es una herramienta gratuita de edición de imágenes similar a Photoshop que debe ser instalada en el computador. Permite realizar tareas como: retoque fotográfico, composición de imágenes y creación de imágenes. Es muy importante para el Community Manager disponer y manejar una herramienta de este tipo para poder construir o editar las imágenes que comparte en redes sociales.

Para descargar la herramienta, ingrese a: `http://www.gimp.org/downloads`

### Calificación

- **Cuantitativa**:
    - **Importancia**: 5,0, la herramienta es indispensable para la gestión del Community Manager.
    - **Utilidad**: 5,0, posee todo lo necesario para realizar edición de imágenes y fotos.
    - **Precio**: 5,0, es gratuita.
    - **Usabilidad**: 4,0, su uso es simple.
    - **Calificación general**: 4,9.
- **Cualitativa**:
    - **Ventajas**: es una herramienta gratis importante para que el Community Manager manipule las imágenes que comparte en redes sociales.
    - **Desventajas**: ninguna conocida.

### Descripción general

Algunas de las capacidades de GIMP son:

- **Herramientas de pintura**: posee útiles herramientas de pintura como son pincel, lápiz, aerógrafo, clonado, entre otros.
- **Imágenes grandes**: gracias a su gestión de memoria, el tamaño de la imagen lo limita solo el espacio disponible en el disco.
- **Capas**: igual que Photoshop, Gimp permite crear y utilizar capas en las imágenes.

- **Transparencias**: permite trabajar con transparencia de manera profesional.
- **Deshacer**: múltiples deshacer/rehacer, limitado sólo por el espacio en disco.
- **Transformación**: herramientas de transformación incluyendo rotar, escalar, inclinar y voltear.
- **Formatos**: los formatos de archivo soportados incluyen GIF, JPEG, PNG, XPM, TIFF, TGA, MPEG, PS, PDF, PCX, BMP y muchos otros.
- **Selección**: herramientas de selección, incluyendo rectángulo, elipse, forma libre, forma difusa y otros.

**Figura 5.25.** Gimp: herramienta gratuita para la creación y edición de imágenes.

## MailChimp

MailChimp es una excelente herramienta para realizar una estrategia de email marketing, ya que tiene diferentes tarifas dependiendo del número de suscriptores que posea la empresa.

Para acceder a la herramienta, visite el enlace: http://mailchimp.com

## Calificación

- **Cuantitativa:**
  - **Importancia: 4,5**, la herramienta es muy útil para la gestión del Community Manager.
  - **Utilidad: 5,0**, tiene todo lo necesario para implementar una estrategia de Email Marketing.
  - **Precio: 5,0**, la opción gratuita cubre las necesidades de una Pyme.
  - **Usabilidad: 4,0**, Requiere una curva de aprendizaje.
  - **Calificación general: 4,7.**
- **Cualitativa:**
  - **Ventajas:** es una herramienta importante para que el Community Manager manipule y desarrolle estrategias de Email Marketing.
  - **Desventajas:** por ser un programa muy completo la curva de aprendizaje es larga.

## Descripción general

Algunas de las capacidades de MailChimp son:

- **Listas:** con opciones para construir la lista de correos con permiso desde su propio sitio Web o página de Facebook.
- **Segmentación:** MailChimp permite segmentar las listas de acuerdo a intereses comunes, ubicación, actividad, etc.
- **Plantillas:** se puede elegir entre docenas de plantillas prediseñadas, o iniciar desde cero la creación de una plantilla personalizada.
- **Edición:** posee editor de plantillas con el sistema arrastrar y soltar (*drag and drop*).
- **Campañas:** permite enviar una campaña a su lista entera o a un segmento.
- **RSS:** facilita la creación de una campaña automáticamente con el RSS de su blog.
- **Redes Sociales:** los mails se pueden propagar con las redes sociales.
- **Reportes:** cuenta con completos reportes de análisis de clics, mails abiertos, propagación por redes sociales, y mucho más.
- **Móvil:** permite visualizar los reportes en dispositivos móviles.

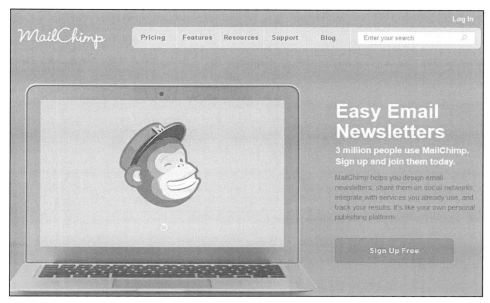

**Figura 5.26.** MailChimp: herramienta para desarrollar estrategia de Email Marketing.

## Twitcam

Twitcam es una herramienta gratuita que permite realizar transmisiones de vídeo en vivo con interacción en tiempo real con Twitter.

Para acceder a la herramienta, consulte el siguiente enlace: http://twitcam.livestream.com.

## Calificación

- **Cuantitativa:**
  - **Importancia: 4,0,** la herramienta es útil para la gestión del Community Manager.
  - **Utilidad: 4,5,** tiene todo lo necesario para realizar una charla online a los seguidores en Twitter.
  - **Precio: 5,0,** es gratis.
  - **Usabilidad: 4,5,** es fácil de manejar.
  - **Calificación general: 4,5.**

- **Cualitativa**:
  - **Ventajas**: es una herramienta útil para que el Community Manager realice charlas online a su comunidad de Twitter.
  - **Desventajas**: sólo se puede interactuar si se tiene cuenta de Twitter.

## Descripción general

Algunas de las capacidades de Twitcam son:

- **Requerimientos**: para transmitir vídeo en vivo a través de Twitcam no se requiere instalar otro software.
- **Grabar**: se puede grabar el vídeo y compartir con las personas que no pudieron estar en línea.
- **Capacidad**: se puede hacer una Twitcam con más de 100.000 personas.
- **Rapidez**: se requieren tres sencillos pasos para iniciar una Twitcam.
- **Notificación**: se invita a participar con la cuenta de Twitter.

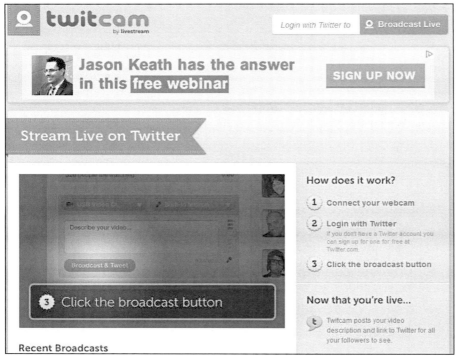

**Figura 5.27.** Twitcam: herramienta gratuita para hacer vídeos online.

# RESUMEN, PREGUNTAS DE REPASO Y EJERCICIO

## Resumen

- Herramientas de Administración de las redes sociales:
  - Se revisó HootSuite, una excelente herramienta indispensable para el Community Manager. Esta herramienta en su versión gratuita tiene todo lo necesario para administrar las redes sociales.
  - Tweetdeck es gratis para administrar las redes sociales, pero más limitada que HootSuite.
  - SocialBro también es fundamental para el Community Manager, ya que permite gestionar a la comunidad de Twitter.
  - Buffer App permite programar las publicaciones de Twitter, Facebook y LinkedIn.
  - Postcron facilita programar las publicaciones a las mejores horas automáticamente.
- Herramientas de analítica:
  - Google Analytics permite conocer con detalle el comportamiento de los visitantes al sitio Web o blog.
  - Para conocer los usuarios de una página de Facebook se cuenta con la herramienta Facebook Insights.
  - La herramienta de YouTube Analytics permite conocer el comportamiento de los visitantes a su canal de vídeos.
  - Wildfire Social Media Monitor y Twitter Counter son otras herramientas de analítica útiles para el Community Manager.
- Herramientas para monitoreo de redes sociales:
  - Se mencionaron los aspectos a evaluar en una herramienta de monitoreo de pago y se mostraron las 10 mejores herramientas de este tipo.
  - Se evaluó Topsy una excelente herramienta de monitoreo gratuita.
  - Social Mention, aunque no trae tantas menciones como Topsy, tiene aspectos útiles como son la evaluación del sentimiento de los comentarios y la exportación de la información a Excel.
  - Otras dos herramientas gratuitas para el monitoreo son: Addict-o-matic y las alertas de Google.

- Herramientas para medir influencia:
    - Klout es la herramienta más utilizada en el mundo para medir la influencia en redes sociales.
    - Kred permite conocer la influencia en Twitter.
    - Otras herramientas más simples para medir la influencia son: PeerIndex y Tweet Grader.
- Otras herramientas:
    - Gimp es una excelente herramienta para que el Community Manager pueda editar las imágenes que compartirá en redes sociales.
    - Para las estrategias de Email Marketing, MailChimp es una excelente opción.
    - Twitcam permite realizar vídeos en vivo e interactuar a través de Twitter.

## Preguntas de repaso

- ¿Para qué sirve HootSuite?
- ¿Cuáles son las diferencias entre HootSuite y Tweetdeck?
- ¿Cuáles son las características de SocialBro?
- ¿Para qué sirve Buffer App?
- ¿Qué se puede hacer con Postcron?
- ¿Cuáles son los pasos para empezar a trabajar con Google Analytics?
- ¿Cuáles son los principales indicadores que se pueden consultar en Google Analytics?
- ¿Cómo se pueden consultar la herramienta Facebook Insights?
- ¿Cuáles son los principales indicadores que se pueden consultar en Facebook Insights?
- ¿Cuáles son los principales indicadores que se pueden consultar en YouTube Analytics?
- ¿Cuántas cuentas puedo comparar con las herramientas Wildfire Social Media Monitor y Twitter Counter?
- ¿Qué aspectos se deben tener en cuenta para evaluar herramientas de monitoreo de redes sociales?

- ¿Cuáles son las 5 mejores herramientas de monitoreo de pago?
- ¿Para qué sirve Topsy?
- ¿Qué diferencia a Social Mention de otras herramientas gratuitas?
- ¿Cuáles son las principales características de Addict-o-matic?
- ¿Cómo se configura la herramienta de Alertas de Google?

## Ejercicio

- Utilice la versión trial de dos herramientas de pago de monitoreo y haga un documento con las diferencias con Social Mention.

# Parte III
## El Community Manager como gestor de contenidos

# 6. Generalidades de los contenidos 2.0

Objetivos:

- ▶ Comunicación 2.0.
- ▶ Importancia de los contenidos 2.0.
- ▶ Curación de contenidos.

## CASO DE ESTUDIO

Si se menciona el nombre de Park Jae-Sang seguramente no resulte familiar para la mayoría, pero si se dice que es el cantante y actor del famoso vídeo Gangnam Style todos sabrán de quién se trata.

Gangnam Style es una canción que combina música dance/electrónica y rap. La canción fue lanzada el 15 de julio de 2012, actualmente es el vídeo más visto en YouTube de toda la historia. Registra más de 1.480 millones de reproducciones, sin contar un 30% de reproducciones adicionales en canales no oficiales.

Gangnam es un barrio de Seúl que se ha convertido en sinónimo de riqueza y consumo, aunque no siempre de buen gusto.

El vídeo no fue una casualidad o un golpe de suerte. Fue creado por YG Entertainment, sello discográfico surcoreano, que invirtió mucho tiempo y dinero antes de su lanzamiento. El vídeo es atractivo, muy divertido, con bailes y coros pegadizos.La selección de YouTube, como medio de lanzamiento tampoco fue casualidad. YG tenía antes del Gangnam Style alrededor de 2,5 millones de suscriptores en sus canales de YouTube.

Cada uno de sus músicos tiene cuenta en Twitter y todos estaban alertados para ayudar en la divulgación en el momento del estreno. El vídeo fue lanzado con dos tuits desde la cuenta @allKpop que se dedica a publicar noticias de cantantes de pop coreanos y que tenía 840.000 seguidores en ese momento.

Luego empezó a ser mencionado por medios de comunicación y personalidades de todo el mundo.

Algunas de las ganancias que han logrado con el vídeo son:

- ▶ Más de 8 millones de dólares por publicidad en YouTube según Nikesh Arora, gerente de negocios de Google.
- ▶ El Gangnam Style también ha originado contratos publicitarios, conciertos y reconocimiento a nivel mundial.
- ▶ Ya se han firmado contratos para unos 10 anuncios diferentes, por los que cobrará entre 400 y 500 mil dólares por cada uno.
- ▶ Además se estiman 360 mil dólares de utilidad por la venta del álbum.

Este caso muestra lo que se puede lograr cuando se realiza y comparte contenido de calidad en la nueva Web 2.0.

**Figura 6.1.** Vídeo Gangnam Style: imagen tomada del vídeo.

## COMUNICACIÓN 2.0

La comunicación 2.0 es aquella que potencializa las redes sociales y la participación de los usuarios para aumentar su impacto y efectividad.

En la comunicación 2.0, lo más importante es el "contenido de valor", donde es muy importante el conocimiento de la audiencia a la que se dirige la comunicación. Además dicho contenido debe ser planeado, organizado, estratégicamente construido de acuerdo con los objetivos del marketing y buscando siempre la interacción de los usuarios.

Este énfasis en el contenido ha llevado a expresiones como: "el Contenido es el Rey" ya que el contenido bien utilizado en el marketing crea una ventaja competitiva y un elemento diferenciador sostenibles en el tiempo.

Se debe tener en cuenta que es difícil destacar y diferenciarse basándose el contenido en un mundo cada vez más comunicado e interconectado, en el que todos aportan contenidos.

**Nota:** "El Contenido es el Rey" en el Marketing Digital.

## Beneficios de la comunicación 2.0

Para que se pueda dar una comunicación 2.0 efectiva y que genere valor a la audiencia es muy importante tener en cuenta los siguientes aspectos:

- **Conocimiento del mercado:** conocer cómo se mueve y qué tendencias existen en el mercado, monitorear qué hace la competencia, identificar quiénes son los influenciadores, etc.

- **Conocimiento de la audiencia:** realizar un buen estudio de la audiencia es necesario para todo Community Manager que quiera lograr una comunicación 2.0 eficaz. Se debe identificar qué piensa la audiencia, cómo evoluciona, qué comenta, cómo participa y qué contenidos genera para responder la pregunta: ¿cómo se puede generar contenido de valor?

- **No siempre se debe vender:** en las redes sociales, el contenido debe estar pensado principalmente para facilitar, orientar, atraer, informar, ayudar, etc. no siempre para vender.

- **Cuente historias:** cree historias (*storytelling*) de forma coherente y organizada.

**Nota:** La comunicación 2.0 permite conocer la audiencia y el mercado.

## Prosumidores

La palabra prosumidor fue creada por Alvin Toffler en su libro 'La Tercera Ola' en 1979 como un hecho futurista. Prosumidor son las iniciales de las palabras PROductor y ConSUMIDOR.

Los prosumidores no producen para obtener una ganancia, sino para satisfacer sus necesidades. Para ello, reservan una parte de su producción para sí mismos, y el resto lo ponen a disposición de los otros.

Un ejemplo que Alvin Toffler ejemplifica cuando explica que una persona en Finlandia que no le gustó el software que la empresa le dio para trabajar se pone a escribir un mejor sistema operativo y lo hace como un pasatiempo. Este software termina siendo LINUX que está disponible de forma gratuita y tiene el código fuente abierto para ser modificado.

El grupo de los 'prosumidores' es muy amplio, en él figuran desde los trabajadores voluntarios hasta los bloggers. Todos ellos realizan alguna actividad no remunerada que genera un beneficio a otras personas o a ellos mismos.

Según Toffler, los Prosumidores son un fenómeno en el que los consumidores crean valor económico por sí mismos y posteriormente transfieren ese valor a la gran economía monetaria.

Los Prosumidores son parte activa del mundo de hoy, luchan de forma altruista por mantener la calidad y el compromiso que se consolidan sus reputaciones online en ascenso.

**Nota:** Las personas que participan activamente en las redes sociales son Prosumidores.

Algunas características del prosumidor son:

- **Líder de opinión:** la participación activa del prosumidor en redes sociales y a través de su blog lo puede convertir en un líder de opinión y un influenciador significativo.
- **Proactivo e informado:** el prosumidor es proactivo y comprometido con la comunidad, lee más periódicos digitales que el resto y ejerce un filtro personal.
- **Escucha:** el prosumidor escucha más y toma sus decisiones pensando antes en la experiencia de los demás.
- **Nuevo paradigma:** el prosumidor es una persona que vive una nueva vida social donde la geografía y el tiempo ya no son importantes.
- **Va un paso adelante:** el prosumidor es el consumidor que va un paso por delante del resto, ya que desconfía de la comunicación de las marcas, es difícil de persuadir y usa TIC para validar los mensajes.

**Nota:** Los Prosumidores son muy importantes en las estrategias de comunicación 2.0.

## Tipos de contenido

Los Community Manager necesitan producir un flujo constante de nuevos contenidos, desde blogs y redes sociales, libros electrónicos, vídeos, ya que trae múltiples beneficios a la empresa. Dicho contenido debe ser relevante y notable para que cumpla sus objetivos.

La gráfica siguiente muestra los formatos de contenido utilizados en Estados Unidos en los negocios B2C. Aunque es información de Estados Unidos, nos da una idea de los formatos que podemos utilizar en nuestra estrategia de Marketing de contenido.

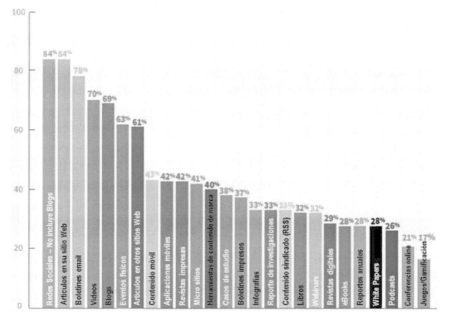

**Figura 6.2.** Tipos de contenido más utilizados. Tomado y ajustado de la gráfica: B2C Content Marketing Usage (by tactic). 2013 B2C Content Marketing Benchmarks–North America: Content Marketing Institute/MarketingProfs (ContentMarketingInstitute.com).

Los principales formatos del contenido 2.0 son:

- ▶ **Publicaciones en Redes Sociales**: publique periódicamente en las redes sociales donde tenga presencia, utilizando un lenguaje cercano y cálido.
- ▶ **Artículos en su sitio Web**: es muy importante actualizar de manera periódica el sitio Web para mantener actualizada su audiencia de lo que sucede en su empresa.

- **Email**: realice estrategias de email marketing para complementar su estrategia de comunicación.

- **Vídeos**: se pueden realizar vídeos con testimonios, demostraciones de productos, explicaciones de cómo hacer algo o desarrollar estrategias virales.

- **Artículos en su blog**: los blogs generan mucha credibilidad y son muy valorados por los visitantes.

- **Artículos en otros sitios**: cuando escribe contenido para otros sitios (como *blogger* invitado por ejemplo), da a conocer su contenido a nuevas audiencias y por ende, expanda su presencia.

- **Contenido móvil**: es fundamental que su sitio Web y blog se adapten para ser leídos cómodamente en cualquier dispositivo (*Responsive Web Design*).

- **Aplicaciones móviles**: las aplicaciones móviles creadas para iOS y Android para enviar contenido de valor a sus clientes actuales y potenciales son una buena opción para ampliar la cobertura de sus mensajes.

- **Micrositios**: los micrositios son una buena forma de entregar contenido de manera segmentada a su audiencia.

- **Herramientas de contenido de marca**: el contenido de marca, llamado en inglés *branded content*, se trata de contenido de calidad, divertido, creativo, relevante para el usuario, generado por una marca.

- **Casos de éxito**: documente los casos de éxito que muestran el impacto positivo que han tenido sus clientes al utilizar su producto o servicio.

- **Infografías**: son un tipo particular de imágenes que permiten organizar y comunicar información técnica o detallada de una manera visualmente atractiva y fácilmente comprensible. Las infografías tienen una excelente acogida en sitios sociales gráficos como Pinterest.

- **Reportes de investigaciones**: si su empresa genera investigaciones de interés para su público objetivo es importante crear contenidos para divulgar los resultados.

- **Contenido sindicado (RSS)**: el contenido sindicado es un sistema que notifica a su audiencia cuándo su empresa publica un nuevo contenido.

- *Webinars*: la palabra *Webinar* es la mezcla de las palabras en inglés WEB y semINAR y se refiere a seminarios transmitidos en línea. Generalmente un *Webinar* permite a un conferencista realizar una presentación en directo a una audiencia conectada mediante sus ordenadores, apoyado con una presentación tipo PowerPoint y chat para que los asistentes puedan hacer preguntas.

- **Revistas digitales:** cuando su empresa imprima revistas físicas para su estrategia de comunicación, genere un equivalente digital para aumentar su alcance.
- ***Ebooks*:** los ebooks, también llamados libros electrónicos, permiten agrupar sus mejores contenidos o construir una historia alrededor de su producto.
- **Reportes anuales:** publique en su sitio Web los reportes anuales de su empresa.
- ***Whitepapers*:** comparta estudios hechos por su empresa y que sean de interés para su audiencia.
- ***Podcasts*:** a través de los podcasts, archivos de audio, se pueden dar a conocer entrevistas, contar historias o dar un toque más personal a su empresa.
- **Conferencias online:** programe conferencias online con temas de interés para su público objetivo.
- **Juegos/Gamificación:** la gamificación es el uso de juegos y material interactivo lúdico en la estrategia de comunicación y capacitación.
- **Otros formatos:**
    - **Presentaciones:** comparta las presentaciones de servicios y participaciones de su empresa en eventos y congresos.
    - **Animaciones:** cree vídeo tutoriales y animaciones para mostrar y explicar procesos complejos.
    - **Imágenes y Fotos:** use imágenes y fotografías poderosas, ilustraciones, gráficos para provocar un impacto real entre los usuarios, estas permiten amplificar su mensaje, explicar una idea y llamar la atención del usuario.
    - **Ilustraciones:** las ilustraciones añaden una dimensión extra a su contenido y son una excelente manera de atraer la atención del lector y añadir impacto visual.

**Nota:** El Community Manager debe utilizar la mayor cantidad de formatos posible en su estrategia de comunicación 2.0.

La gráfica siguiente muestra las redes sociales más importantes para la estrategia de contenido 2.0.

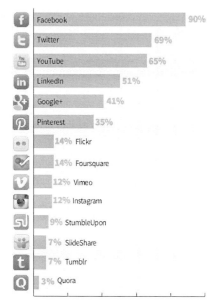

**Figura 6.3.** Redes sociales más usadas para compartir contenido en empresas B2C. Tomado de la gráfica: Percentage of B2C Marketers Who Use Various Social Media Sites to Distribute Content. 2013 B2C Content Marketing Benchmarks–North America: Content Marketing Institute/MarketingProfs (ContentMarketingInstitute.com).

Como se observa en la gráfica anterior, las redes sociales más importantes para compartir contenido 2.0 por las empresas con negocios B2C (empresa a clientes) son: Facebook, Twitter, YouTube, LinkedIn, Google+ y Pinterest.

> **Truco:** Para ver el informe 2013 B2C Content Marketing Benchmarks–North America: Content Marketing Institute/MarketingProfs completo, acceda al siguiente enlace: http://www.slideshare.net/JuanCMejiaLlano/b2-c-content-marketing-2012

## IMPORTANCIA DE LOS CONTENIDOS 2.0

Un beneficio del contenido 2.0 es que puede aplicarse el marketing de atracción 2.0.

## Marketing de atracción 2.0 (Inbound Marketing)

El marketing de atracción 2.0 es un concepto creado por el fundador de la empresa norteamericana Hubspot Brian Halligan en el año 2009.

El *Inbound Marketing* se basa en la atracción de los consumidores que llegan al producto o servicio en Internet o a las redes sociales por iniciativa propia, atraídos por un mensaje o contenidos de calidad.

El contenido relevante y de calidad atrae a su cliente potencial, es por ello que su símbolo es el imán.

El marketing tradicional se caracteriza por ser un marketing de interrupción llamado en inglés *Outbound Marketing*, se caracteriza por la interrupción del cliente potencial. Un ejemplo de este tipo de marketing son los anuncios de televisión que interrumpen el programa en el momento más emocionante.

**Nota:** El contenido de calidad permite "atraer" a los clientes actuales y potenciales.

Algunos ejemplos de marketing de atracción 2.0 son:

- **Vídeos virales en YouTube**: el vídeo Gangnam Style mencionado antes en este capítulo es un excelente ejemplo de Marketing de Atracción 2.0. Su equivalente en el marketing de interrupción son los programas de televisión interrumpidos por anuncios.

- **Blogs**: los blogs publican contenido especializado sobre un tema determinado, lo que les permite atraer a clientes potenciales interesados en dicho tema. Su equivalente en el marketing de interrupción son los periódicos interrumpidos con anuncios de publicidad.

- **Posicionamiento en buscadores (SEO)**: el posicionamiento en buscadores atrae a los clientes potenciales al contenido creado por la empresa. Su equivalente en el marketing de interrupción son las llamadas de las empresas para ofrecer un producto o servicio.

- **RSS**: los sistemas de RSS permiten a clientes potenciales inscribirse para notificarles una actualización en el sitio Web (nuevo artículo, nueva noticia, nueva promoción, etc.). El equivalente en el marketing de interrupción son las empresas que nos interrumpen en un semáforo con carteles publicitarios sobre temas que generalmente no nos interesan.

El *Inbound Marketing* se fundamenta en tres acciones:

- **Curar o crear contenido**: curar o crear contenido relevante y de valor añadido para su público objetivo, es la base para atraer usuarios y que estos nos encuentren. El contenido también es fundamental para lograr la difusión en las redes sociales y mejorar relevancia en los resultados.

- **Optimizar el contenido**: optimizar es ajustar el contenido para mejorar el posicionamiento en Google y otros motores de búsqueda, es decir realizar estrategias SEO. Para esto debemos tener presentes las palabras claves con las que nos queremos posicionar y las páginas de arriba (*landing pages*) que permitan convertir los visitantes anónimos en un estado de registro.
- **Promover el contenido**: promover es difundir todo este contenido en cualquier medio social (Twitter, Facebook, LinkedIn, etc.) para posteriormente poder propagarlo.

## Otros beneficios de los contenidos 2.0

Otros beneficios de los contenidos 2.0 son:

- **Precio razonable**: si bien, la creación de contenidos 2.0 no es gratis, ya que se debe invertir tiempo en su elaboración, sí tiene un precio aceptable para la mayoría de las empresas.
- **Es efectivo**: el contenido adecuado aumenta la efectividad de la comunicación 2.0 y entrega la información necesaria para la toma de decisiones.
- **Abre vías de diálogo**: el contenido 2.0 abre el diálogo entre la empresa y sus clientes.
- **Suma conocimiento**: los contenidos 2.0, por su capacidad de interacción, permiten aumentar el conocimiento de los clientes.
- **Crea información de valor**: los contenidos 2.0 proporcionan valor a los usuarios y clientes, ya que se adaptan a lo que estos quieren o necesitan.
- **Genera confianza**: en la medida que generemos valor al cliente actual o potencial con contenido gratuito, este creará una relación de confianza, fundamental para los negocios.
- **Aumenta la fidelidad**: los contenidos 2.0 al generar confianza y valor añadido a los clientes, facilita las relaciones a largo plazo con estos.
- **Atrae clientes**: el contenido en su blog o sitio Web le produce visitas de clientes actuales o potenciales, durante varios años.
- **Amplifica los mensajes**: la propagación de contenidos mediante redes sociales es una importante estrategia para aumentar, de manera significativa, el alcance de sus mensajes.
- **Mejora el posicionamiento en buscadores (SEO)**: cada artículo que publica en su blog será indexado por Google lo que, por ser contenido nuevo, mejorará la posibilidad de aparecer entre las primeras posiciones de los resultados de búsqueda.

- **Crea mensajes duraderos**: a diferencia de los medios tradicionales, los contenidos 2.0 son duraderos, lo que permite que un artículo tenga un efecto positivo durante largo tiempo.

- **Vende sin presión**: los contenidos 2.0 permiten acercarse a sus posibles clientes como fuente de información y no enfocándonos solo en hablar y vender un producto o servicio.

> **Nota:** El contenido 2.0 tiene múltiples beneficios para la empresa.

## CURACIÓN DE CONTENIDOS

### Generalidades sobre la curación de contenidos

La curación de contenido, aunque tiene un nombre poco conocido, se refiere a un concepto que ha existido desde hace mucho tiempo.

Sergio Ortega define en su blog el concepto de forma muy completa:
"La curación de contenido se entiende como la capacidad, por parte de un sistema o del ser humano, de encontrar, organizar, filtrar y dotar de valor, relevancia, significatividad, en definitiva, de utilidad, el contenido de un tema específico que procede de diversas fuentes (medios digitales, herramientas de comunicación, redes sociales...)."

La curación de contenidos, además de una actividad relacionada con el marketing, también es vista como una forma de aliviar la "infoxicación" informativa que sufrimos en nuestros días.

Esta actividad no es nueva, ya que antes del aumento de la popularidad de Internet y las redes sociales, los periodistas, documentalistas e inclusive los profesores venían desempeñando esta labor.

La curación de contenido se puede llevar a cabo de las siguientes formas:

- **Agregación**: reunir la información más relevante sobre un tema específico en una misma localización.

- **Destilación**: realizar la curación en un formato más simple, donde sólo las ideas más importantes o relevantes son compartidas.

- **Elevación**: identificar tendencias en pequeñas porciones de información, compartidas online (como los tuits).

- **Mezcla**: mezclar de contenidos curados para crear un nuevo punto de vista.

- **Cronología**: reunir información histórica organizada sobre la base de tiempo para mostrar la evolución en la percepción de un tema en particular.

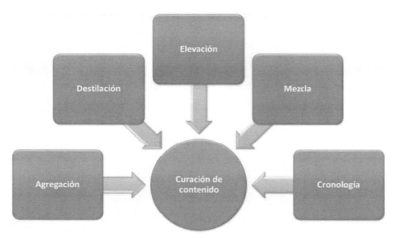

**Figura 6.4.** Curación de contenidos: formas para ejecutarla.

## Curador de contenido

Tal como se mencionó en el capítulo 2, el curador de contenido, en inglés *content curator*, es la persona que de forma permanente busca, reúne, organiza y comparte el contenido sobre un tema específico, es decir, realiza la labor de curación de contenido.

> **Nota:** El curador de contenidos se convierte en la persona que separa del contenido lo más valioso, ahorrando tiempo a su audiencia.

En las empresas pequeñas y medianas esta labor es realizada por el Community Manager, en las empresas grandes donde las actividades de éste se empiezan a distribuir entre varias personas, se puede tener una persona dedicada al tema.

El curador de contenidos debe tener buena capacidad de análisis y gran capacidad de síntesis para lograr el criterio necesario para identificar el contenido relevante.

El trabajo de curador de contenido no consiste en crear contenido, sino en potencializar los contenidos de otros para que sirvan como fuente de innovación y conocimiento.

Las características que debe tener un curador de contenido son:

- **Conocer la audiencia**: debe conocer su audiencia, la marca y la categoría de la cual es curador.

- **Mantenerse informado**: mantiene informado de las tendencias, iniciativas e innovaciones de un nicho de mercado específico.

- **Monitorea tendencias**: presta atención a los artículos, entrevistas, vídeos y otras fuentes de información para descubrir las tendencias existentes (*trending topics*).

- **Buen criterio**: tiene la capacidad de distinguir entre contenido valioso del que no lo es, entre las montañas de información de Internet y las redes sociales.

- **Seguir eventos**: vigila de cerca los eventos y actividades académicas de la industria.

- **Intuición**: reconoce las noticias desde que se producen, cuándo llegarán a ser importantes gracias a su gran intuición.

- **Curioso**: siente curiosidad por toda la información que tiene que ver con su nicho de mercado y disfruta absorbiendo toda la información.

- **Conoce su responsabilidad**: compila conocimiento valioso y creíble, sabiendo que sus lectores confían en su criterio y disfrutan de la mezcla de contenidos de calidad que usted reúne.

**Advertencia**: El curador de contenidos que no conozca a su audiencia, no puede crearle valor a ésta.

## Etapas del proceso de curación de contenidos

El proceso de curación de contenidos involucra las siguientes etapas:

- **Identificar necesidades**: el proceso de adquisición de la información debe responder a una estrategia corporativa formulada con anterioridad. Se deben identificar con precisión las necesidades de la audiencia a la que se va a entregar el contenido recopilado y curado.

- **Adquirir contenido**: el curador de contenidos debe estar capacitado para identificar la información en Internet y las redes sociales que sea valiosa para la audiencia y que esté alineada con la estrategia corporativa.

- **Validar y almacenar**: el curador debe validar la pertinencia, usabilidad y la actualidad del contenido encontrado en Internet y las redes sociales, para posteriormente almacenarlo con sus respectivas fuentes en un sistema de repositorio que ofrezca garantías.

- **Compartir y distribuir**: se deben seleccionar los canales para compartir y distribuir el contenido. Las redes sociales son muy eficaces para esta etapa del proceso, en especial servicios como: Facebook, Twitter, LinkedIn, blogs, sitio Web, entre otros.

- **Medir y mejorar**: se debe estar atento a la reacción de la audiencia con cada pieza de contenido para identificar cuál es de más interés para ellos. Se debe afinar, de forma permanente, el tipo de contenido seleccionado de acuerdo a esta retroalimentación.

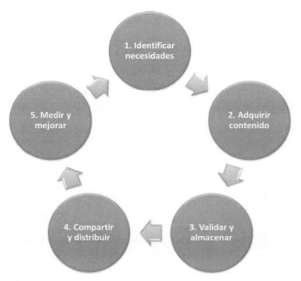

**Figura 6.5.** Curación de contenidos: etapas del proceso.

# RESUMEN, PREGUNTAS DE REPASO Y EJERCICIO

## Resumen

- La comunicación 2.0 es aquella que potencializa las redes sociales y la participación de los usuarios para aumentar su impacto y efectividad.
- Prosumidor son las iniciales de las palabras PROductor y ConSUMIDOR.
- Los Prosumidores son líderes de opinión, proactivos, informados, que escuchan, viven en un nuevo entorno social un paso más adelante.
- Los 5 tipos de contenido que más utilizan las empresas son: publicaciones en redes sociales, artículos en su sitio Web, Email, vídeos y artículos de blogs.

- Las 5 redes sociales más utilizadas por las empresas para propagar el contenido son: Facebook, Twitter, YouTube, LinkedIn y Google+.
- El *Inbound marketing* se basa en la atracción de los consumidores que llegan al producto o servicio en Internet o las redes sociales por iniciativa propia, atraídos por un mensaje o contenidos de calidad.
- El *Inbound marketing* se fundamenta en tres acciones: curar o crear, optimizar y promover el contenido.
- La curación de contenidos se puede llevar a cabo de las siguientes formas: agregación, destilación, elevación, mezcla y cronología.
- El curador de contenido es la persona que de forma permanente busca, reúne, organiza y comparte el contenido sobre un tema específico.
- Etapas del proceso de curación de contenidos: identificar necesidades, adquirir contenido, validar, almacenar, compartir, distribuir, medir y mejorar.

## Preguntas de repaso

- ¿Qué beneficios ofrece la comunicación 2.0?
- ¿Qué es un prosumidor?
- ¿Qué características debe tener un prosumidor?
- ¿Cuáles son los principales tipos de contenido 2.0 que deben utilizar las empresas?
- ¿Cuáles son las principales redes sociales para publicar contenido 2.0?
- ¿Qué es el marketing de atracción 2.0 (*Inbound marketing*)?
- ¿Cuáles son las acciones en las que se fundamenta el *Inbound marketing*?
- ¿Cuáles son los beneficios del contenido 2.0?
- ¿Qué es curación de contenidos?
- ¿En qué formas se puede llevar a cabo la curación de contenidos?
- ¿Quién es un curador de contenidos?
- ¿Qué características debe tener el curador de contenidos?
- ¿Cuáles son las etapas del proceso de curación de contenido?

## Ejercicio

Escoja un tema de interés para sus clientes actuales y potenciales y realice un ejercicio de curación de contenidos.

# 7. Creación de contenidos

Objetivos:

- ▶ Guía para la creación de infografías.
- ▶ Pasos para la creación de vídeos y otras piezas multimedia.
- ▶ Cobertura en directo de eventos.
- ▶ Técnicas de viralización de contenidos.

## CASO DE ESTUDIO

Go Daddy publicó en YouTube, el 30 de enero de 2013 un original y polémico comercial lanzado en el Super Bowl que ha tenido un gran éxito por su viralidad y por los resultados que ha originado a la empresa. El objetivo del anuncio, llamado *Perfect Match - Bar Refaeli's Big Kiss!,* era mostrar a Go Daddy como una marca "sexy" y al mismo tiempo "*geek*", y para lograrlo pusieron a besar a la "sexy" modelo Bar Refaeli con un "*nerd*", representado por Jesse Heiman.

El anuncio oficial ha sido visto más de 11.100.000 veces y el vídeo con el beso completo más de 1.200.000 veces (son más de 12.300.00 reproducciones totales) gracias a su propagación en redes sociales como Twitter, Facebook y Google+.

Esta campaña significó para Go Daddy:

- ▶ El mejor día de ventas de toda su historia.
- ▶ Lograr más clientes nuevos que con cualquier otra campaña (10.000 clientes nuevos).
- ▶ Record en ventas móviles (un 35 % más respecto al año anterior).
- ▶ Excelentes ventas de nombre de dominio (cerca del 40% más respecto al año anterior).

- Mayores ventas de alojamiento Web (creció en un 45% respecto al año anterior).
- Aumento de sus ventas globales.
- Es importante destacar que a pesar que el anuncio oficial haya tenido más marcas de "no me gusta" que las marcas de "me gusta", el resultado de la campaña fue bastante efectivo.

**Figura 7.1.** Go Daddy: Vídeo viral (Imagen tomada del vídeo).

**Truco:** Para ver el comercial, visite este enlace: http://www.youtube.com/watch?v=o-3j4-4N3Ng

# GUÍA PARA LA CREACIÓN DE INFOGRAFÍAS

## Generalidades de las infografías

La infografía es una representación gráfica que incluye mapas, tablas, gráficos y diagramas, que permiten comunicar de manera simple conceptos complejos.

Algunos usos de las infografías son:

- Descripción de procesos.
- Presentación de ideas.
- Explicación de productos y servicios.
- Realización de comparativas.
- Presentación de historia mediante línea de tiempo.

- Resumen de informes e investigaciones.
- Materiales formativos.
- Información estadística.
- Promoción de productos y eventos.

Ventajas de usar las infografías:

- **Crea interés**: por ser visual, su contenido es muy atractivo para los usuarios, y por tanto, aumentan las posibilidades de impacto.
- **Informa y entretiene**: las infografías tienen la capacidad de exponer datos, información o procesos complejos de manera sencilla y divertida.
- **Son bonitas**: las infografías pueden llegar a ser muy bonitas y llamativas, lo que aumenta el impacto en el marketing.
- **Se recuerdan fácilmente**: la mayoría de las personas, recuerdan más la información a partir de imágenes, que solo texto, ya que las imágenes vistas duran más en la memoria.
- **Potencial viral**: este tipo de contenidos son compartidos frecuentemente por los usuarios. Un tuit que contenga un enlace a una infografía logra un 83,2% más de retuits.
- **Multiplica el alcance**: de acuerdo con un estudio realizado por Google y `Visual.ly`, una infografía puede llegar a 15 millones de personas.

**Nota:** La infografía tiene un gran potencial viral.

## Pasos para crear una infografía

Los pasos para crear una infografía son:

### Elija el tema para la infografía

El primer paso para crear una infografía es elegir el tema. Algunos ejemplos generales de temas para hacer infografías son:

- La explicación de un concepto.
- La explicación de una tecnología.
- Datos estadísticos.
- Resumen de un documento.

Es fundamental que la idea sea popular en Internet y en especial en las redes sociales, esto facilitará la viralidad de la infografía cuando esté concluida. Monitorear cuentas de Twitter y Facebook de su público objetivo le ayudará a identificar los temas de interés.

## Identifique las fuentes de información para la infografía

- ▶ Se debe realizar un proceso de selección de datos sobre el tema a abordar. Es muy importante registrar las fuentes de información, ya que son un elemento importante en la infografía.
- ▶ Algunas fuentes de información a tener en cuenta son: Google, blogs, YouTube, Slideshare, Twitter, Wikipedia, periódicos electrónicos, sitios especializados, etc.
- ▶ Dentro de las fuentes de información, también se pueden incluir encuestas online u offline realizadas por su empresa.
- ▶ Un aspecto muy importante en este paso es validar que la información recopilada sea cierta, existen fuentes de información poco confiables. Los sitios `.gov` y `.edu` suelen ser muy buenas fuentes de información.

## Organice las ideas

- ▶ Es importante organizar la información recopilada, agruparla por temas y subtemas. Para esto puede ser útil un programa de mapa conceptual como: `freemind.sourceforge.net`.
- ▶ Se deben descartar los aspectos poco relevantes o poco interesantes, esto evitará confundirse en el mar de información recopilada en el punto anterior.

## Cree la infografía en grises (bosquejo)

- ▶ Una vez organizada la información recopilada, debe empezar a realizar un croquis de la infografía. Existen programas bastante buenos, gratuitos para llevar a cabo esta actividad.

**Truco:** `Mockflow.com` es un excelente programa gratuito para realizar bosquejos de infografías.

- ▶ Es posible que durante esta etapa se percate de la necesidad de descartar más información no indispensable para transmitir la idea que queremos plasmar en la infografía.

- ▶ Esta etapa es fundamental, porque será la que le dé creatividad y claridad a la infografía.

## Diseñe la infografía

En el diseño se debe tener en cuenta:

- ▶ **Estilo original**: evitar copiar conceptos gráficos de otras infografías.
- ▶ **Integración**: una infografía debe ser rica gráficamente, evitando diseñarla con mucho texto.
- ▶ **Color**: utilizar colores con buen contraste para facilitar la lectura. Una excelente herramienta que facilita la selección de colores es kuler.adobe.com.

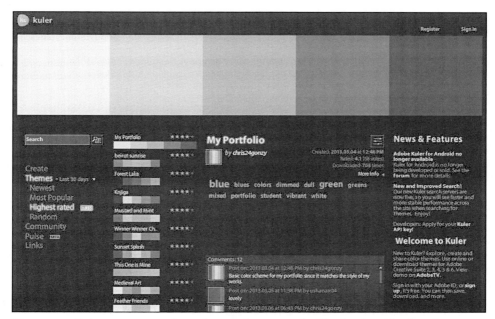

**Figura 7.2.** Kuler es una excelente herramienta que facilita la elección de colores.

- ▶ **Fuentes**: una infografía debe contener fuentes y tamaños de letras que resulten creativos. El sitio Dafont.com contiene una amplia variedad de fuentes que pueden tomarse como guía.
- ▶ **Iconos**: una infografía debe contener imágenes simples (iconos) para comunicar de manera adecuada. El sitio Iconarchive.com tiene muy buen material.

## Herramientas para crear infografías

Las principales herramientas gratuitas para crear elementos de infografías:

- ▶ **PiktoChart.com:** cree atractivas infografías a partir de unas plantillas y objetos que se añaden con un simple arrastrar y soltar. Permite personalizar colores y fuentes en un solo clic, siendo muy fácil de usar. La opción gratuita es un poco limitada pero permite hacer infografías simples.
- ▶ **Easel.ly:** construya infografías sofisticadas a partir de las plantillas que ofrecen, pudiendo arrastrar y soltar dentro de ellas todo tipo de símbolos (líneas, formas, texto, imágenes propias, iconos, etc.) para personalizar el resultado final sin perder claridad ni calidad. Las infografías pueden ser exportadas en formatos `.pdf`, `.jpg`, `.png` o Web para ser compartidas online.
- ▶ **create.visual.ly:** diseñe infografías limitadas sólo a sus datos de Facebook y Twitter.
- ▶ **Wordle.net:** cree visualizaciones con el texto que desee.
- ▶ **Creately.com:** diseñe esquemas y diagramas de flujo.
- ▶ **Vizualize.me:** construya infografías del currículum vitae del usuario. Para ello, `Vizualize.me` se apoya en la información del perfil del usuario en LinkedIn.

**Nota:** Existen excelentes herramientas gratuitas para crear infografías.

## Creación de infografías con PowerPoint

Los pasos necesarios para crear una infografía profesional utilizando PowerPoint son:

### Descargue la plantilla de Hubspot

Lo primero que debe hacer es descargar la plantilla que ofrece Hubspot para utilizar PowerPoint con el fin de crear infografías.

**Truco:** Para obtener la plantilla deberá acceder al siguiente enlace: `http://offers.hubspot.com/how-to-easily-create-five-fabulous-infographics-in-powerpoint`

La plantilla suministra la posibilidad de realizar tres tipos de infografías:

- Infografía paso a paso.
- Infografía informativa.
- Infografía de datos estadísticos.

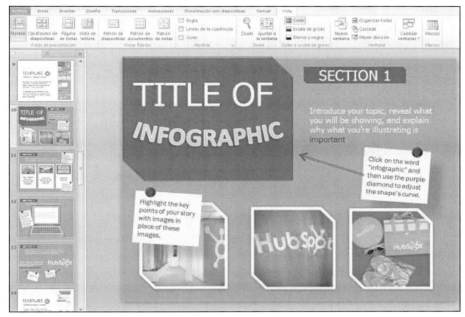

**Figura 7.3.** Plantilla de PowerPoint de Hubspot para crear una infografía.

## Abra la plantilla de PowerPoint

Baje la plantilla, al abrirla, modifique los datos para obtener otra nueva. Todos los elementos de la plantilla son modificables, podrá personalizarla de acuerdo a sus necesidades.

## Fije los colores del fondo y letra de su diseño

Puede cambiar el color de fondo, los objetos y el texto de la presentación. Para eso debe marcar el elemento o texto, y activan la opción **Formato**.

## Inicie la construcción

Una vez seleccionados los colores de nuestra infografía, puede empezar a construirla.

Para eso utilice algunos de los recursos que tiene PowerPoint:

- Insertar/Formas.
- Insertar/Imágenes.
- Insertar/SmartArts.
- Insertar/Gráfico.

## Adicione el logotipo de su empresa

Es muy importante adicionar a la infografía el logotipo de la empresa y el sitio Web. Esto le permitirá generar tráfico hacia su sitio cuando la infografía se viralice con Pinterest y Twitter.

## Grabe las diapositivas como imágenes

Cuando haya terminado su infografía, debe grabarla como imágenes. La opción Archivo>Grabar le permite realizar este proceso. Se recomienda utilizar el formato .PNG o .JPG.

## Utilice una herramienta de edición gráfica

Una vez grabada la presentación como imagen, utilice el navegador para cargar el sitio http://pixlr.com/editor/. Es una excelente aplicación de edición de imágenes en línea, recomendable por su facilidad de uso y rapidez.

**Nota:** Los que prefieran pueden utilizar el editor gratuito Gimp visto en el capítulo 5 de herramientas para el Community Manager.

Al utilizar, por ejemplo, el editor online se debe abrir la primera imagen, y modificar el tamaño del lienzo con la opción Imagen>Tamaño del lienzo.

## Copie y pegue

Copie y pegue las otras imágenes grabadas una debajo de la otra. Para ello, abra los archivos que contienen las imágenes y posteriormente copie y pegue. Realice este paso las veces que sea necesario.

## Grabe como PNG o JPG

Cuando tenga todas las imágenes juntas puede grabar como PNG o JPG y así obtendrá su infografía desde PowerPoint.

CREACIÓN DE CONTENIDOS

**Figura 7.4.** Infografía creada con PowerPoint.

**Truco:** Para ver una infografía completa con este método acceda al siguiente enlace: `http://pinterest.com/pin/135248795030590876/`

## PASOS PARA LA CREACIÓN DE VÍDEOS Y OTRAS PIEZAS MULTIMEDIA

### Generalidades de los vídeos y otras piezas multimedia

El vídeo marketing, es el uso de vídeos y otras piezas multimedia, principalmente a través de la Web, para lograr objetivos dentro de una estrategia de marketing.

Los vídeos y otras piezas multimedia pueden ser de los siguientes tipos:

- Vídeos.
- Entrevistas.
- Vídeo tutoriales.
- Animaciones 2D.
- Animaciones 3D.
- Infografías animadas.
- Demos.
- *Webinars.*

Algunas ventajas de las estrategias de marketing con vídeo y piezas multimedia son las siguientes:

- **Mayor tiempo de permanencia**: las personas pasan mucho más tiempo viendo vídeos (350 segundos de promedio) que leyendo artículos (42 segundos de promedio).
- **Aumenta el recuerdo de la pieza**: las personas recuerdan más un mensaje multimedia a uno leído.
- **Posicionamiento en buscadores**: los vídeos aumentan la posibilidad de ser encontrados por motores de búsqueda.
- **Formato creativo**: el vídeo y otras piezas multimedia permiten mostrar cualquier producto o servicio de forma creativa, interactiva e informativa.
- **Viralidad**: se puede lograr mucha viralidad dependiendo de la calidad del vídeo.
- **Aumenta la conversión**: diversos estudios muestran que los vídeos aumentan la conversión hasta en un 30%.
- **Mostrar su producto**: los vídeos permiten disminuir la brecha de interacción que existe entre el mundo virtual y el físico a través del producto.

**Figura 7.5.** Vídeo viral de TNT (imagen tomada del vídeo).

CREACIÓN DE CONTENIDOS

> **Truco:** Para poder ver el vídeo debe acceder a: http://www.youtube.com/watch?v=316AzLYfAzw

## Elementos necesarios para crear una pieza multimedia

- **Una cámara de vídeo con buena calidad**.
  - Calidad HD (*High Definition*) que alcanza resoluciones de 1280 × 720 y 1920 × 1080 píxeles.
  - Calidad de 3 CCD o CMOS, lo cual significa que cada color importante en vídeo (rojo, verde y azul) tiene su propio chip procesador lo que permitirá que los colores tengan mayor nitidez.
- **Trípode** que permita movimientos suaves.
- Salida para conexión de micrófono con un **micrófono inalámbrico**.
- **Equipo de iluminación** con los siguientes equipos:
  - Dos luces detrás de cámara para dar iluminación al vídeo.
  - Dos luces a los lados del sujeto para para dar ambiente.
  - *Backdrop* para dar contraste y ambiente al vídeo.
  - Disco reflector para dar efectos de iluminación.
- **Lugar**: asegúrate que haya enchufes cerca, y que esté alejado de ruidos externos muy altos.
- **Actores**: de ser necesario, contrate actores o modelos para grabar el material.
- **Sistemas de edición**.
  - Puede acabar el proyecto en tiempo record, con una calidad excepcional, pero si no tiene un buen equipo de edición, no sirve de nada.
  - Debe conseguir un equipo que se ajuste a sus necesidades y a su presupuesto.

> **Nota:** Algunos de los programas de edición de vídeo más importantes son: CyberLink, PowerDirector, Corel VideoStudio Pro X6, Adobe Premiere Elements o Sony Movie Studio Platinum Suite.

- **Guión**: el guion es una guía para saber en qué orden van las cosas y qué se va a decir a cámara, mientras que el *shot list* es una lista organizada que recoge qué, cuándo y cómo se va a grabar una escena.

## Los primeros 15 segundos de una pieza multimedia

De acuerdo con varios estudios realizados por YouTube, se ha comprobado que muchos espectadores deciden en los primeros 15 segundos si continúan o no viendo el vídeo. Esto sucede porque el espectador controla la interacción, puede abandonar el vídeo con un clic.

En los primero segundos se debe informar del contenido del vídeo, para atraer la atención del espectador de manera rápida y lograr que se motive a verlo completo.

Algunos aspectos a tener en cuenta en estos primeros segundos del vídeo son:

- Lo primero que ve el espectador debe ser convincente.
- Si hay un personaje en el vídeo, este debe dar la bienvenida, formular una pregunta e incentivar a ver el resto del vídeo.
- Comience con un resumen breve de lo que se verá más adelante.
- Debe tener presente que la entradilla del vídeo puede dar apariencia profesional a su contenido, pero no es la estrella del vídeo.
- La estrella inicial deben ser el contenido o el personaje del vídeo, así el espectador tendrá un buen motivo para ver más allá de la introducción y continuar hasta el final.

**Nota:** La presentación y el desarrollo de la marca deben ser mínimos y breves. YouTube ha identificado que 5 segundos representan una longitud óptima.

- Es recomendable utilizar los gráficos sobre la permanencia del público, disponibles en YouTube Analytics para optimizar el comienzo de su vídeo.

## Llamadas a la acción

Los vídeos que usted produce y publica deben contener llamadas a la acción específicas. Dependiendo del mensaje, se puede usar al inicio, medio o al final del vídeo para dirigir las acciones de sus espectadores.

Las llamadas a la acción deben ser mínimas y simples para lograr facilitar la colaboración de los espectadores.

Algunos objetivos de estas llamadas a la acción son:

- Dar buenas razones para suscribirse: prometa más vídeos todas las semanas.
- Animar al espectador a ver vídeos.
- Pedir a los espectadores que hagan clic en el botón **Me gusta**.
- Solicitar a los espectadores que marquen el vídeo como favorito.
- Es importante realizar preguntas a sus espectadores sobre el vídeo para animarlos a dejar comentarios, en definitiva a participar.

Algunas formas de realizar llamadas a la acción son:

- El presentador debe hacer llamadas a la acción cuando se dirija a cámara.
- Animar al usuario a que realice comentarios en el canal de YouTube.
- Presentar gráficos y otras imágenes en sus vídeos.
- Agregar llamadas a la acción en la descripción del vídeo.
- Es conveniente utilizar YouTube Analytics para realizar un seguimiento de las respuestas a sus llamadas a la acción por parte del espectador.

**Truco:** Para conocer la Guía del creador de YouTube acceda al siguiente enlace: `http://www.slideshare.net/JuanCMejiaLlano/gua-del-creador-de-youtube-en-espaol`

# COBERTURA EN DIRECTO DE EVENTOS

Los eventos son una importante herramienta de marketing para las empresas.

## Actividades para hacer difusión de eventos

Los pasos se dividirán en antes del evento, durante el evento y después del evento.

### Antes del evento

Antes del evento se recomienda realizar las actividades que se describen a continuación:

- **Creación de un sitio Web para el evento donde se incluya la siguiente información:**
    - De qué trata el evento.
    - Agenda del evento.
    - Relación de los conferencistas que asistirán o participarán.
    - Localización del evento.
    - Inscripción y pago para el evento.
    - Noticias del evento: entrevista a los conferencistas, novedades del evento.
    - Cuenta regresiva de días restantes para el evento.
- **La difusión en Redes Sociales se puede hacer de esta manera:**
    - Defina el nombre de su evento en redes sociales, que sea corto y fácil de recordar.
    - Utilice una cuenta de Twitter para el evento.
    - Cree un *hashtag* en Twitter para el evento que sea claro, como por ejemplo `#NombreEvento2013`.
    - Cree una página en Facebook del evento, donde publique toda la información del sitio Web.
    - Utiliza un evento en la cuenta de Facebook de su empresa con toda la información relacionada del mismo, es un fácil acceso para poder invitar a sus fans y que estos a su vez puedan compartir el contenido con sus amigos.
    - Crea una página en Google+ del evento, especialmente para sector de tecnología y marketing.
    - Diseñe una campaña para promover el evento que tenga como premio entradas gratuitas en las diferentes redes sociales donde tenga presencia el evento.
    - Utilice las cuentas de su empresa para difundir el evento y enlazar a las cuentas creadas.
    - Solicite a los conferencistas que promocionen el evento a través de sus cuentas de Twitter.

**Nota:** El *hashtag* utilizado debe estar asociado al nombre del evento y ser lo más corto posible.

- **Otras estrategias:**
  - Diseñe un comunicado de prensa donde utilice palabras clave.
  - Imprima material promocional donde añada el sitio Web y las redes sociales del evento.
  - Informe e invite al evento a los influenciadores online y offline.

## Durante el evento

- **Wi-Fi:** el evento debe proveer Wi-Fi gratis a los asistentes, para que puedan difundir todo lo que acontece con rapidez y facilidad.
- **Twitter:**
  - Informa a los asistentes del *hashtag* y anime a utilizarlo.
  - Ubique una pantalla o televisor donde aparezcan, en tiempo real, el *timeline* con el *hashtag* del evento.
  - Haga retuits a algunos comentarios, citas y/o contenido relevante del evento y creado de manera espontánea por los usuarios.
  - Solicita que envíen las preguntas a los conferencistas vía Twitter.
  - Monitorea los RT, menciones y *hashtags* del evento con herramientas como `HootSuite.com`.
  - Los comentarios más destacados deben responderse vía Twitter, y los menos importantes pueden responderse en privado para evitar saturar el *timeline*.
  - En Twitter, las publicaciones deben ser concretas y claras. Se recomienda dejar libres unos 25 caracteres para facilitar los RT.
  - Elige un único acortador de URL para después poder medir el impacto de los enlaces.
  - Haga referencia a los ponentes con sus respectivas cuentas.
- **Vídeos:**
  - Edite y suba los vídeos a YouTube.
  - Emita y grabe el evento en *streaming*.
  - Entreviste a los conferencistas después de su presentación.
  - Entreviste a los asistentes para que den su opinión del evento.
- **Otros aspectos a considerar:**
  - En Facebook y Google Plus, puede desarrollar un poco más el contenido.

- Publique las fotos en Instagram y Pinterest.
- Aunque se pueden ir subiendo fotos a medida que avanza el evento, es conveniente crear un álbum en Facebook con las imágenes del mismo.
- Publique en las Redes Sociales lo realmente importante para el usuario que no haya asistido al evento, o aquello que pueda crear polémica o debate para que ayude a su difusión.
- No se trata de repetir lo que dice el conferencista, sino de transmitir la idea principal, generalmente no es lo mismo.
- Evalúe el evento.

**Advertencia:** Si en el sitio donde se celebra el evento no hay Wi-Fi gratuito, los asistentes no podrán difundir el contenido.

## Después del evento

- Publique todo el material recopilado en el evento, redacte y publique un artículo con un resumen del mismo, y mantenga el contacto con los asistentes. Envíe notas de agradecimiento a los asistentes que más participaron en la difusión del mismo.
- Analice las conversaciones en Facebook y Twitter.
- Envíe un boletín vía email con un breve resumen y algunos datos del evento.
- Comparta las presentaciones utilizadas para el evento.

**Figura 7.6.** Cubrimiento de eventos en redes sociales: actividades necesarias.

# TÉCNICAS DE VIRALIZACIÓN DE CONTENIDOS

## Características de la viralización de contenidos

El marketing viral es un conjunto de técnicas que utilizan Internet y las Redes Sociales para aumentar la difusión de un mensaje entre los interesados, como hace un virus. El marketing viral es el equivalente de la propagación boca a boca del mundo físico, pero haciendo uso de medios digitales.

Las empresas deben conocer los diferentes aspectos de las metodologías virales en redes sociales. El diseño de procesos aplicables a diferentes Redes Sociales puede incrementar los beneficios de las empresas y mejorar su productividad.

Con el marketing viral se persigue generar cobertura mediática con situaciones, historias o hechos que son mencionados por quienes los conocen, consiguiendo mayor relevancia, reputación y mejorando la imagen de marca de la compañía.

Generalmente los contenidos que consiguen más viralidad son vídeos de corta duración, aplicaciones, juegos, tutoriales, artículos o micrositios sobre un producto o actividad en concreto.

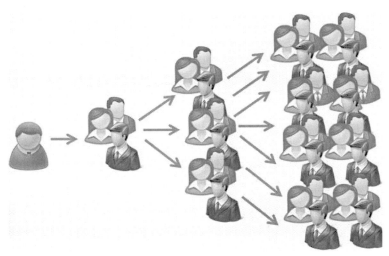

**Figura 7.7.** Viralización de contenidos.

Los principales formatos para marketing viral en social media son:

- ► Micrositios.
- ► Juegos y aplicaciones online.

- Vídeos, imágenes y audios virales.
- Ecards.
- Email.
- Memes.
- Ebooks.
- Infografías.
- Aplicaciones de Facebook.

## Beneficios de la viralización de contenidos

Algunos de los beneficios de una estrategia de marketing viral son:

- **Reducción de costes**: menos costes comparados con otras estrategias de marketing. Los costes de una estrategia de marketing viral son bajos.
- **Exposición creciente**: la estrategia de marketing viral sigue funcionando mientras usted duerme.
- **Fortalecimiento de marca**: una campaña de marketing viral atraerá, fortalecerá su marca y la reputación asociada a la misma.
- **Aumento del tráfico**: el tráfico en el sitio Web y las redes sociales aumentará, producto de la estrategia de marketing viral.
- **Fácil y sencilla**: la estrategia de marketing viral es simple y sencilla de implementar.

## Pasos para diseñar una estrategia de viralización de contenidos

Los pasos para generar una campaña de viralización de contenido son:

### Determine el objetivo de la campaña

- Se deben responder la siguiente pregunta: ¿Qué se quiere lograr con la difusión viral del mensaje?

**Advertencia:** No se recomienda realizar una campaña de marketing viral si no se tiene claro qué resultados se esperan conseguir con ésta.

## Defina la audiencia para la campaña

- Es muy importante saber a quién vamos a dirigirnos en la campaña de marketing viral.
- Identifique los influenciadores y líderes de opinión para llegar con más efectividad al público objetivo.
- Antes de crear la campaña involucre a los influenciadores.

## Diseñe el mensaje que se quiere lanzar

- El mensaje depende de la audiencia que se tenga para la campaña.
- Se debe establecer un contenido que les pueda gustar y que los anime compartirlo con sus contactos.
- Algunas características de dicho contenido son:
    - Relevante para su público objetivo y que cree conversación.
    - Intente siempre conectar emocionalmente con su audiencia.
    - Anime a la participación con su comunidad.

## Seleccione los canales para lanzar el mensaje

- Blogs temáticos, redes sociales o foros del sector.
- El mensaje, para que sea viral, tiene que ser propagado de forma sencilla y rápida; en uno o dos clics debe ser reenviado a otros destinatarios.
- Utilice Facebook y Twitter para conseguir difundir la campaña.

## Ejecute la estrategia de marketing viral

- Premie a los que lo hagan con descuentos y promociones.
- Reconozca la participación y agradezca a todos los que le ayudaron a propagar la información.

## Evalúe los resultados

- Mida los resultados con indicadores como:
    - Cantidad de veces que su contenido ha sido compartido.
    - Aumento de tráfico en su sitio Web.
    - Incremento en ventas.
- Ajuste la estrategia de acuerdo a los resultados.

> **Nota:** La medición de resultados es muy importante para poder optimizar la estrategia de marketing viral.

## Técnicas para la viralización de contenidos

No existe una respuesta única de las técnicas que permiten viralizar una pieza de comunicación, sin embargo algunos aspectos que ayudan son:

- **Ofrecer un beneficio**: la persona que recibe la información debe considerarla tan valiosa que sea digna de ser propagada.
- **Regalar algo**: regalar algo que sea valorado por la audiencia suele ser una excelente incentivo para la propagación de la información. Los cupones o vales pueden ser útiles para esta estrategia.
- **Apostar por el misterio**: una acción misteriosa que implique algún tipo de reto para el consumidor tiene más opciones de ser difundida que otra que deje todo al descubierto desde el principio.
- **Usar el rumor**: generar un rumor que cree polémica tendrá un efecto viral importante.
- **Sea personal**: cuanto más personal sea la relación con los receptores del mensaje, más posibilidad existe que envíen esa información a sus amigos.
- **Combinar infografías y Pinterest**: la combinación de una buena infografía con la capacidad de propagación de Pinterest, facilita mucho el trabajo de propagación.
- **Dejarse llevar por lo absurdo**: cuando se abandona la racionalidad y se deja llevar por las ideas más descabelladas y absurdas se puede lograr una alta viralización.
- **Acciones offline**: para prender la mecha de propagación de un mensaje publicitario valen tanto, las redes sociales como los canales offline: la TV, periódicos y otros.
- **Influenciadores**: los influenciadores con muchos amigos y contactos son muy importantes para propagar la comunicación, porque la gente confía en ellos, es por eso que debemos contar primero la historia a ellos. La herramienta `Klout.com` permite identificar las personas influenciadoras.
- **Contacte con prensa**: si conoce personalmente a algún periodista, aumenta la probabilidad de que éste lo publique, pero informe solamente a los periodistas después de haber puesto en marcha la campaña viral.

- **Busque participación**: la participación de los usuarios mediante un concurso puede ser una buena técnica para la propagación.
- **Sea creativo**: las ideas originales se difunden rápidamente.
- **Simple**: para que algo se difunda rápida y masivamente, debe ser fácil y rápido de entender.
- **Noticias y novedades**: lo que generalmente tiene éxito en la propagación es la transmisión de noticias y novedades de interés al público objetivo.
- **Cosas divertidas**: los vídeos, caricaturas y chistes se utilizan mucho en marketing viral, aunque a veces impactar o sorprender es complicado.
- **Contenido útil**: los contenidos compactos como listas, consejos o e-books, a menudo se transmiten.
- **Mida y mejore**: documente todas sus campañas, exitosas y no exitosas, y evalúe qué originó el resultado obtenido.

# RESUMEN, PREGUNTAS DE REPASO Y EJERCICIO

## Resumen

- La infografía es una representación gráfica que incluye mapas, tablas, gráficos y diagramas, que permiten comunicar de manera simple conceptos complejos.
- Los pasos para crear infografías son: elija el tema de la infografía, identifique las fuentes de información para la infografía, organice las ideas, cree la infografía en grises (bosquejo), diseñe la infografía y utilice herramientas para crear infografías.
- Se revisaron los pasos para crear una infografía con PowerPoint.
- El vídeo marketing es el uso de vídeos y otras piezas multimedia, principalmente a través de la Web, para lograr objetivos dentro de una estrategia de marketing.
- Para crear una pieza multimedia se necesita: cámara, trípode, micrófono, iluminación, locación, actores, sistema de edición de vídeos y guión.
- Los primeros 15 segundos son muy importantes en una pieza multimedia.
- Toda pieza multimedia debe tener llamada a la acción.
- Para realizar una cobertura a un evento, se deben realizar actividades antes, durante y después del acto.

- El marketing viral es un conjunto de técnicas que utilizan Internet y las redes sociales para aumentar la difusión de un mensaje entre los interesados, como hace un virus.
- Los pasos para diseñar una estrategia de viralización de contenidos son: determine el objetivo de la campaña, defina la audiencia, diseñe el mensaje que se quiere lanzar, seleccione los canales para lanzar el mensaje, ejecute la estrategia de marketing viral y evalúe los resultados.

## Preguntas de repaso

- ¿Qué es una infografía?
- ¿Qué beneficios tiene usar infografía en la estrategia de comunicación?
- ¿Cuáles son los pasos para crear una infografía?
- ¿Cuáles son los pasos para crear una infografía con PowerPoint?
- ¿Qué es el vídeo marketing?
- ¿Qué tipos de vídeos y piezas multimedia se pueden utilizar en la comunicación?
- ¿Cuáles son los elementos necesarios para crear una pieza multimedia?
- ¿Cómo deben ser los primeros 15 segundos del vídeo?
- ¿Qué objetivos puede tener la llamada a la acción de un vídeo o material multimedia?
- Al cubrir un evento, ¿qué actividades se deben realizar antes del evento?
- Al cubrir un evento, ¿qué actividades se deben realizar durante el evento?
- Al cubrir un evento, ¿qué actividades se deben realizar después del evento?
- ¿Qué es el marketing viral?
- ¿Qué beneficios tiene el marketing viral?
- ¿Qué pasos se deben seguir para diseñar una estrategia de viralización de contenidos?
- ¿Qué técnicas existen de viralización de contenidos?

## Ejercicio

Diseñe una infografía que describa el proceso de marketing viral.

# 8. Gestión de comunidades online

Objetivos:

- ▶ Evolución de la comunidad online.
- ▶ *Engagement*.
- ▶ Estrategias para aumentar la influencia en redes sociales.

## CASO DE ESTUDIO

El domingo 14 de octubre de 2012, Red Bull con el paracaidista austriaco Felix Baumgartner, llevaron a cabo un proyecto llamado Red Bull Stratos que permitió romper varios records:

- ▶ Primer humano en lograrlo sin un vehículo automotor.
- ▶ El vuelo más alto que se había realizado en globo tripulado y el salto de mayor altitud (39.000 metros).

El impacto en número de seguidores y *Engagement* que generó este proyecto en redes sociales fue el siguiente:

## YouTube

El evento fue visto en *streaming* por 8 millones de personas, con un crecimiento promedio de 2.142 suscriptores diarios durante el mes de octubre, registró un pico de **87.801** nuevos suscriptores en un solo día (el 14 de octubre, día del evento).

## Facebook

La página en Facebook de Red Bull Stratos tuvo más de **900.000** interacciones el domingo 14 de octubre, mientras que el evento fue compartido **83.000** veces.

Los usuarios también interactuaron con la página oficial de Red Bull, llegando a una cifra de 740.000 interacciones.

Una foto de Felix Baumgartner después del aterrizaje, recibió 21.000 comentarios, fue compartida 51.000 veces y obtuvo cerca de 489.000 "Me gusta".

**Figura 8.1.** Red Bull Stratos: página de Facebook.

Imagen tomada del informe de `SocialBaker.com` sobre el impacto de Red Bull Stratos en redes sociales.

## Twitter

La cuenta `@RedBullStratos` creció algo más de 20.000 seguidores desde el 9 de octubre de 2012 a más de 249.000 seguidores el 16 de octubre; lo que se tradujo en un aumento de **229.000** seguidores en 7 días, con un pico de casi 103.000 seguidores nuevos el 14 de octubre.

Durante el salto y en los momentos posteriores al aterrizaje, la mitad de los *trending topics* mundiales en Twitter tenían que ver con el tema. Los *hashtags* más utilizados fueron `#redbullstratos` y `#FelixBaumgartner`, que registraron hasta 1355 tuits cada 10 segundos.

Más allá de la emisión en directo por YouTube y la cobertura en las diferentes redes sociales, según el canal de noticias ABC News, el salto de Baumgartner se emitió en otras 40 cadenas de televisión y 130 medios digitales. Además, fue portada de informativos, diarios y medios online de todo el mundo. No cabe duda que este evento de Red Bull, se ha puesto delante de los ojos del planeta entero.

Este caso de éxito muestra cómo el crecimiento de la comunidad y el *Engagement* logrado por las empresas son muy importantes en las estrategias de marketing.

**Truco:** Para ver todo el informe puede visitar el siguiente sitio Web:
http://www.socialbakers.com/resource-center/967-case-study-red-bull-stratos-on-social-media

## EVOLUCIÓN DE LA COMUNIDAD ONLINE

El Community Manager debe saber que la comunidad online evoluciona de estado, de menor compromiso a otros de mucho mayor.

La gráfica siguiente muestra en el lado izquierdo destacado en color rojo, la evolución de la comunidad online, desde que un usuario accede a las redes sociales, hasta que se convierte en un embajador de la marca. En la parte derecha, de color azul se muestra la característica principal de cada tipo de usuario.

A continuación se dará más detalle de cada tipo de usuario.

### Evolución de la comunidad online

|  |  |
|---|---|
| Usuario Redes Sociales | Consciencia |
| Fan o seguidor | Interés |
| Prospecto | Atención |
| Cliente | Compra |
| Cliente fidelizado | Lealtad |
| Embajador de la marca | Recomendación |

**Figura 8.2.** Evolución de la comunidad online.

## Usuario de redes sociales

Es la etapa inicial de la evolución de la comunidad online.

- ▶ **Característica**: tiene lugar cuando un usuario llega por primera vez al canal de redes sociales de una empresa o marca.
- ▶ **Consciencia**: ocurre en el momento en que el usuario se percata de la presencia de la marca.
- ▶ **No participa**: en esta etapa el usuario no interactúa con la marca.

## Fan o seguidor

El Community Manager debe diseñar estrategias para conseguir que el usuario de redes sociales se convierta en fan o seguidor.

- ▶ **Característica**: al convertirse en fan o seguidor, el usuario comenzará a recibir información periódica de la marca.
- ▶ **Interés**: al hacerse fan o seguidor está mostrando un interés por la marca.
- ▶ **Interactúa**: en esta etapa, el usuario empieza a interactuar con la marca.

## Cliente potencial

Cuando se ha logrado que el usuario sea fan o seguidor, se deben diseñar estrategias para que se registre en el sitio Web.

- ▶ **Característica**: al registrarse en el sitio Web, la empresa tiene mayor información del usuario, quien se convierte en un cliente potencial.
- ▶ **Atención**: el registro del usuario refleja mayor interés hacia la marca.
- ▶ **Evalúa**: en esta etapa el cliente potencial evalúa y compara la marca con otras de la competencia.

## Cliente

La empresa debe realizar comunicaciones personalizadas dirigidas al cliente potencial.

- ▶ **Característica**: el usuario comienza a tener relaciones comerciales con la empresa.
- ▶ **Compra**: se realiza la primera compra por parte del cliente, lo que permitirá que este tome una idea sobre la marca (positiva si se han hecho bien las cosas).

- **Confía**: en esta etapa el cliente muestra confianza por la marca, al pagar por su primer producto o servicio.

## Cliente fidelizado

La empresa empezará a desarrollar una estrategia de contacto emocional con el cliente para que pase de la etapa cliente a cliente fidelizado.

- **Característica**: el cliente satisface su necesidad y cumple su expectativa con los productos o servicios adquiridos.
- **Lealtad**: el cliente durante el momento de compra, no compara ni evalúa otros competidores o sustitutos porque ya que se siente satisfecho.
- **Recuerda**: llegado el momento de consumir el producto o servicio, el cliente piensa siempre en la marca.

## Embajador de la marca

La empresa desarrollará una estrategia de contacto emocional con el cliente para que pase de la etapa de cliente fidelizado a embajador de la marca.

- **Característica**: el cliente tiene un vínculo emocional con la marca y la defiende ante posibles ataques.
- **Recomendación**: el cliente recomienda la marca a terceros y se compromete con ella.
- **Quiere**: en esta etapa el cliente empieza a crear una relación emocional con la marca, pasa de su mente a estar entre sus preferencias personales.

# ENGAGEMENT

## Generalidades del Engagement

El *Engagement* es la acción de generar un vínculo "emocional" entre la empresa y su comunidad en las redes sociales (seguidores o fans), animándola a interactuar con la empresa, haciendo clic en el botón **"Me gusta"** o bien iniciando una conversación a través de un comentario.

Después de la captación de fans y seguidores, el *Engagement* debería ser el siguiente objetivo de todo Community Manager, ya que sin comunidad virtual es imposible que haya *Engagement*, y no siempre es fácil lograrlo.

El *Engagement* cobra gran importancia en las redes sociales, ya que mide la capacidad de interactuación entre los usuarios y la empresa.

Para lograr *Engagement*, el Community Manager debe, como se ha mencionado en varias ocasiones, conocer muy bien su audiencia para identificar qué es lo que más les interesa a sus seguidores.

El Community Manager debe responder las siguientes preguntas para mejorar el *Engagement*:

- ▶ ¿A quién se dirige la empresa?
- ▶ ¿Qué puede ofrecer la empresa a su comunidad?
- ▶ ¿Cómo puede la empresa diferenciarse de la competencia?
- ▶ ¿Qué contenido le interesa más a su comunidad?
- ▶ ¿Cómo puede el Community Manager mejorar su estrategia de contenido?
- ▶ ¿Qué opinan los seguidores de la empresa?

No se trata de atraer miles de clientes, el reto es crear una comunidad estable y mantenerla, fidelizar a los fans, que se sientan parte de la marca, en resumen crear *Engagement* y convertirlos en evangelizadores.

## Cálculo del Engagement

La forma de medir el *Engagement* en redes sociales es llamada *Engagement Rate* (ER). Este indicador es la proporción entre seguidores o fans activos de la marca y los seguidores o fans totales, y muestra el vínculo filial entre los fans, y marca a partir de las interacciones.

Para este cálculo se considerarán las redes sociales con mayor capacidad de fidelización: Facebook, Twitter, Google+, LinkedIn, Pinterest e Instagram.

### Engagement Rate de Facebook

El *Engagement Rate* en Facebook se calcula con la siguiente fórmula:

**Figura 8.3.** Cálculo del Engagement Rate de Facebook.

Donde:

- **Numerador**: representa las interacciones realizadas en la página (número de "Me gusta", + número de veces que se ha compartido el contenido + número de comentarios realizados) en un periodo determinado, entre el número de publicaciones producidas en el mismo periodo. Es importante anotar que la división permite independizar el indicador del número de publicaciones, es decir, se podría comparar una empresa que publica 10 veces al día con otra que publica 3.
- **Denominador**: representa el número de personas que han dado al botón **"Me gusta"**, en la página de Facebook.

En Facebook es muy importante trabajar constantemente en la mejora del *Engagement*, porque como se mencionó en el capítulo 4, en la medida que aumenta el EdgeRank de Facebook, la información que se publica en el muro de la empresa llegará a mayor cantidad de usuarios que dieron al botón **"Me gusta"** en la página.

## Engagement Rate de Twitter

El *Engagement Rate* en Twitter se calcula a partir de la siguiente fórmula:

**Figura 8.4.** Cálculo del Engagement Rate de Twitter.

Donde:

- **Numerador**: representa las interacciones en el perfil de Twitter (número de menciones + número de retuits) en un periodo determinado, divido entre el número de tuits del periodo.
- **Denominador**: representa el número de seguidores de la cuenta de Twitter.

La información enviada por la cuenta de Twitter le llega a todos los seguidores, a diferencia de Facebook que, tal y como dijimos, solamente le llega a una parte de los fans.

## Engagement Rate de Google+

El *Engagement Rate* en Google+ se calcula con la siguiente fórmula:

**Engagement Rate Google+**

$$ER = \frac{\dfrac{(\#\ +1s + \#\ \text{comparten} + \#\ \text{comentarios})\ \text{en el periodo}}{\text{Número de publicaciones en el periodo}}}{\text{Número de fans}} \times 100$$

**Figura 8.5.** Cálculo del Engagement Rate de Google+.

Donde:

- **Numerador**: representa las interacciones de la cuenta de Google+ (número de +1, más número de veces compartido, más número de comentarios) en un periodo determinado, divido entre el número de publicaciones del mismo periodo.
- **Denominador**: representa el número de personas que han hecho **+1** en la página o personas que han agregado la cuenta a sus círculos de Google+.

## Engagement Rate de LinkedIn

El *Engagement Rate* en LinkedIn se calcula con la siguiente fórmula:

**Engagement Rate LinkedIn**

$$ER = \frac{\dfrac{(\#\ \text{recomiendan} + \#\ \text{comparten} + \#\ \text{comentan})\ \text{en el periodo}}{\text{Número de publicaciones en el periodo}}}{\text{Número de contactos}} \times 100$$

**Figura 8.6.** Cálculo del Engagement Rate de LinkedIn.

Donde:

- **Numerador**: representa las interacciones de la cuenta de LinkedIn (número de recomendaciones + número de veces compartido + número de comentarios) en un periodo determinado, divido entre el número de publicaciones del mismo periodo.
- **Denominador**: representa el número de personas que siguen la cuenta de LinkedIn.

## Engagement Rate de Pinterest

El *Engagement Rate* en Pinterest se calcula con la siguiente fórmula:

$$\text{Engagement Rate Pinterest}$$

$$ER = \frac{\frac{(\text{\# "Me gusta"} + \text{\# repines} + \text{\# comentan}) \text{ en el periodo}}{\text{Número de pines en el periodo}}}{\text{Número de seguidores}} \times 100$$

**Figura 8.7.** Cálculo del Engagement Rate de Pinterest.

Donde:

▶ **Numerador**: representa las interacciones de la cuenta de Pinterest (número de "Me gusta" + número de veces repineado + número de comentarios) en un periodo determinado, divido entre el número de pines del mismo periodo.

▶ **Denominador**: representa el número de personas que siguen la cuenta de Pinterest.

## Engagement Rate de Instagram

El *Engagement Rate* en Instagram se calcula con la siguiente fórmula:

$$\text{Engagement Rate Instagram}$$

$$ER = \frac{\frac{(\text{\# "Me gusta"} + \text{\# comentarios}) \text{ en el periodo}}{\text{Número de fotos en el periodo}}}{\text{Número de seguidores}} \times 100$$

**Figura 8.8.** Cálculo del Engagement Rate de Instagram.

Donde:

▶ **Numerador**: representa las interacciones de la cuenta de Instagram (número de "Me gusta" + número de comentarios) durante un periodo determinado, divido entre el número de fotos del mismo periodo.

▶ **Denominador**: representa el número de personas que siguen la cuenta de Instagram.

## Engagement Rate en redes sociales

El *Engagement Rate* consolidado se calcula a partir de la siguiente fórmula:

**Engagement Rate REDES SOCIALES**

$$ER = \frac{ER\ Facebook + ER\ Twitter + ER\ Google + ER\ LinkedIn + ER\ Pinterest + ER\ Instagram}{6}$$

**Figura 8.9.** Cálculo del Engagement Rate de redes sociales.

Donde:

- **Numerador**: es la suma de todos los *Engagement Rate* de las redes sociales donde la empresa tiene presencia.
- **Denominador**: es el número 6, en el ejemplo, para sacar un promedio aritmético.

Un *Engagement Rate* de redes sociales bajo, puede indicar que el Community Manager debe ajustar su estrategia de comunicación en este canal, ya que si su contenido es bueno y de valor añadido para su audiencia, habrá un mayor número de interacciones.

## Impacto del Engagement Rate en la comunidad de las redes sociales

Aumentar la comunidad utilizando técnicas adaptadas para cada red social, como las mencionadas en el capítulo 4, es más fácil para el Community Manager que aumentar el *Engagement*.

Para el Community Manager el reto consiste en mantener el indicador *Engagement Rate* de las diferentes redes sociales.

El indicador de tamaño de la comunidad siempre va en el denominador de la fórmula *Engagement Rate*, esto hace que si crece la comunidad (denominador) y se mantiene el mismo número de interacciones (numerador), el indicador baja.

Dicho en otras palabras, cuando se tenga una estrategia de crecimiento rápido de la comunidad, es muy importante que lo acompañemos con estrategias de interacción puedan conservar el *Engagement* logrado.

## Claves para generar Engagement en Facebook

Facebook por sus características de red social emotiva y cercana, facilita la creación de estrategias para aumentar el *Engagement Rate* con la comunidad.

Ideomanía publicó en abril de 2013 un excelente *White Paper* que aborda el tema de cómo generar *Engagement* en Facebook.

Ideomanía evaluó 58 marcas pertenecientes a 6 sectores: automoción, bebidas alcohólicas, finanzas, gran consumo, telecomunicaciones y turismo.

Las marcas evaluadas fueron:

**Figura 8.10.** Marcas y sectores evaluados en el estudio de claves para generar Engagement en Facebook, creado por Ideomanía. Imagen tomada del documento original.

Algunas recomendaciones importantes que surgieron del estudio son:

- **Realizar publicaciones en el fin de semana**: aunque en el estudio se evidenció que se produce un número menor de publicaciones durante los fines de semana por parte de las empresas, el nivel de interacción de los fans se mantiene los sábados y crece los domingos, lo que muestra que los fans son muy activos los fines de semana.

- **Aprovechar la hora del almuerzo**: el momento preferido para interactuar con la audiencia coincidía con la hora del almuerzo.

- **Incluir imágenes en la publicación**: las imágenes aumentan, de manera significativa, las interacciones de los fans.

- **No acortar las URL's**: el estudio mostró que el uso de enlaces abreviados (acortadores), imprescindibles en otras redes sociales como Twitter, disminuye la participación.

- **Estructura que genera más interacción**: las interacciones más habituales fueron las que contenían:
  - Texto, enlace y álbum de fotos: 634.
  - Texto y álbum de fotos: 301.
  - Pregunta, enlace e imagen: 242.
  - Texto e imagen: 241.
  - Álbum de fotos: 201.
  - Pregunta e imagen: 185.
  - Imagen: 180.
  - Texto, enlace e imagen: 131.
  - Pregunta y vídeo: 110.
  - Texto: 101.
- **URL con sitio corporativo**: se identificó que cuando en la URL aparecía el sitio corporativo, se generaba más interacción.
- **Información de la marca valorada**: los fans interactúan más cuando la empresa presenta información de la marca.
- **Publicaciones cortas**: son mejores las publicaciones cortas (menores a 150 caracteres) para lograr interacción.

> **Truco:** Para ver todo el informe puede visitar la siguiente dirección:
> http://www.ideonomia.com/blog/claves-para-generar-engagement-en-facebook/

## ESTRATEGIAS PARA AUMENTAR LA INFLUENCIA EN REDES SOCIALES

La influencia se refiere a la capacidad para conducir a otros usuarios a la acción. Cuando un contenido se produce en línea, la herramienta de influencia valora cómo las redes sociales responden a ese contenido.

Hay muchas herramientas para medir la influencia de una empresa o persona en redes sociales, pero la más importante y adoptada internacionalmente es Klout.

En el capítulo 6 se mencionó que Klout es una herramienta gratuita que mide la influencia social que tiene una persona o una marca a través de las redes sociales a las cuales pertenece.

Esta influencia tiene una calificación entre 1 y 100, la cual es asignada por Klout y se basa en diversos factores o "señales" medidos por esta herramienta.

## Importancia del indicador de influencia Klout

Los motivos por los que Klout es la principal herramienta para medir la influencia en redes sociales son:

- **Mide la influencia sobre los clientes**: Klout le permite a las empresas cuantificar su nivel de influencia sobre los clientes en redes sociales.

- **Mide varias redes sociales**: Klout es la herramienta de medición de influencia que más redes sociales considera en su cálculo.

- **Permite identificar influenciadores**: muchas estrategias de comunicación en redes sociales se fundamentan en amplificar o viralizar la información con la ayuda de influenciadores. Klout permite identificar quiénes son influenciadores en un tema determinado.

- **Permite comparar varias cuentas**: es muy importante utilizar Klout para comparar la cuenta de su empresa con la competencia o referentes mundiales de la categoría, esto permitirá identificar las mejores prácticas que se deben evaluar para su utilización.

- **Muestra influenciadores e influenciados de la cuenta**: Klout permite identificar las cuentas que influyen sobre la cuenta de su empresa y las cuentas que son influenciadas por esta, que generalmente son las cuentas que más viralizan el contenido de la empresa.

## Cómo calcula Klout el indicador

La fórmula exacta que utiliza Klout es secreta, sin embargo se sabe que se calcula a partir de más de 400 indicadores, que miden la relevancia de cada una de las interacciones en redes sociales.

- Uno de estos indicadores, valora la relación entre el número de interacciones y el número de publicaciones. Es decir, tienen más valor 100 retuits conseguidos con 10 tuits, que 100 retuits obtenidos con 1.000 tuits.

- La fórmula de Klout también tiene en cuenta tres factores:
    - *True Reach*: su verdadero alcance, es decir, el número de personas en las que influye, que reaccionan a su contenido respondiendo a sus mensajes o compartiéndolos.

- ▶ ***Amplification***: indica cuánta interacción tiene el contenido que la empresa publica. Cuantas más interacciones, más amplificado es.
- ▶ ***Network***: su red, indica con qué frecuencia los influenciadores comparten o responden a su contenido.
- ▶ Klout no juzga la calidad de los contenidos, sino la interacción de los usuarios con ellos.
- ▶ Valora de manera diferente cada una de las interacciones, de acuerdo con la puntuación que Klout asigna a quien la haga.

Muchas personas critican la herramienta por no divulgar la fórmula de cálculo que utiliza el indicador, sin embargo esta práctica es común en Marketing Digital. Por ejemplo, la fórmula que utiliza Google para posicionar los resultados de búsqueda es secreta.

El indicador Klout se actualiza diariamente, y toma como referencia los últimos 90 días, los influenciadores y *topics* se actualizan semanalmente.

## El Klout muestra la influencia en redes sociales, no en el mundo físico

Es importante tener en cuenta que si bien Klout es un buen indicio para medir la influencia de una marca o una persona en redes sociales, no significa que dicha influencia se pueda extrapolar al mundo físico.

Quiero ilustrar esto con un ejemplo: el Klout de Enrique Dans (`edans`) es de **80** mientras que el de Movistar España (`Movistar_es`) es **71**.

- ▶ Esto no significa que Enrique Dans sea más influyente que Movistar España en el mundo físico.
- ▶ Pero sí significa que Enrique Dans probablemente esté haciendo un mejor uso de las redes sociales para manejar su marca personal que Movistar España.

**Figura 8.11.** Klout: Indicador de Enrique Dans vs Movistar España.

# Estrategias para aumentar su indicador de influencia Klout

## Tenga presencia en varias redes sociales

Como se revisó en el capítulo 5, las principales redes sociales que tienen en cuenta Klout para el cálculo del indicador son:

- Twitter.
- Facebook.
- Google+.
- LinkedIn.
- Foursquare.
- Instagram.

## Aumente la participación

Algunas estrategias para aumentar la participación en su blog son:

- **Haga fácil la participación**: evite tener que registrarse o llenar CAPTCHA para poder comentar o enviar un artículo como blogger invitado.
- **Otorgue reconocimientos en función de los niveles de participación**: emita un reconocimiento a los miembros de la comunidad que hagan comentarios o escriban artículos. Algunos ejemplos son:
    - **Entusiasta**: de 1 a 10 participaciones.
    - **Destacado**: de 11 a 20 participaciones.
    - **Experto**: de 21 a 50 participaciones.
    - **Gurú**: más de 51 participaciones.
- **Asegúrese de que todos se sientan bienvenidos**: no se concentre demasiado en las personas que más participan, debe tratar a todos los usuarios por igual.
- **Blogger invitado:**
    - **Cree la sección de blogger invitado**: invite a sus visitantes a escribir como bloggers invitados y mencione los beneficios y condiciones para hacerlo.
    - **Cree una página por cada blogger**: cree una página con la hoja de vida de cada blogger, los enlaces a su blog personal y redes sociales y los artículos que ha escrito en su blog.

- **Informe de cada participación**: entregue un completo informe de cada publicación a los bloggers invitados que incluya: logros en posicionamiento en buscadores, número de veces que el artículo fue difundido en redes sociales, otros sistemas de viralización.
- **Comentarios:**
  - **Dé premios a los mejores comentarios**: pida a los miembros de la comunidad que vayan más allá en sus comentarios a "estoy de acuerdo".
  - **Invite a personas que nunca han comentado**: utilice expresiones como: "Estoy especialmente interesado en escuchar a aquellos de ustedes que no son comentaristas habituales".
  - **Mantenga alejada la negatividad**: los usuarios que comentan poco son reacios a participar si sienten que hay un ambiente hostil o existe la posibilidad de ser atacados.
  - **Cree participaciones divertidas**: juegos, encuestas, concursos y rompecabezas siempre atraen caras nuevas.

## Storytelling como herramienta para aumentar la participación e interacción

El *Storytelling* le permite a las empresas insertar en la historia de las personas la historia de la marca, para lograr un mayor recuerdo de la misma. Se puede afirmar que detrás de toda marca hay una historia que necesita ser contada.

El *Storytelling* tiene 2 partes:

- El "*Story*" es la historia de la marca a contar.
- El "*Telling*" es la forma cómo se cuenta la historia, que requiere de talento técnico.

El *Storytelling* no es un concepto nuevo, pero ha tomado mucha importancia con el crecimiento vertiginoso de las redes sociales y el marketing de contenidos.

Como muestra la gráfica anterior, los pasos para lograr un buen *Storytelling* son:

- **Defina la historia a utilizar**: una historia no surge de la nada, se alimenta de experiencias, anécdotas y modos de vida de las personas. Es importante escuchar y ver a los clientes, saber qué piensan, qué hacen, sus motivaciones, miedos y ocurrencias.
- **Hable con la verdad**: la honestidad y la transparencia son importantes en la narración de la marca, las historias de marca deben cumplir tres elementos importantes: consistencia, persistencia y moderación.

**Figura 8.12.** Pasos para lograr un buen Storytelling.

- **Infunda personalidad a la historia**: la historia de la empresa debe ser contada con la personalidad de la marca.

- **Cree un personaje**: debe crear un personaje que conecte emocionalmente con su audiencia.

- **Incluya un inicio, un nudo y un desenlace**: en las historias de marcas se debe tener en cuenta:
  - Un comienzo fuerte, donde se establezca la configuración de la historia y los personajes.
  - El nudo debe señalar el problema de su personaje y los conflictos a superar.
  - El final presenta la solución al problema.

- **Seleccione concepto narrativo**: el concepto narrativo de la marca debe inspirar, movilizar y generar una respuesta positiva del consumidor.

- **Incluya drama**: la historia deberá establecer un argumento sólido con diferenciales narrativos y preferiblemente con elementos como el conflicto y la acción.

- **Logre un contacto emocional**: la definición de emociones y roles humanos harán posible el establecimiento de un contacto emocional adecuado entre el consumidor y la marca.

- **No termine la historia**: deje a su audiencia queriendo más y con el deseo de regresar para saber cómo continuó la historia.

## Estrategia con influenciadores

- **Encuentre los influenciadores:**
    - Identifique los influenciadores de su negocio.
    - Utilice Klout para conocer la magnitud de su influencia.
- **Genere confianza**: cree confianza entre sus influenciadores para poder lograr recomendación.
- **Manténgalos informados**: diseñe estrategias de comunicación exclusivas para influenciadores, de tal forma que tengan la oportunidad de enterarse antes que otras personas de lo que suceda en su empresa.
- **Regale algo**: dele un pequeño incentivo y muestras gratis de su producto o servicio a sus influenciadores para que prueben su producto y, si les gusta, lo puedan recomendar.
- **Entrevístelos**: cree entradas en su blog con entrevistas a influenciadores, tanto escritas como en audio.
- **Programe actividades offline**: siempre que sea posible realice actividades en el mundo físico con sus influenciadores.

# RESUMEN, PREGUNTAS DE REPASO Y EJERCICIO

## Resumen

- La evolución de la comunidad online pasa por los siguientes tipos de usuarios: usuarios de redes sociales, fans, potencial, cliente, cliente fidelizado y embajador de la marca.
- El *Engagement* es la acción de generar un vínculo "emocional" entre la empresa y su comunidad en redes sociales, animando a ésta a interactuar con la empresa.
- Para lograr *Engagement*, el Community Manager debe conocer muy bien su audiencia para identificar qué es lo que más les interesa a sus seguidores.
- La forma de medir el *Engagement* en redes sociales se llama *Engagement Rate* (ER). Este indicador se calcula la proporción entre seguidores o fans activos de la marca y los seguidores o fans totales.
- Un *Engagement Rate* de redes sociales bajo, puede indicar que el Community Manager debe ajustar su estrategia de comunicación en este canal.

- El reto del Community Manager consiste en aumentar la comunidad sin bajar en el *Engagement Rate*.
- El Klout es el principal indicador de influencia en redes sociales.
- El Klout muestra la influencia en redes sociales, no en el mundo físico.
- La presencia en varias redes sociales aumenta el Klout.
- El aumento de participación de la comunidad aumenta el Klout.
- El *Storytelling* le permite a las empresas participar en la historia de las personas, con lo que se logra un mayor imaginario de marca.
- Es muy importante realizar estrategias con influenciadores con el objetivo de amentar de influencia (Klout).

## Preguntas de repaso

- ¿Qué tipos de usuarios aparecen en la comunidad online?
- ¿Qué es *Engagement*?
- ¿Qué es el *Engagement Rate* y cómo se calcula para las principales redes sociales?
- ¿Cuáles son las claves para aumentar el *Engagement Rate* en Facebook?
- ¿Por qué es importante el indicador de influencia Klout?
- ¿Cómo se calcula Klout?
- ¿En qué redes sociales debe tener presencia la empresa para aumentar su Klout?
- ¿Qué estrategias se pueden utilizar para aumentar la participación de la comunidad online?
- ¿Qué es el *Storytelling* y por qué aumenta el Klout?
- ¿Qué estrategias se pueden utilizar para acercarse y generar confianza entre los influenciadores?

## Ejercicio

Cree un *Storytelling* de su marca con las instrucciones vistas en este capítulo.

# Parte IV
# El Community Manager como estratega del marketing en redes sociales

# 9. Gestión de la reputación online

Objetivos:

- ▶ Qué es la reputación online.
- ▶ Creación del comité de crisis de reputación.
- ▶ Monitoreo de la reputación online.
- ▶ Pasos para responder en una crisis de reputación online.

## CASO DE ESTUDIO

El lunes 16 julio de 2012 la empresa Starbucks Argentina publicó en sus cuentas de Facebook y Twitter un mensaje que se convirtió en la crisis de reputación más importante que ha tenido la marca en ese país.

El mensaje de Facebook como se ve en la gráfica siguiente fue:

*"Queremos pedir disculpas, ya que debido a un quiebre temporario de stock, en algunas de nuestras tiendas se están utilizando vasos y mangas nacionales. Se trata de vasos de color blanco y del mismo tamaño que los que se ofrecen regularmente. De todas maneras, estamos trabajando para que esta situación se normalice lo antes posible y cada uno de ustedes puedan disfrutar su bebida como siempre".*

La publicación en Facebook generó de inmediato una polémica entre los fans de Starbucks, que en unas horas dejaron más de mil comentarios en esta red social, la mayor parte, llenos de irritación o sarcasmo.

Al ver esta reacción de los fans argentinos, Starbucks se vio obligada a pedir disculpas con el siguiente post:

*"Les pedimos disculpas por el post de esta mañana. Entendemos sus comentarios y aclaramos que la intención fue comunicarles que temporalmente en algunas tiendas estamos usando vasos diferentes a los habituales. Esto se debe a un quiebre de stock por un error de planificación interno. Estamos trabajando para seguir brindando lo mejor para nuestros fans. Nos gusta ser transparentes con nuestra comunidad y compartir cada uno de nuestros cambios - sean permanentes o temporales"*

En Twitter, los *hashtag* #labandadelstarbucks y #pedimosdisculpas fueron *trending-topic* ese lunes en Argentina.

Si se revisa con más detenimiento, el caso se identifica con un error del Community Manager por tratar de explicar que se habían agotado sus vasos tradicionales de tapa y logo verde; por eso se estaba sirviendo el café en unos vasos de otro proveedor y sin el logo. Se difundió un mensaje que fue interpretado como que Starbucks consideraba de mala calidad los proveedores locales.

Un simple error de redacción y comunicación se puede convertir en una importante crisis de reputación, que se propague por todas las redes sociales y afecte negativamente a la marca, que es el activo más importante de una empresa.

**Figura 9.1.** Starbucks: publicación en Facebook que originó el ataque a la reputación.

> **Advertencia:** Cuando se asigna la responsabilidad de Community Manager a un estudiante o persona inexperta, puede originar una crisis de reputación por la forma como maneja las redes sociales.

# QUÉ ES LA REPUTACIÓN ONLINE

## Generalidades de la reputación

La reputación es la opinión que se tiene sobre una persona, marca o empresa. La reputación de una marca o empresa es el concepto positivo o negativo que tienen los clientes, empleados, accionistas o comunidad en general sobre ella.

La reputación es fundamental para que una marca o empresa puedan:

- ▶ Vender sus productos o servicios.
- ▶ Conseguir inversionistas o accionistas.
- ▶ Retener a sus empleados.

La experiencia del cliente al consumir un producto o servicio es un factor fundamental para lograr una buena reputación. Si una empresa logra satisfacer las necesidades y expectativas de sus clientes, este recomendará la marca, generando un boca a boca positivo, que se convertirá en más clientes.

Una buena reputación es imposible de lograr si:

- ▶ El producto o servicio son de mala calidad.
- ▶ Existen problemas significativos de atención al cliente.
- ▶ Se presentan incumplimientos constantes.
- ▶ El precio del producto o servicio es muy alto comparado con el de la competencia sin que exista un valor añadido que el cliente esté dispuesto a pagar.

> **Advertencia:** No es posible tener una buena reputación con un producto o servicio de mala calidad.

Una empresa con buena reputación logra lealtad por parte de los clientes, fidelización y confianza hacia sus proveedores.

La reputación de una empresa o marca se construye con el pasar de los años, pero puede destruirse en minutos.

La reputación origina que los clientes sientan por la empresa o marca:

- Buena sensación.
- Admiración y respeto.
- Confianza.
- Sus productos o servicios son buenos e innovadores.
- Que tiene un liderazgo excelente.
- Que tiene una visión clara de futuro.
- Es un buen lugar para trabajar.
- Trata bien a la gente.
- Tiene buenos empleados.
- Supera a sus competidores.
- Genera utilidades.
- Es socialmente responsable.

## Generalidades de la reputación online

La reputación online es la opinión que se tiene sobre una persona, marca o empresa en las redes sociales, los blogs, los resultados de motores de búsqueda y otros canales de Internet.

La reputación es una sola y se ve influida, tanto por la reputación online como la reputación offline, es decir un evento que afecte la reputación de la empresa en el mundo físico también la afectará en el mundo virtual y viceversa.

En un mundo globalizado y conectado donde las opiniones y la información son publicadas en Internet y las redes sociales, es cada vez más difícil controlar la reputación online, ya que está altamente influenciada por las conversaciones y los comentarios de los clientes y otras personas en línea.

Si un cliente expresa un comentario negativo acerca de la empresa o la marca en redes sociales, éste será visto por su red de contactos y otras personas en Internet. El comentario negativo generará una opinión negativa acerca de su empresa que, si no se actúa con rapidez, difícilmente se podrá cambiar.

La comunicación "boca a boca" se ha convertido en la publicación de comentarios con opiniones en sitios especializados de opinión, blogs, redes sociales, vídeos y todo lo que se pueda transmitir por Internet.

> **Nota:** Los consumidores 2.0 no compran los productos o servicios de su empresa por lo que la empresa diga de ellos, sino por lo que investiga en las redes sociales y otros canales de Internet sobre estos.

Una correcta gestión de las redes sociales donde la empresa tenga presencia es un aspecto clave para tener una buena reputación. Se debe contar con un departamento de servicio al cliente que escuche e interactúe en estas redes sociales y resuelva cualquier motivo de inconformidad que un cliente exprese por estos canales.

## Importancia de reputación online

### La marca es el principal activo de la empresa

La marca es de gran valor para la empresa, llega incluso a valer más que todas las posesiones físicas de estas (edificios, equipos, flota de transporte, etc.).

De acuerdo con el estudio publicado por Interbran (empresa fundada en 1974 y especializada en investigar el valor de las principales marcas mundiales) el ranking de las marcas más valiosas es el que figura en la gráfica siguiente:

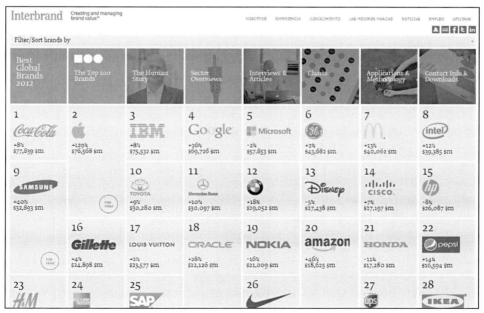

**Figura 9.2.** Ranking de marcas más valiosas del mundo de Interbrand.

> **Truco:** Para ver el ranking actualizado, deberá acceder al siguiente enlace: http://www.interbrand.com/es/best-global-brands/2012/Best-Global-Brands-2012-Brand-View.aspx

Como se puede observar una marca como Apple está valorada en 76.568 millones de dólares, lo que supera ampliamente la inversión realizada en sus edificios, equipos y otras propiedades físicas.

## Los clientes tienen "más" poder

Los clientes en el mundo físico son muy importantes, sin embargo, las redes sociales y otros canales online les dan "más" poder a los clientes, por dos aspectos fundamentales:

- Estos canales son muy poderosos para difundir la satisfacción o insatisfacción de los consumidores. Por ejemplo, si una persona en un restaurante está disconforme con el servicio, por más que levante la voz solo se enterarán los clientes que están en el lugar en ese momento, por otro lado si el cliente utiliza Internet y las redes sociales para quejarse, puede hacer un daño significativo a la marca.
- A diferencia del mundo físico donde la información del producto o servicio es controlada por la empresa, en el mundo virtual esta información es controlada por el consumidor. Si este considera que la empresa no le entregó información suficiente la busca en Internet, por lo que puede identificar con mucha facilidad cualquier problema de calidad del producto o servicio.

Estos aspectos que se han mencionado también, se pueden convertir en una oportunidad si se hacen bien las cosas y los comentarios en Internet y las redes sociales son positivos.

> **Nota:** Los consumidores 2.0 tienen más poder que los consumidores 1.0.

## Influencia de las redes sociales en el consumo de un producto o servicio

Es cada vez más común que una persona antes de comprar un producto o servicio revise la reputación online de la empresa o marca, e identifique lo que se habla de ella en sitios especializados, blogs, redes sociales y otros. Algunos estudios que confirman esto son:

- De acuerdo con un estudio de la Universidad de Münster, en Alemania, el 7,6% de las compras por parte de consumidores a nivel global están condicionadas por las redes sociales acercándose de manera importante a la televisión.

- Un estudio que realizó Smart Destinations en febrero de 2013 muestra:
  - El 70% de los consumidores basan la elección de un hotel a partir de búsquedas realizadas en Internet.
  - El 48% afirma que no reservaría en un hotel que no tenga reseñas en su Web de referencia.

- De acuerdo con el estudio de Confianza por tipo de publicidad, realizado en marzo de 2013 de Forrester Research, la recomendación de amigos y familiares es lo que suele primar en el momento de elegir un producto o servicio para la compra. En la gráfica siguiente se muestra la confianza en todos los tipos de publicidad.

**Figura 9.3.** Confianza del cliente por tipo de publicidad en Estados Unidos y la Unión Europea. Fuente: http://www.marketingcharts.com.

**Truco:** Para ver el informe completo sobre confianza del cliente por tipo de publicidad acceda al enlace: `http://www.marketingcharts.com/wp/interactive/few-consumers-trust-social-media-marketing-internet-ads-28061/`

## La reputación online está asociada a los ingresos de la empresa

Existen múltiples estudios que muestran que una buena reputación permite aumentar el precio del producto o servicio.

Un estudio realizado por el Centro de Investigación del Hospitalidad de la Universidad de Cornell (Nueva York), demostró que la satisfacción del cliente expresada en redes sociales y otros canales de Internet tiene una influencia directa sobre los resultados económicos de los hoteles.

Se probó que un aumento de un punto porcentual en el Global Review Index ™ de un hotel, supone un incremento de hasta un 0,89% en el precio medio diario por habitación, y un incremento de su ocupación de hasta un 0,54%.

Un impacto en la reputación de la empresa puede afectar tanto a sus ingresos, que puede poner en peligro la supervivencia de la empresa.

Un evento que incida negativamente en la reputación de una empresa, afectará en su cotización en bolsa, lo que disminuirá de manera importante su valor.

De acuerdo con un estudio realizado por Freshfields Bruckhaus Deringer, las conductas desleales, ilegales o cuestionables de los empleados de las empresas pueden provocar caídas en los títulos superiores al 50% el mismo día en que se hacen públicas.

**Truco:** Para ver el estudio de Freshfields Bruckhaus Deringer visite el sitio: http://www.freshfields.com/en/news/Rogue_employees_and_company_misconduct_spook_markets_most/

## Aspectos de las redes sociales que pueden originar efectos negativos en la reputación

Cuando se gestionan las redes sociales de una empresa, se deben evitar algunos errores que pueden originar un impacto negativo en su reputación.

- **No tener una estrategia de redes sociales:** puede tener un efecto negativo para la reputación de la empresa cuando no existe un plan estratégico de redes sociales.

- **No tener un plan de comunicación en redes sociales:** cuando no se tiene un plan de comunicación, el Community Manager llegará a escribir de lo que se le ocurra. Se debe crear un plan conversacional anual de redes sociales que se revise cada mes, cada semana y cada día.

- **No conocer la audiencia**: es grave para una empresa no conocer a su audiencia, si esto sucede la empresa no podrá generar valor a través contenido que comparte en redes sociales.

- **No monitorear la reputación**: la falta de monitoreo de la reputación puede originar que cuando identifiquemos un ataque sea muy perjudicial para la empresa.

- **Delegar las redes sociales a una persona inexperta**: cuando una empresa delega las redes sociales a una persona inexperta, puede ocasionar perjuicios importantes en su reputación.

- **Personalización incompleta**: si no se personaliza completamente la página o perfil oficial en las redes sociales, le dará una mala imagen a la empresa y generará desconfianza.

- **Responder de forma grosera**: se debe responder de manera cordial aunque el comentario que se haga sea negativo.

- **Hablar solo de la empresa**: en las redes sociales se deben cubrir temas que sean de interés para el público objetivo, es un error hablar solo de la empresa.

- **Querer vender antes de relacionarse**: es un error tratar de vender en redes sociales antes de relacionarse.

- **Borrar los mensajes negativos**: borrar los mensajes negativos disgusta mucho a la comunidad de redes sociales e impide que se identifiquen los puntos a mejorar de la empresa.

- **Facebook:**
  - **No tener página sino perfil en Facebook**: se ha mencionado antes la forma cómo una empresa debe tener presencia en Facebook, a través de una página ya que la actividad comercial a través de un perfil privado en Facebook incumple las condiciones de uso de esta red social.
  - **No responder a las preguntas de sus fans**: siempre debe responder los comentarios de sus fans.
  - **Vincular Facebook con Twitter**: nunca vincule Facebook a Twitter, son dos redes sociales diferentes con dos lenguajes diferentes.

- **Duplicar contenido**: duplicar contenido en varios canales de redes sociales es negativo para la empresa, porque cada canal tiene un tono y características diferentes como lo muestra la figura siguiente.

**Figura 9.4.** Tonos de comunicación para cada canal de redes sociales.

# CREACIÓN DEL COMITÉ DE CRISIS DE REPUTACIÓN

El comité de crisis es un equipo interdisciplinario (incluido el gerente o presidente de la organización) que debe ser convocado cuando se presente una crisis de reputación en la empresa. Es importante aclarar que una crisis de reputación, nunca debe ser abordada solamente por el Community Manager.

El objetivo del comité de crisis de reputación es dar una respuesta rápida, coordinada y eficaz cuando se presenta una situación que origine un impacto negativo a la reputación de la empresa. Este comité debe: valorar la gravedad de la situación, estudiar el problema que lo causó, disminuir los daños que pueda causar la crisis, tomar acciones, decidir quiénes van a ser los portavoces, definir cuál va a ser la postura oficial de la empresa, entre otros.

## Integrantes del comité de crisis de reputación

Los miembros del comité de crisis de reputación varían de acuerdo a la empresa, pero en términos generales deben pertenecer a los siguientes cargos:

- **Gerente o Presidente:** es el responsable de todo lo que suceda en la empresa, su participación le da el estatus necesario a este comité.

- **Responsable de las comunicaciones:** es la persona que maneja la relación con los medios de comunicación y dará la directriz desde el punto de vista de comunicación.

- **Responsable del área jurídica:** validará jurídicamente la posición de la empresa como respuesta a la crisis de reputación para procurar que se disminuyan los riesgos jurídicos.

- **Responsable del área de gestión humana**: definirá la comunicación interna de la situación de crisis de reputación.
- **Responsable del área de marketing**: evaluará, mediante un estudio objetivo, el impacto de la crisis de reputación a la imagen de la empresa.
- **Responsable del área de ventas**: diseñará un plan de comunicación enfocado en los principales clientes, para informar de la posición de la empresa respecto a la situación que originó la crisis de reputación.
- **Responsable del área afectada**: investigará sobre lo sucedido, si hubo un error durante el proceso. De identificarse se diseñará y ejecutará un plan para que la situación no se vuelva a repetir.
- **Community Manager**: diseñará un plan de comunicación en redes sociales.

Todos los miembros descritos, no participarán en todas las crisis de reputación, sino que dependiendo de la gravedad se convocarán a unos o a otros.

Debido a que el tiempo de respuesta es muy importante en una crisis de reputación, todos los miembros deben tener los datos de contacto de los demás miembros, de tal forma que cuando se requiera convocar al comité se pueda hacer de forma ágil.

**Nota:** El Community Manager es un miembro muy importante del comité de crisis de reputación.

## Sitio de reunión

Se debe contar con un sitio de reunión apropiado y cómodo donde se convoque al comité de crisis de reputación. El lugar debe tener un sistema adecuado de comunicación (además de los móviles de los miembros) que permita estar informado en tiempo real sobre cómo evoluciona la crisis de reputación.

Algunos sistemas útiles:

- Televisor.
- Sistema de videoconferencia.
- Sistema de telefonía para llamadas locales y de larga distancia.

El espacio debe ser completamente privado, para evitar que la información que allí se gestione llegue a los medios de comunicación antes de tiempo.

## Entrenamiento del comité

- ▶ Todo el comité de crisis debe recibir una formación adecuada para manejar medios de comunicación: televisión, radio, periódicos y otros.

- ▶ El comité debe recibir charlas periódicas con casos de éxito y fracaso de empresas que se han enfrentado a una crisis de reputación.

- ▶ Se deben hacer simulacros de crisis de reputación para repasar el proceso diseñado en el plan de crisis. Es aconsejable que dichos simulacros se produzcan al menos cada dos meses.

## MONITOREO DE LA REPUTACIÓN ONLINE

En muchas ocasiones los Community Managers solo utilizan las redes sociales como instrumento para amplificar la información de la empresa (comunicación en una dirección empresa -> cliente), lo que impide escuchar al cliente e identificar a tiempo posibles ataques a la reputación.

El monitoreo online es una actividad muy importante del Community Manager. Debe ser una actividad permanente, con el apoyo de sistemas de alerta inteligentes que permitan identificar de manera temprana un ataque a la reputación.

**Advertencia:** No monitorear la reputación online puede salirle muy caro a la empresa.

## Generalidades del monitoreo online

Cuando el Community Manager analiza lo que expresa su comunidad en las diferentes redes sociales y otros canales de social media para conocer sus inconformidades, deseos y necesidades, se dice que está realizando un monitoreo online.

La información que obtenga el Community Manager debe ser utilizada por la empresa para tomar acciones, ajustando su oferta de valor para que satisfaga mejor las necesidades y deseos de tus clientes actuales y potenciales. Lo anterior permitirá construir relaciones de largo plazo.

Un error bastante común se produce cuando el Community Manager solamente escucha lo que le conviene escuchar, es decir cuando hablan bien de su marca o empresa, ignorando todos los comentarios negativos. Esta actitud puede originar problemas importantes de reputación online.

# Beneficios del monitoreo de la reputación online

Los beneficios de escuchar en las redes sociales son:

## El monitoreo online permite conocer a los clientes

Las redes sociales le permiten al Community Manager conocer mejor a sus clientes, identificando la opinión de su marca, su empresa y sus competidores.

Conocer a los clientes constituye un elemento diferenciador sostenible en el tiempo, ya que, a diferencia de otros elementos diferenciadores, la competencia no lo puede comprar con dinero, ya porque requiere recorrer siempre el camino de monitoreo, escucha y conocimiento.

Es importante anotar que este conocimiento adquirido por el monitoreo online, siempre se debe utilizar para ajustar la oferta de valor de la empresa.

## El monitoreo online proporciona una oportunidad de mejora

Cuando un cliente se disgusta y lo expresa en las redes sociales, es una excelente oportunidad para que la empresa mejore, ya que el Community Manager monitorea, conoce, aprende, soluciona y comprende.

Cuando una organización tiene un problema de calidad o servicio en el mercado, el monitoreo online permite identificar rápidamente el problema, lo que permitirá a la empresa tomar las medidas necesarias para la solución.

## El monitoreo online permite identificar oportunamente los posibles ataques a la reputación

Otra gran ventaja que ofrece realizar un monitoreo online es identificar, en sus etapas primarias, los ataques a la reputación de la marca o la empresa.

Cuando un Community Manager identifica que su organización o marca sufre un ataque reputacional muy tarde, puede originar daños irreparables a su empresa.

> **Nota:** Un ataque a la reputación es como un incendio que puede controlarse durante los primeros minutos, pero si coge fuerza puede tener consecuencias nefastas.

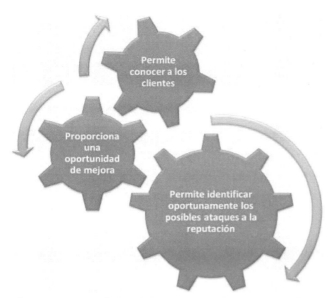

**Figura 9.5.** Beneficios del monitoreo de la reputación online.

## Dónde debe realizar el monitoreo online el Community Manager

Se debe realizar el monitoreo en todas las redes sociales y sitios online pero, destacaremos cuatro por su importancia:

- **Redes sociales propias:** se deben monitorear, de forma permanente, las redes sociales donde la empresa tiene presencia como: Twitter, blogs, Facebook, Google+, YouTube, Pinterest, Instagram y otros.

- **Twitter:** es el medio de comunicación más efectivo para conocer información en tiempo real, debido a su implantación en dispositivos móviles. El Community Manager al monitorear Twitter podrá conocer de manera muy rápida cualquier ataque a la reputación o problema de un producto o servicio en el mercado.

- **Blogs:** es muy importante que el Community Manager monitoree qué escriben de la marca o empresa los bloggers y qué comentan sus clientes actuales y potenciales en los blogs.

- **Facebook:** es una red social muy importante para que el Community Manager pueda escuchar y monitorear la reputación, ya que puede surgir información relevante en: páginas de Facebook de terceros o grupos creados.

► **Foursquare:** aunque Foursquare todavía no esté demasiado implementada en algunos países, se puede convertir en un riesgo, ya que permite a las personas escribir lo que piensan de un sitio o empresa. El Community Manager debe estar atento a los comentarios de la empresa y de la competencia para identificar puntos de mejora.

## Herramientas de monitoreo online

**Nota:** Las principales herramientas de monitoreo de pago y gratuitas fueron tratadas en el capítulo 5.

### ¿Quiénes deben utilizar los servicios gratuitos de monitoreo online?

Los servicios de monitoreo gratuitos para medir la reputación de una marca, generalmente son suficientes para las empresas pequeñas o nuevas. Estas marcas, por ser menos conocidas, tienen menos riesgos de recibir ataques a la reputación.

Los servicios gratuitos, aunque más limitados que los de pago, son una excelente herramienta para realizar a bajo coste un monitoreo de la reputación de una marca en las redes sociales y otros canales de Internet.

### ¿Quiénes deben utilizar los servicios de monitoreo online?

Los servicios de pago o *premium* son ideales para las grandes empresas que quieran tener una herramienta de calidad y sólida que les permite conocer todo lo que se habla de ella y su marca en los diferentes canales de social media. Este tipo de herramientas también está recomendada para que los gobiernos puedan monitorear, de manera permanente, ataques a su reputación. Lo sucedido en gobiernos como el derrocamiento del régimen en Egipto y las revueltas en Inglaterra, en febrero y agosto de 2011 respectivamente, es una llamada de atención para que los gobiernos presten especial cuidado al monitoreo de ataques a la reputación en medios sociales.

# PASOS PARA RESPONDER EN UNA CRISIS DE REPUTACIÓN ONLINE

Cuando se presente un ataque a la reputación que origine una crisis, los pasos que se deben dar son los siguientes:

## Prepárese para la crisis

Identifique las fuentes de conflicto más probables y dañinas en función del escenario:

- ▶ Identifique los influenciadores y cree un perfil para cada uno.
- ▶ Identifique la red social que podría llegar a ser clave durante la crisis.
- ▶ Aprenda a crear escenarios similares.
- ▶ Cuente con un Community Manager, especialista en redes sociales en situaciones de crisis.
- ▶ Determine las fuentes, palabras claves y herramientas necesarias durante una crisis.
- ▶ Cree un manual de crisis escrito donde se definan los pasos a realizar durante una crisis de reputación online.
- ▶ Apruebe el manual.

## Investigue el problema

El Community Manager siempre debe creer que el motivo por el que se está quejando el cliente es cierto y completamente válido. Se debe remitir la situación que originó el enfado del cliente, a la persona responsable de la empresa, y pedir que se gestione la solución lo más rápidamente posible.

Realice una completa investigación del problema que originó la crisis de reputación.

Es fundamental conocer en detalle:

- ▶ Quién o quiénes reportaron el problema.
- ▶ Cuál es el problema.
- ▶ A qué número de personas afectó.
- ▶ Cómo les afectó.

Muestre preocupación por los afectados y mientras lleve a cabo la investigación del caso, evite asumir la culpa.

Se debe investigar si la empresa tiene responsabilidad real en el problema que originó la crisis.

Mantenga a sus accionistas y otras partes interesadas informada mientras se concluye la investigación.

Para lograr agilidad en la respuesta definitiva, es necesario que exista un proceso interior de la organización que fije tiempos máximos de respuesta y que involucre todas las áreas de la organización, para garantizar que las personas responsables participen en la solución.

Cuando se tiene un sistema de administración de PQR (Peticiones, Quejas y Reclamos) compatible con redes sociales, se facilita mucho el seguimiento de la labor de investigación.

**Nota:** El Community Manager siempre debe creer que el motivo de queja del cliente es cierto y completamente válido.

## Califique el ataque a la reputación

Cómo se ha mencionado antes, es muy importante identificar y actuar en un ataque a la reputación lo antes posible, para evitar que el daño producido por dicho ataque sea muy costoso y en ocasiones irreversible para la imagen de la empresa.

La tipificación de los ataques a la reputación depende de:

- ▶ Número de menciones negativas.
- ▶ Tipo de menciones negativas.
- ▶ Participación de influenciadores en el ataque.
- ▶ Creación de grupos de Facebook en contra de la empresa o la marca.
- ▶ Suplantación de la empresa o marca en redes sociales.
- ▶ Evento grave fuera de línea.

Tipifique los ataques de reputación en los siguientes:

## Un ataque leve

- ▶ El ataque leve presenta pocas menciones negativas (el número de menciones depende del tipo de actividad de la empresa).
- ▶ Este tipo de ataque lo gestiona directamente el Community Manager.
- ▶ La gestión del Community Manager es efectiva y el número de menciones negativas disminuye.

## Un ataque medio

- ▶ El ataque medio se presenta cuando la gestión del Community Manager en un ataque leve no es efectiva, o cuando se asocia un ataque con un mayor número de menciones negativas o participación de los influenciadores.
- ▶ Cuando se identifica la creación de un grupo de Facebook en contra de la empresa que todavía no tiene muchos usuarios, también se puede catalogar como medio.
- ▶ Este tipo de ataque lo gestionan el Community Manager y el responsable de comunicaciones.

## Un ataque fuerte

- ▶ El ataque fuerte se presenta cuando la gestión del Community Manager y el responsable de comunicaciones en un ataque medio no es efectiva o cuando se identifica un ataque con mayor número de menciones negativas o participación de influenciadores que el ataque medio.
- ▶ Este tipo de ataque lo gestiona todo el comité de crisis, teniendo en consideración que no siempre es necesario que esté el presidente.

## Una crisis inminente

- ▶ La crisis inminente se presenta cuando la gestión del comité de crisis en el ataque fuerte no fue efectiva o cuando sucede un evento muy grave fuera de línea, que afecte de manera significativa a la reputación de la empresa.
- ▶ Este tipo de ataque lo gestiona todo el comité de crisis incluido el presidente.

**Nota:** La mayoría de los ataques que se gestionen deben ser leves, por haber sido identificados en su etapa inicial.

# Diseñe la respuesta al ataque

Las quejas de los clientes en redes sociales que gestiona el Community Manager, son cada vez más comunes. Como mencionamos antes, los clientes consideran que las redes sociales les permiten resaltar su disgusto y les da "Poder".

Los pasos para gestionar a los clientes disgustados en redes sociales son:

## Monitoree a los clientes molestos

Como se mencionó antes, es necesario que el Community Manager monitoree de manera permanente Internet y las redes sociales para poder identificar a los clientes disgustados.

## Dé la primera respuesta rápidamente

Cuando en el monitoreo de Internet y redes sociales, mencionado en el punto anterior, el Community Manager identifica un cliente enojado, debe responderle de manera rápida. Es fundamental la rapidez en la respuesta, en estos casos, para que ésta sea efectiva.

El Community Manager debe evitar que la respuesta parezca automática, eso puede disgustar más a la persona. Dentro de la respuesta se debe tener en cuenta:

- ▶ Utilizar un tono amistoso y mostrar interés por el problema del cliente.
- ▶ Dar su nombre (persona que maneja la respuesta) ya que algunos estudios muestran que las personas enfadadas son más hostiles con las empresas o marcas que con las personas.
- ▶ Tratar al cliente disgustado por el nombre para que se sienta escuchado.
- ▶ Si se necesitan más datos del cliente disgustado, pídale la información requerida por un canal privado (online u offline).
- ▶ Realizar la primera respuesta en público, esto permitirá mostrar a la comunidad el interés en responder las inconformidades de los clientes.
    - ▶ Para mantenerlo público en Facebook, es recomendable responder directamente debajo del comentario.
    - ▶ Para mantenerlo público en Twitter, se debe dar al botón **Reply**.

**Advertencia**: Si el Community Manager tarda en dar la primera respuesta a un cliente disgustado, aumentará su enfado.

## Cree la respuesta correcta

Durante la elaboración de la respuesta, puede suceder que en la empresa no vea error o que sí lo reconozca.

### Si se comprueba que NO hubo error de la empresa

Cuando en la investigación se comprueba que NO hubo error por parte de la empresa se llevarán a cabo los siguientes pasos:

- Presente al cliente disgustado, mediante un canal privado online u offline, el resultado de la investigación realizada.
- Explique de manera cordial pero con firmeza el alcance del producto o servicio y cómo la expectativa del cliente no está cubierta en el alcance.
- Direccione al cliente disconforme a la página del sitio Web donde está contemplada esta información.
- Mencione las medidas que se tomarán para evitar que otros clientes vuelvan a tener opiniones equivocadas del producto o servicio.

## Si se comprueba que hubo un error de la empresa

Cuando en la investigación se comprueba que hubo error por parte de la empresa se deben realizar los siguientes pasos:

- **Ofrezca disculpas**: por las molestias o perjuicios causados y reconocer el error, evite culpar a algún colaborador que haya estado involucrado en la situación.
- **Explique el error**: explique con precisión qué fue lo que sucedió y cómo se desarrolló el error.
- **Explique las medidas tomadas**: mencione las medidas que se han tomado para reducir la probabilidad de que vuelva a ocurrir una situación como esta en el futuro.
- **Ofrezca una garantía**: para que el cliente confíe.

Lo ideal sería que el presidente de la organización sea el que lleve a cabo esta respuesta. Cuando se hace a través de vídeo, su efectividad es mucho mayor.

El comunicado de prensa es válido publicarlo en el sitio Web, pero nunca en Facebook. Como se ha mencionado antes, los tonos y el lenguaje de comunicación para cada red social son diferentes, lo que hace que este tipo de comunicados sean mal recibidos en las redes sociales.

**Advertencia:** Nunca se debe publicar un comunicado de prensa en Facebook, al ser un canal que no contempla este tipo de lenguaje.

## Maneje a los usuarios hostiles

El usuario hostil es aquel que, por algún motivo, tiene un resentimiento en contra de la marca o la empresa. Este tipo de usuario persiste con su actitud negativa hacia la empresa, aunque se le haya dado una respuesta oportuna y adecuada.

Cuando identifique un usuario hostil debe:

- Tratar de contactar con el usuario hostil a través de canales offline (teléfono o incluso de forma presencial) para realizar un acercamiento que permita mejorar la relación.
- Responder a todos sus comentarios rápidamente.
- Tratar a estos usuarios siempre por el nombre y de manera cordial.
- Tener presencia en las redes sociales, no se les debe bloquear ni borrar sus mensajes, a menos que utilicen palabras groseras o irrespetuosas hacia la empresa.

## Maneje los trolls

Un troll de Internet es una persona que busca provocar intencionadamente a otros usuarios o empresas, crea controversia, insulta y/o escribe mensajes ofensivos.

Los trolls pueden actuar de la siguiente manera en Internet y las redes sociales:

- Trolls disruptivos.
    - Escriben mensajes fuera de tema.
    - Envían mensajes con grandes imágenes o bien llenos de caracteres especiales para hacer ilegibles los mensajes anteriores.
    - Utilizan material ofensivo.
    - Incluyen comentarios racistas, sexistas o clasistas.
    - Vuelven a iniciar una antigua discusión o reciclan un tema anterior muy controvertido.
- Trolls que buscan atención: buscan generar tantas respuestas como sea y solicitan una cantidad desproporcionada de atención. Algunos comportamientos de estos tipos de trolls son:
    - Escriben como experto sobre un tema que desconocen.
    - Escriben mensajes que contienen algún error obvio, pero intencional, como por ejemplo hablar de fans en Twitter.
    - Escriben quejas fuera de tema sobre su vida privada, incluso amenazan con suicidarse.
    - Escriben mensajes políticamente discutibles para crear polémica.

Para controlar un troll se deben realizar las siguientes acciones:

## Identifique el troll

Cuando se identifica un ataque a la reputación, se debe revisar cuidadosamente si los ataques provienen de una persona o de varias. Si provienen de varias personas puede no tratarse de un troll, sino de clientes realmente disgustados. Si esos ataques vienen de una sola persona es muy probable que se trate de un troll.

Un error muy grande que pueden cometer las empresas, es tratar como un troll a uno o varios clientes insatisfechos, esto puede derivar en un ataque, a gran escala, a la reputación. Cuando sean varias personas las que se quejen, se debe escuchar e indagar qué es lo que origina esta reacción, para que no se vuelva a presentar la situación.

**Advertencia:** Nunca debe darle un tratamiento de troll a un cliente disgustado.

## Realice un contacto directo con el presunto troll

Cuando existan indicios suficientes que lleven a pensar en un troll como responsable, es importante trasladarle un mensaje claro donde se le informe que su lenguaje o actitud, derivará en una serie de consecuencias, el bloqueo se contemplará si no cambia su comportamiento. Este contacto nunca debe realizarse en público.

Es importante aclarar que si el presunto troll utiliza palabras inapropiadas o grosera, el bloqueo será inmediato.

## Ignore al troll

Una vez identificado, se le debe ignorar para evitar difundir su mensaje. Cuando se le da importancia al troll, está logrando su cometido. Una regla general dice que nunca se debe alimentar al troll. Esto lo llaman en inglés: *Don't feed the troll*.

Sus posts no deben responderse, por más provocativos que sean. Uno de los objetivos del troll consiste en incordiar a las personas para que respondan sus post y muchas veces lo logran, lo que se convierte en un error. A los trolls los mata el silencio y la indiferencia.

Cuando un troll ve que no logra llamar la atención, buscará otro lugar donde sí consiga atención. Siempre tenga en cuenta que cualquier repuesta, por pequeña que sea, será para el troll un signo de "comida". Es imposible negociar o razonar con ellos; porque no sienten vergüenza, remordimientos o compasión.

**Advertencia:** Nunca responda en público a un troll.

## Bloquee al troll

Para bloquear el troll debe tener en cuenta el canal que esté usando para el ataque:

- **Blog**: puede borrar sus comentarios y bloquearlo en el administrador del blog.
- **Facebook**: puede borrar los mensajes o incluso bloquear a los usuarios.
- **Twitter**: es posible realizar varias acciones: podemos bloquear a ese usuario (se hace desde el perfil de esa cuenta) o podemos hacer clic en el botón: **"Reportar a NOMBRE_USUARIO por spam"**, que además bloqueará al usuario.
- **YouTube**: puede bloquear un usuario para que no deje comentarios.
- **LinkedIn**: puede realizar varias acciones: es posible borrar el contacto o limitar las invitaciones.

## Realice seguimiento después de la crisis

- Cuando la gestión es efectiva, el número de menciones emepezará a bajar, tras haber ejecutado la estrategia de control de ataque a la reputación.
- Se debe monitorear hasta estar seguros que se superó completamente el ataque.
- Siempre debe tener presente los aprendizajes tras la crisis de reputación.

**Figura 9.6.** Pasos para responder en una crisis de reputación online.

> **Nota:** El seguimiento después de la crisis se debe realizar hasta que el número de menciones en redes sociales haya disminuido a niveles normales.

# RESUMEN, PREGUNTAS DE REPASO Y EJERCICIO

## Resumen

- La reputación es la opinión que se tiene sobre una persona, marca o empresa. La reputación de una marca o empresa es el concepto positivo o negativo que tienen los clientes, empleados, accionistas o comunidad en general sobre ella.

- La reputación online es la opinión que se tiene sobre una persona, marca o empresa en las redes sociales, los blogs, los resultados de motores de búsqueda y otros canales de Internet.

- El comité de crisis es un equipo interdisciplinario (incluido el gerente o presidente de la organización) que debe ser convocado cuando se presente una crisis de reputación en la empresa. Es importante aclarar que una crisis de reputación nunca debe ser abordada solamente por el Community Manager.

- El monitoreo online es una actividad muy importante del Community Manager. Debe ser una actividad permanente que cuente con el apoyo de otros sistemas de alerta inteligentes, que permitan identificar de manera temprana un ataque a la reputación.

- Algunos beneficios del monitoreo online son:
  - El monitoreo online permite conocer a los clientes.
  - El monitoreo online proporciona una oportunidad de mejora.
  - El monitoreo online permite identificar puntualmente los posibles ataques a la reputación.

- Los servicios de monitoreo de reputación gratuitos de una marca generalmente son suficientes para las empresas pequeñas o nuevas en el mercado. Estas marcas al ser menos conocidas, tienen menos riesgos de recibir ataques a la reputación.

- Los servicios de pago o *premium* son perfectos para grandes empresas que quieran tener una herramienta que les aporte la tranquilidad que su empresa necesita. De este modo, conocerá todo lo que se habla de ellas y de sus marcas en las redes sociales y otros canales de social media.

- Pasos para responder en una crisis de reputación online:
    - Prepárese para la crisis.
    - Investigue sobre el problema.
    - Califique el ataque a la reputación.
    - Diseñe la respuesta al ataque a la reputación.
    - Maneje a los usuarios hostiles.
    - Maneje los trolls.
    - Realice un seguimiento después de la respuesta.

## Preguntas de repaso

- ¿Qué es la reputación?
- ¿Qué es la reputación online?
- ¿Por qué es importante la reputación online?
- ¿Qué aspectos de redes sociales pueden producir efectos negativos en la reputación?
- ¿Qué es el comité de crisis de reputación?
- ¿Quiénes deben conformar el comité de crisis de reputación?
- ¿Cuáles son los beneficios del monitoreo online?
- ¿Cuándo se debe usar una herramienta de monitoreo de pago o gratuita?
- ¿Cuáles son los pasos a seguir para responder a una crisis de reputación online?
- ¿Qué es un troll y cómo se debe manejar en redes sociales?

## Ejercicio

Cree un manual de crisis de reputación para su empresa.

# 10. Estrategia de marketing en redes sociales

Objetivos:

- ▶ Generalidades de la estrategia de marketing en redes sociales.
- ▶ Evaluación de la estrategia de marketing en redes sociales.
- ▶ Modelo para el plan estratégico de redes sociales.
- ▶ Definición del público objetivo del marketing en redes sociales.
- ▶ Definición de objetivos y metas del marketing en redes sociales.
- ▶ Planificación de canales y contenido.
- ▶ Diseño de las métricas de marketing en redes sociales.
- ▶ Activación y gestión de las redes sociales.
- ▶ Escucha activa.
- ▶ Evaluación y planes de mejora.

## CASO DE ESTUDIO

El éxito de Coca-Cola en las redes sociales no se basa únicamente en el conocimiento de la marca, sino en una **estrategia en redes sociales** muy dirigida. Este es un ejemplo de "caso de estudio" empleado en las principales escuelas de negocio de todo el mundo.

Coca-Cola con sus 63 millones de fans en Facebook y más de 710 mil seguidores en Twitter, tiene una gran capacidad para crear comunidad fuera de su sitio Web. En su sitio Web también lo ha logrado, aquí los usuarios son los principales creadores del contenido.

## Facebook

La presencia de la marca Coca-Cola en Facebook, no ha parado de crecer, en cuanto a número de fans se refiere, convirtiéndose en una piedra angular de su estrategia de marketing.

Su política en redes sociales "menos nosotros y más ellos" (*less us, more them*), lleva a que sus perfiles de redes sociales sean espacios para compartir, divertirse, emocionarse, participar y no solo un canal de exposición corporativa.

La participación y publicación de contenido de Coca-Cola ha solucionado un gran problema para el Community Manager: el tema sobre el cuál escribir.

## Happing

`Happing.com` es la red social de Coca-Cola en su propio sitio Web, donde importan los sentimientos y emociones positivas. Sus usuarios suben vídeos, frases, participa en concursos y encuentran amigos. Happing cuenta con un *videowall* que es otro valor añadido para su comunidad Web, algo como un YouTube privado de Coca-Cola.

Las redes sociales externas como Facebook y Twitter son para Coca-Cola un complemento muy importante de su estrategia.

Coca-Cola utiliza YouTube para difundir el alcance de las campañas realizadas en televisión, porque "viralizan", hasta tal punto, que muchas campañas lanzadas terminan viéndose más en YouTube y Facebook que en la propia televisión.

## Principios de Social Media

Las acciones emprendidas por Coca-Cola en las redes sociales siguen cinco principios:

- ▶ **Transparencia**: las acciones en redes sociales deben ser transparentes y sin letra pequeña. La empresa no permite crear URL's que resultan ser algo distinto de lo que se promete en Facebook.
- ▶ **Protección**: todos los datos que se recogen en cualquier acción de redes sociales son protegidos, respetando rigurosamente la legislación de cada país donde tienen presencia.
- ▶ **Respeto**: Coca-Cola respeta cualquier elemento protegido con copyright u otro tipo de protección intelectual, incluidos los generados por los propios usuarios al compartir elementos en sus redes sociales.

ESTRATEGIA DE MARKETING EN REDES SOCIALES

- **Responsabilidad**: se compromete a no usar ningún tipo de tecnología que sea intrusiva para el usuario.
- **Revisión**: revisión periódica de su código de buenas prácticas, asegurándose en todo momento que escuchan a la comunidad de seguidores.

**Figura 10.1.** Happing.com: red social propia de Coca-Cola.

# GENERALIDADES DE LA ESTRATEGIA DE MARKETING EN REDES SOCIALES

## Generalidades de estrategia

La palabra estrategia tiene un origen militar y se considera que el primer libro que habla sobre el tema es "El arte de la guerra", de Sun Tsu que fue escrito 500 años antes de Cristo.

La palabra estrategia proviene del griego "*Stratos*" que significa Ejército y "*Agein*" que significa conductor o guía.

De acuerdo con este libro, estrategia es: *"La ciencia y el arte del mando militar, aplicados a la planificación y conducción de operaciones de combate"*.

Una definición de estrategia corporativa sería: *"La planificación en el tiempo de recursos, habilidades y tácticas para cumplir los objetivos de la empresa"*.

Las estrategias corporativas deben abarcar los siguientes elementos:

- **Tiempo**: una estrategia debe estar diseñada para cubrir un amplio horizonte en el tiempo (mínimo 1 año).
- **Objetivos**: toda estrategia debe tener objetivos claros y cuantificables.
- **Concentración**: una estrategia eficaz requiere aunar esfuerzos y recursos de los objetivos seleccionados.
- **Plan**: las estrategias deben definir la línea de acción, las tácticas necesarias para cumplir los objetivos.
- **Pro actividad**: una posición proactiva aumenta la probabilidad de éxito de la estrategia.
- **Flexibilidad**: la estrategia corporativa debe ser flexible para que permita a la organización afrontar con éxito los retos de un entorno cambiante.
- **Liderazgo**: los intereses y valores de los líderes deben coincidir con las necesidades de la organización.
- **Patrón**: la estrategia debe modificar el patrón de comportamiento de la organización para que sea efectiva.
- **Sorpresa**: el uso de la velocidad, el silencio y la inteligencia para actuar por sorpresa y en momentos inesperados es muy importante en la estrategia.
- **Seguridad**: la evaluación de riesgos es muy importante para prevenir sorpresas en los resultados de la estrategia.

## Estructura de las estrategias de la organización

Las estrategias tienen varios niveles y alcances en la organización y todos deben estar articulados.

- **Estrategia corporativa**:
    - Como se mencionó antes, la estrategia general para una empresa define las tácticas necesarias para lograr los objetivos de la empresa.
    - Esta estrategia debe ser tomada como base cuando se desarrollen las estrategias funcionales y de área.

- **Estrategias de áreas funcionales:**
  - Cada departamento debe desarrollar su estrategia alineada con la estrategia corporativa.
  - Estas tienen sus propios objetivos que refuerzan el cumplimiento de los objetivos corporativos.
  - Ejemplos de gerencias son: **marketing**, finanzas, operaciones, etc.
- **Estrategias de subáreas funcionales:**
  - Las áreas funcionales de cada departamento también pueden tener sus estrategias, que deben estar alineadas con sus gerencias y la estrategia corporativa.
  - Algunos ejemplos de áreas funcionales de la gerencia de marketing son: **redes sociales**, publicidad, inteligencia de negocios, etc.

La estrategia de redes sociales debe estar alineada con la estrategia de marketing y esta a su vez estar alineada con la estrategia corporativa. Gráficamente esta dependencia se puede mostrar como aparece a continuación:

**Figura 10.2.** Estructura de las estrategias de la organización.

## Diferencias entre estrategia y táctica de marketing en redes sociales

La estrategia de marketing en redes sociales como se mencionó antes, permite determinar los objetivos y definir la forma de conseguir estos objetivos.

Las tácticas muestran las actividades, los recursos y los canales de redes sociales (Facebook, Twitter, Instagram, Pinterest, Slideshare, etc.) necesarias para llevar a cabo dicha estrategia.

Con frecuencia ocurre que muchas empresas que inician su presencia en redes sociales lo hacen porque "la competencia lo hizo", porque "está de moda", porque "todos hablan de ellas" entre otras cosas.

Estas empresas están iniciando su presencia en redes sociales con acciones tácticas y no mediante una estrategia, lo que origina que su actuación resulte poco efectiva y desarticulada. Es decir, las redes sociales no son una estrategia, son canales de comunicación que se utilizarán dentro de la táctica para ejecutar la estrategia.

La estrategia debe ser el elemento central de la presencia en redes sociales, es algo que da la dirección a las acciones tácticas que la ponen en marcha. Una estrategia indica los objetivos que se quieren alcanzar con la página de Facebook o la cuenta de Pinterest.

## Modelo para el plan estratégico de marketing en redes sociales

Los pasos necesarios para desarrollar un plan estratégico de marketing en redes sociales son:

- ▶ Evaluación de situación en el marketing de redes sociales.
    - ▶ Identificación de la estrategia de corporativa y de marketing.
    - ▶ Diagnóstico de redes sociales.
    - ▶ Identificación de la audiencia.
    - ▶ Diagnóstico del entorno de redes sociales.
    - ▶ Consolidación de fortalezas, debilidades, oportunidades y amenazas de las redes sociales.
- ▶ Definición del público objetivo del marketing en redes sociales.
- ▶ Definición de objetivos y metas del marketing en redes sociales.
- ▶ Planificación de canales y contenido.
    - ▶ Determinación de canales de redes sociales por objetivo.
    - ▶ Planificar para escribir el contenido en las redes sociales.
- ▶ Creación del plan conversacional.
    - ▶ Generalidades del plan conversacional.
    - ▶ Establecer la periodicidad en las publicaciones.
    - ▶ Definición del contenido a publicar.

- ▶ Diseño de las métricas de marketing en redes sociales.
  - ▶ Métricas en el sitio Web, asociadas a las redes sociales.
  - ▶ Métricas de reputación de la empresa.
  - ▶ Métricas en Facebook.
  - ▶ Métricas en Twitter.
  - ▶ Métricas en otras redes sociales.
- ▶ Activación y gestión de las redes sociales.
- ▶ Escucha activa.
- ▶ Evaluación y planes de mejora.

**1. Evaluación de situación en el marketing en redes sociales**
- Identificación de la estrategia de corporativa y de marketing
- Diagnóstico de redes sociales
- Identificación de la audiencia
- Diagnóstico entorno de redes sociales
- Consolidación de fortalezas, debilidades, oportunidades y amenazas de las redes sociales

**2. Definición del público objetivo del marketing en redes sociales**

**3. Definición de objetivos y metas del marketing en redes sociales**

**4. Planeación de canales y contenido**
- Determinación de canales de redes sociales por objetivo
- Creación de lineamientos para escribir el contenido en las redes sociales

**5. Creación del plan conversacional**
- Generalidades del plan conversacional
- Definición de periodicidad de las publicaciones

**6. Diseño de las métricas en marketing en redes sociales**
- Métricas en el sitio Web asociadas a las Redes Sociales
- Métricas de la reputación de la empresa
- Métricas en Facebook
- Métricas en Twitter
- Métricas en otras redes sociales

**7. Activación y gestión de las redes sociales**

**8. Escucha activa**

**9. Evaluación y planes de mejora**

**Figura 10.3.** Modelo para el plan estratégico de marketing en redes sociales.

En el resto de este capítulo, se revisará en detalle cada uno de los pasos del modelo.

# EVALUACIÓN DE SITUACIÓN DE MARKETING EN REDES SOCIALES

## Identificación de la estrategia de corporativa y de marketing

Se mencionó antes, que la estrategia de marketing en redes sociales debe estar en consonancia con la estrategia de marketing y con la estrategia corporativa.

En esta primera etapa se debe consignar:

- Objetivos corporativos.
- Estrategia corporativa.
- Misión y visión corporativa.
- Objetivos de marketing.
- Estrategia de marketing.
- Misión y visión de marketing.

## Diagnóstico de redes sociales

### Diagnóstico interno y de la competencia de redes sociales

Este diagnóstico, permitirá identificar el grado de madurez que existe en una empresa respecto al uso de las redes sociales como canal para el marketing. Se deben evaluar empresas competidoras en su país y fuera de él.

Algunos aspectos que se deben evaluar son:

- **Compromiso de la alta gerencia**: el compromiso y conocimiento de la importancia de las redes sociales por parte de la alta gerencia.
- **Existencia de un prepuesto para redes sociales**: la existencia o no de un presupuesto para la gestión de redes sociales.
- **Existencia de estrategia de redes sociales**: se identifica si ya existe una estrategia de redes sociales escrita que se está siguiendo.
- **Realización de campañas en redes sociales**: se identifica si se han realizado campañas en redes sociales.
- **Análisis de la reputación en redes sociales**: las herramientas de monitoreo de reputación revisadas en el capítulo 5 sirven para realizar este análisis.

- **Análisis de la presencia de la empresa en redes sociales**: se realiza un análisis de las cuentas de la empresa en redes sociales y se identificará cómo son manejadas y la interacción que logran con su audiencia.
- **Evaluación de métricas utilizadas en redes sociales**: se hace un inventario de todos los indicadores que utiliza la empresa para medir su gestión en redes sociales y se evalúa su resultado.
- **Análisis de la sincronización del sitio Web con las redes sociales**: se establece la integración del sitio Web con las distintas redes sociales. Algunas formas de integración son: botones como **"síguenos en"**, un espacio para los últimos tuits y publicaciones de Facebook.

## Identificación de la audiencia

- Se evalúa si se conoce la audiencia a la que están dirigidas las redes sociales.
- Se identifica si la empresa tiene segmentada su audiencia con aspectos asociados con su edad, sexo, gustos y preferencias.
- Se identifica si el contenido generado es de interés para esa audiencia.

## Diagnóstico del entorno de las redes sociales

- Los entornos de redes sociales son factores externos a la empresa y sobre los cuales, las estrategias de la empresa no tienen influencia.
- Los entornos se evalúan en el país en la que se va a diseñar la estrategia de redes sociales. Algunos aspectos que se deben evaluar de los entornos son:
  - **Entorno tecnológico**: se consideran aspectos tales como penetración de Internet, porcentaje de hogares con ordenador, porcentaje de empresas con ordenador, infraestructura de telecomunicaciones, etc.
  - **Entorno político**: se consideran aspectos tales como voluntad política para la estandarización de Internet, modernización legislativa sobre el tema protección de la privacidad, legislación anti-spam, legislación de derechos de autor, etc.
  - **Entorno económico**: se consideran aspectos tales como cantidad de dinero movido por Internet, nivel educativo promedio de la población, ingresos per cápita, etc.
  - **Entorno social**: se consideran aspectos tales como porcentaje de penetración de redes sociales, presencia Web de las empresas, presencia en redes sociales de las empresas.

## Consolidación de fortalezas, debilidades, oportunidades y amenazas de las redes sociales

Luego de conocer cómo está la empresa y la competencia en redes sociales, se realiza un documento con las principales fortalezas, debilidades, oportunidades y amenazas de las redes sociales.

- **Fortalezas en las redes sociales**: son aspectos internos que son fuertes y facilitan la estrategia en redes sociales.
- **Debilidades en las redes sociales**: son los elementos internos de la empresa que dificultan la implementación de la estrategia en redes sociales.
- **Oportunidades de las redes sociales**: son aspectos del entorno que favorecen la estrategia de redes sociales.
- **Amenazas de las redes sociales**: son las dificultades u obstáculos que presenta el entorno para la implementación de la estrategia de redes sociales.

# DEFINICIÓN DEL PÚBLICO OBJETIVO DEL MARKETING EN REDES SOCIALES

Se realiza un completo análisis para segmentar la audiencia más valiosa para la empresa. Esta audiencia puede coincidir o no con la identificada en la etapa de diagnóstico. Este análisis se puede realizar de tres formas:

- **Perfil socio-demográfico**: género, edad, educación, nivel de ingresos, raza, etc.
- **Perfil psicográfico**: personalidad, estilos de vida, intereses, gustos, inquietudes, opiniones, valores, etc.
- **Metodología de Personas**: quién es, dónde trabaja, qué le gusta, qué hace en su tiempo libre, cómo interactúa con el producto o servicio.

Se deben responder las siguientes preguntas para ayudar en este trabajo:

- ¿Cuáles son los rasgos de personalidad, emociones, necesidades, intereses y frustraciones de su audiencia?
- ¿Qué valor o beneficio le puede reportar a esas emociones?
- ¿Cuáles son la demografía y características de su consumidor ideal?
- ¿En qué tipo de grupos o asociaciones participaría?

# DEFINICIÓN DE OBJETIVOS Y METAS DEL MARKETING EN REDES SOCIALES

## Objetivos

Los objetivos amplios (generales) y medibles, deben estar completamente articulados con los objetivos corporativos y de marketing. Los objetivos de marketing en redes sociales pueden ser:

- Orientados al negocio:
    - Fortalecer la marca.
    - Aumentar las ventas.
    - Conseguir prescriptores.
- Orientados al cliente:
    - Mejorar el servicio al cliente.
    - Mejorar el conocimiento de los clientes.
    - Mejorar la satisfacción del cliente.
    - Fidelizar los clientes.

## Metas

Las metas son más específicas y permiten cumplir los objetivos. Algunos ejemplos para las metas mencionadas en el punto anterior se muestran en este cuadro:

| Orientación | Objetivo | Meta |
|---|---|---|
| Al negocio | Top of mind | Cantidad de tráfico al sitio Web desde redes sociales |
| | | Alcance de la página de Facebook |
| | Cuota del mercado (*Market Share*) | % de ventas de visitantes de redes sociales |
| | | Cantidad de ventas generadas desde redes sociales |
| Al cliente | Medición de satisfacción (QSA) | % de solicitudes atendidas por redes sociales |
| | | % de comentarios positivos, negativos y neutros en redes sociales |

**Figura 10.4.** Ejemplos de objetivos y metas.

Un ejemplo para ilustrar la diferencia entre objetivo y meta es: en la vuelta ciclista, el objetivo es ganar la carrera y las metas son ganar cada etapa. En el ejemplo, si se cumplen varias metas se podrá cumplir el objetivo.

## PLANIFICACIÓN DE CANALES Y CONTENIDO

### Determinación de canales de redes sociales por objetivo

Una vez se tengan definidos los objetivos, se eligen los canales que se necesitan para cumplir dicho objetivo.

Por ejemplo, si su objetivo es mejorar el *Top of mind* (*branding*) se recomendarían los canales con más audiencia:

- Facebook (1.060 millones de usuarios).
- YouTube (800 millones de usuarios).
- Twitter (500 millones de usuarios).
- Google+ (343 millones de usuarios).
- LinkedIn (200 millones de usuarios).

Es importante anotar que un canal puede permitir el cumplimiento de varios objetivos. Por ejemplo, Facebook permite mejorar el *Top of mind*, la cuota del mercado, etc.

### Creación de lineamientos para escribir el contenido en las redes sociales

El contenido es el rey en el marketing digital y en especial en el marketing de redes sociales. Es por esto, que una empresa que se quiera incursionar profesionalmente en marketing de redes sociales, debe contratar un Community Manager, que sería el responsable de generar el contenido de calidad que se requiere en este canal.

**Se debe definir qué y cómo se comunicará en cada canal de redes sociales seleccionado.**

El tono de comunicación en los diferentes canales de redes sociales es diferente. Para visualizarlos, se revisará el tono adecuado para cada canal y un ejemplo del lanzamiento de un nuevo modelo BMW.

## Sitio Web

El tono de comunicación del sitio Web es similar al del mundo físico. De todos los canales digitales que se revisarán, el que tiene un tono de comunicación más corporativo y formal será el del sitio Web.

Este es el único canal que admite mensajes como los comunicados de prensa, que son generalmente muy formales: (La empresa XXXX quiere informar sobre...).

Algunas empresas utilizan el tono de comunicación del sitio Web muy informal y cercano. Esta práctica no es adecuada, puede confundir a las personas que lleguen al sitio Web.

El titular del artículo que anuncia el nuevo modelo en el sitio Web sería: **"Compre en octubre de 2013 su BMW modelo 2014"**

## Blog

El blog utiliza un tono de comunicación más informal y cercano que el sitio Web, pero menos que el de las redes sociales. Puede ser un tono personal o profesional de acuerdo al objetivo del blog.

Algunas empresas utilizan el mismo tono de comunicación en el sitio Web y en el blog (tono corporativo). Esto generalmente origina una menor participación de los usuarios mediante comentarios.

El artículo del blog asociado al lanzamiento se podría titular: **"El VMW modelo 2014 ganó el premio a la innovación en la Feria Mundial de Autos de Shanghái"**

## LinkedIn

Como se ha mencionado en varias ocasiones, LinkedIn es un canal de redes sociales que se caracteriza por permitir construir redes de profesionales con intereses comunes, lo que exige un tono de comunicación profesional pero cercano. Es importante anotar que el tono es menos cercano que Twitter y Facebook, pero más cercano que el de un sitio Web y el blog.

El mensaje en LinkedIn asociado al lanzamiento podría ser como: **"Conozca las innovaciones tecnológicas del nuevo BMW 2014.** `http://ow.ly/eJIiz`**"**

## Twitter

Twitter es un canal muy utilizado por empresas y profesionales para estar informados sobre diferentes temas en tiempo real. El tono comunicativo en Twitter es cercano e informativo. En algunas ocasiones la limitación de los 140 caracteres, puede dificultar un tono de comunicación adecuado.

El tuit asociado con el lanzamiento el nuevo BMW 2014 sería: **"Ven hoy a probar el BMW modelo 2014 y consigue un 10% de descuento en la compra de tu coche.** `http://ow.ly/eJIts`**"**

## Facebook

Facebook es el canal de las redes sociales con mayor carga emocional, lo que permite una comunicación más emotiva. Es por esto, que el tono de comunicación adecuado para este canal es cercano y emotivo.

La publicación para hacer referencia al nuevo modelo sería: **¿En qué color prefieres nuestro BMW modelo 2014?** Se inserta una imagen muy llamativa de varios coches del nuevo modelo, en distintos colores.

**Figura 10.5.** Ejemplos de comunicación en redes sociales.

# CREACIÓN DEL PLAN CONVERSACIONAL

## Generalidades del plan conversacional

El plan conversacional consiste en la planificación del contenido día a día durante un año, que le permitirá conocer el coste de la estrategia y alcanzar los objetivos de marketing en redes sociales. Este plan incluye:

- Objetivo de marketing en redes sociales.
- Tema del contenido.
- Coste estimado.
- Fuente de información (interna o externa).
- Formato del contenido.
- Red social en la que se publicará.
- Fecha de publicación.
- Hora de publicación.

La planificación de contenidos le permitirá:

- Organizar mejor su tiempo.
- Aumentar el impacto de las publicaciones.
- Adaptar las publicaciones con los objetivos de marketing en redes sociales.
- Alcanzar los objetivos de marketing en redes sociales.

**Nota:** Para que el plan conversacional sea efectivo, debe revisarlo mensualmente y actualizarlo diariamente con la información real publicada.

## Definir la periodicidad de las publicaciones

Se debe definir la periodicidad de las publicaciones en cada red social. Es conveniente publicar contenido todos los días (incluidos sábados y domingos) para aumentar el impacto de sus publicaciones.

### La periodicidad diaria recomendada por red social

- **Facebook**: entre 1 y 3 publicaciones.
- **Twitter**: entre 5 y 20 tuits.
- **Google+**: entre 1 y 3 publicaciones.
- **LinkedIn**: entre 1 y 3 publicaciones.
- **Pinterest**: entre 1 y 3 pins.
- **Instagram**: entre 1 y 3 imágenes.
- **YouTube**: entre 1 y 4 vídeos al mes.

## Definición del contenido a publicar

La temática y formato del contenido a publicar es muy importante a la hora de realizar el plan conversacional. Como se vió en los capítulos 6, 7 y 8 se puede:

- **Crear el contenido**: crear el contenido con recursos internos y publicar material que proviene de fuentes externas.
- **Determinar el formato del contenido**: texto, imágenes, infografías, podcasts, vídeos, *webinars*, ebooks, juegos, animaciones, etc.

> **Nota:** Para profundizar sobre el uso del contenido en la estrategia de marketing en redes sociales, puede consultar los capítulos 6, 7 y 8.

## DISEÑO DE LAS MÉTRICAS DE MARKETING EN REDES SOCIALES

El diseño de las métricas de marketing en redes sociales es fundamental para poder administrar la estrategia y determinar si la estrategia funciona o no. Las principales métricas en marketing de redes sociales son:

### Métricas en el sitio Web asociadas a las redes sociales

Google Analytics permite monitorear los indicadores más importantes en su sitio Web que son asociados al marketing en redes sociales. Algunos de ellos son:

- **Visitas desde redes sociales**: se puede ver con Google Analytics, el tráfico que tiene su sitio Web o blog desde sitios Webs de referencia. Algunas de las fuentes que se deben monitorear son: Twitter, Facebook, YouTube, LinkedIn, etc.
- **Tasas de conversión**: se deben configurar las conversiones en nuestro sitio Web, a partir del tráfico que llega desde las redes sociales. Ejemplos de conversiones serían: usuarios registrados, usuarios suscritos al boletín, pedidos realizados, compras realizadas, etc. Para mejorar la conversión de las visitas desde redes sociales puede ser útil crear *landing pages*.

### Métricas sobre la reputación de la empresa

Las herramientas de monitoreo, tanto de pago como gratuitas, revisadas en el capítulo 5 sirven para monitorear su reputación en redes sociales. Como dijimos antes, es muy importante monitorear de forma permanente lo que se dice de la empresa o de la marca para tomar acciones en caso de un ataque a la reputación.

## Métricas en Facebook

En Facebook los indicadores más importantes para medir la efectividad de la estrategia de Facebook son:

- **Visitas a la página y su crecimiento**: este indicador permite verificar el número de visitas a la página de Facebook y su crecimiento en el tiempo.

- **Número de "Me gusta" de la página en Facebook y su crecimiento**: es fundamental diseñar e implementar estrategias para aumentar el número de fans de la página de Facebook, ya que dará más visibilidad y, por tanto, permitirá cumplir los objetivos de marketing en redes sociales. No solo es importante tener muchos "Me gusta" sino mantener un crecimiento sostenido.

- **Número de comentarios en el muro de Facebook y su crecimiento**: un número importante de comentarios por parte de los fans en Facebook muestra la madurez de la comunidad que se está formando. Se debe promover la participación para que crezca diariamente.

- **Porcentaje de comentarios respondidos y tiempo de respuesta**: este indicador muestra si se está utilizando Facebook para escuchar a las personas o solo como una plataforma de comunicación. Para potencializar las características de la Web 2.0, es importante responder rápidamente los comentarios escritos por los usuarios.

- **Tipo de comentarios de los visitantes**: establecer el porcentaje de comentarios positivos, negativos y neutros en el muro de la página de Facebook, permite saber la satisfacción de los fans.

## Métricas en Twitter

En Twitter los indicadores más importantes para medir la efectividad de la estrategia son:

- **Número y crecimiento de seguidores**: éste muestra la visibilidad que tienen los tuits. Se deben realizar estrategias permanentes de crecimiento.

- **Número de seguidos**: es importante evitar tener cero seguidores, ya que se desaprovecharía el potencial que tiene Twitter de escucha.

- **Número de tuits y periodicidad de envío**: cómo se mencionó antes, se deben enviar entre 5 y 20 tuits al día. Si se requieren enviar tuits comerciales la proporción sería un máximo de un tuit comercial, por 20 no comerciales, para evitar que nos cataloguen de SPAM.

- **Número de retuits y menciones**: este indicador muestra la viralidad de nuestros tuits. Es vital realizar estrategias para buscar el retuit.

## Métricas en otras redes sociales

Los indicadores que debemos monitorear en otras redes sociales son:

- **YouTube**: número de vídeos subidos, número de suscriptores, reproducciones de vídeos subidos, número de comentarios en el canal, etc.
- **LinkedIn**: número de contactos, número participantes en grupos que se crean, número de recomendaciones, etc.
- **Flickr**: número de fotos subidas, número de comentarios, etc.

> **Nota:** Para profundizar sobre la medición de las acciones de marketing en redes sociales, puede consultar el capítulo 11.

# ACTIVACIÓN Y GESTIÓN DE LAS REDES SOCIALES

Solamente hasta esta etapa de la estrategia, se recomienda crear y personalizar las cuentas de redes sociales. Es importante aclarar que el registro de las cuentas en canales (como Facebook, Twitter, Google+, Tuenti, YouTube, LinkedIn, Pinterest, Instagram, Flickr y SlideShare) se debe hacer lo antes posible para proteger la marca, ya que otra persona se nos puede adelantar.

> **Nota:** Para ver el procedimiento de activación y gestión de las redes sociales, puede consultar el capítulo 4.

# ESCUCHA ACTIVA

La escucha activa significa escuchar con el firme propósito de entender a su audiencia y actuar de acuerdo a lo que se identifique.

La tarea de escucha activa implica invertir una importante cantidad de tiempo, pero ofrece muchos beneficios a la marca, entre ellas:

- Identificar los puntos fuertes y débiles de la marca.
- Conocer mejor a su audiencia analizando su comportamiento, intereses y necesidades.
- Saber qué tipo de contenido es el que más interés provoca en los canales de redes sociales.
- Saber de primera mano la opinión que tiene la audiencia hacia la marca.

Lo que se debe escuchar en redes sociales es:

- **Marca**: con el nombre de la marca se puede identificar:
    - ¿Qué se está hablando de ella?
    - ¿Dónde se está hablando de ella?
    - Lo que se dice de la marca, ¿es positivo o negativo?
- **Productos y servicios**: se busca en las redes sociales qué se comenta de los productos y servicios de la empresa.
- **Competencia**: se debe monitorear los nombres de los competidores y los nombres de sus productos y servicios.
- **Entorno**: no se limite a escuchar sobre sus productos y servicios, busque también qué está pasando en el entorno de se marca definiendo "palabras claves".
- **Audiencia**: escuche a la audiencia para conocer comportamientos, intereses y necesidades que tienen.

Cuando se realiza una escucha activa en los canales de redes sociales de la empresa, podrá optimizar la estrategia de contenido de acuerdo a los gustos y preferencias de la audiencia.

**Figura 10.6.** Elementos que se deben escuchar en redes sociales.

**Nota:** Para profundizar en la gestión de ataques a la reputación puede consultar el capítulo 9.

## EVALUACIÓN Y PLANES DE MEJORA

En esta etapa se debe comparar los resultados obtenidos, con los objetivos y metas propuestas para realizar ajustes en la estrategia y mejorar de manera continua la presencia en redes sociales cuando se presenten desviaciones o incumplimientos.

## RESUMEN, PREGUNTAS DE REPASO Y EJERCICIO

### Resumen

- ▶ Una estrategia corporativa es la planificación en el tiempo de recursos, habilidades y tácticas para cumplir los objetivos de la empresa.
- ▶ La estrategia de redes sociales debe estar en consonancia con la estrategia de marketing y esta a su vez, estar alineada con la estrategia corporativa.
- ▶ La estrategia debe ser el elemento central de la presencia en redes sociales, es algo que da la dirección de las acciones tácticas que la ponen en marcha.
- ▶ Los pasos de un plan estratégico de marketing en redes sociales son:
    - ▶ Evaluación de situación en el marketing en redes sociales.
    - ▶ Definición del público objetivo del marketing en redes sociales.
    - ▶ Definición de objetivos y metas del marketing en redes sociales.
    - ▶ Planificación de canales y contenido.
    - ▶ Creación del plan conversacional.
    - ▶ Diseño de las métricas de marketing en redes sociales.
    - ▶ Activación y gestión de las redes sociales.
    - ▶ Escucha activa.
    - ▶ Evaluación y planes de mejora.
- ▶ La evaluación de la situación de marketing en redes sociales incluye: identificación de la estrategia de corporativa y de marketing y diagnóstico de redes sociales.
- ▶ La definición del público objetivo del marketing en redes sociales, se realiza mediante: perfil socio-demográfico, psicográfico y metodología de personas.

- Diferencia entre objetivos y metas: en la vuelta ciclista el objetivo es ganar la carrera y las metas son ganar cada etapa.
- Una vez se tengan definidos los objetivos, se eligen los canales necesarios para cumplir dicho objetivo.
- Se debe definir qué y cómo se comunicará en cada canal de redes sociales seleccionado.
- El plan conversacional es la planificación del contenido día por día durante un año, que le permitirá conocer el coste de la estrategia y alcanzar los objetivos de marketing en redes sociales.
- El diseño de las métricas de marketing en redes sociales es fundamental para poder administrar la estrategia y determinar si la misma funciona o no.
- La escucha activa significa escuchar con el firme propósito de entender a su audiencia y actuar de acuerdo a lo que se identifique.

## Preguntas de repaso

- ¿Qué es una estrategia y cuáles son las bases del término?
- ¿Cuáles son los elementos de las estrategias corporativas?
- ¿Cuáles son los niveles de una estrategia?
- ¿Cuál es la diferencia entre estrategia y táctica?
- ¿Cuáles son los pasos del modelo de plan estratégico de marketing en redes sociales?
- En el diagnóstico de redes sociales, ¿qué elementos se deben considerar?
- ¿Qué metodologías se pueden utilizar para definir el público objetivo?
- ¿Cuál es la diferencia entre objetivos y metas?
- ¿Cómo se realiza la planificación de canales y contenido?
- ¿Qué es un plan conversacional y qué información tiene?
- ¿Cuáles son las principales métricas que se usan en el marketing de redes sociales?
- ¿En qué consiste la etapa de evaluación y planes de mejora?

## Ejercicio

Realice el plan estratégico de marketing en redes sociales para su empresa.

# 11. Medición de las acciones de marketing en redes sociales

Objetivos:

- ▶ Definición de indicadores para medir la gestión de marketing en redes sociales.
- ▶ Definición de los valores que se quieren alcanzar en los indicadores de marketing en redes sociales.
- ▶ Medición del ROI y del IOR.

## CASO DE ESTUDIO

En febrero de 2010, Old Spice lazó el vídeo titulado "*The Man Your Man Could Smell Like*" y los resultados fueron más de 45 millones de reproducciones y casi 45.700 comentarios.

En julio de 2010, Old Spice lanzó un segundo vídeo titulado "*The Return of The Man Your Man Could Smell Like*", y de nuevo con unos resultados excelentes, consiguiendo más de 23 millones de reproducciones y más de 21.000 comentarios. Su canal de YouTube ha conseguido más de 239 millones de reproducciones.

Miles de personas enviaron preguntas por Twitter y Old Spice comenzó a responderlas por YouTube de manera desenfadada y diferente, convirtiendo al actor de Old Spice en toda una celebridad. Cada nuevo vídeo creaba más viralidad y aumentaba el éxito.

Una parte importante del éxito de esta campaña, fue debido al uso de Facebook y Twitter como canales de difusión.

Algunos datos interesantes son:

- Su cuenta de Twitter aumentó en número de seguidores en un 2.700% durante la campaña.
- Los fans de Facebook aumentaron un 800%.
- El tráfico del sitio Web aumentó un 300%.
- El vídeo consiguió ser el más visto de una marca en YouTube hasta ese momento.
- La campaña generó más de 1.400 millones de impresiones en televisión en 6 meses.
- El vídeo también generó un gran *engagement* durante el 2010, logrando más de 2.000 "Me gusta" y cientos de comentarios en cada entrada.

Esta campaña en redes sociales ha tenido un retorno de inversión (ROI) muy positivo para la empresa, gracias a esta, Old Spice incrementó las ventas de sus productos en un **107%** según el portal `Mashable.com`.

Este caso muestra que las redes sociales, además de aumentar la visibilidad de las empresas, permiten aumentar las ventas.

Esta campaña permitió a Old Spice convertirse en la marca número uno en cuidado masculino y a su campaña digital en la más exitosa de todos los tiempos, marcando un punto de inflexión para la publicidad actual.

**Figura 11.1.** Campaña de Old Spice. Imagen tomada del vídeo de YouTube.

> **Nota:** El uso profesional de las redes sociales genera un retorno de la inversión muy alto.

# DEFINICIÓN DE INDICADORES PARA MEDIR LA GESTIÓN DE MARKETING EN REDES SOCIALES

## Generalidades de la medición de marketing en redes sociales

Los KPI, son las iniciales de *Key Performance Indicators*, o indicadores clave de desempeño, que miden el nivel del rentabilidad de un proceso, indican el rendimiento de estos, de forma que se pueda alcanzar el objetivo fijado.

Un buen indicador cuenta con las siguientes características:

- **Simple:** es sencillo y fácil de entender.
- **Específico:** se puede acotar claramente.
- **Medible:** se mide con facilidad para establecer su estado.
- **Alcanzable:** es alcanzable con los recursos disponibles.
- **Importante:** tiene gran relevancia para los usuarios siendo útiles al instante.
- **Oportuno:** se puede obtener en el momento que se necesita.

La medición de las acciones de marketing en redes sociales permite entender el comportamiento de los usuarios y mejorar sus experiencias de navegación.

> **Advertencia:** Lo que no se mide no se puede administrar.

Algunos beneficios del uso de indicadores para la medición de las acciones de marketing en redes sociales son:

- Gestione la estrategia de redes sociales.
- Optimice el marketing en redes sociales.
- Solucione lo que no funciona.
- Potencie lo que sí funciona.

- Reduzca la incertidumbre y tome decisiones objetivas basadas en información relevante.
- Atraiga tráfico de calidad.
- Mejore el retorno de la inversión (ROI).
- Mejore la experiencia de usuario.

La medición de las acciones de marketing en redes sociales tiene en cuenta cuatro aspectos:

- **Qué**: es el estudio de lo que hacen los usuarios en las redes sociales.
- **Cuánto**: es el estudio de los diferentes resultados de su presencia en redes sociales.
- **Por qué**: es el estudio de las causas del comportamiento de los usuarios, y de los resultados obtenidos.
- **Qué más**: es el estudio de la competencia, de sus acciones de marketing en redes sociales.

**Nota:** Las mediciones son importantes, pero mucho más importantes son los analistas.

## Indicadores para medir las acciones de marketing en redes sociales

Estos indicadores fueron descritos en el **capítulo 10**, cuando se describió el plan estratégico de marketing en redes sociales.

Las categorías de indicadores que se vieron fueron:

- Indicadores en el sitio Web asociadas a las redes sociales.
- Indicadores de reputación de la empresa.
- Indicadores en Facebook.
- Indicadores en Twitter.
- Indicadores en otras redes sociales.

Las herramientas para medir los indicadores fueron ya revisadas en los capítulos 4 y 5.

MEDICIÓN DE LAS ACCIONES DE MARKETING EN REDES SOCIALES

> **Nota:** Para ver en detalle los indicadores para medir las acciones de marketing en redes sociales, consulte el capítulo 10. Para conocer las herramientas para medir los indicadores de las acciones de marketing en redes sociales consulte los capítulos 4 y 5.

# DEFINICIÓN DE LOS VALORES QUE SE QUIEREN ALCANZAR EN LOS INDICADORES DE MARKETING EN REDES SOCIALES

Una vez determinados los indicadores, se definen los valores que se requieren alcanzar con la gestión de marketing en redes sociales.

Para fijar el valor que se quiere alcanzar en un indicador determinado, se pueden utilizar varios métodos.

## Trayectoria de la organización

De acuerdo con los resultados históricos, se determinan los valores que se quieren obtener con las acciones de marketing en redes sociales.

Se debe determinar el crecimiento histórico del indicador a medir y en base a ello, definir los valores que se quieren alcanzar.

La gráfica siguiente muestra un ejemplo de cálculo de valor estimado para diciembre de 2013, basado en los resultados obtenidos años anteriores.

| Año | 2009 | 2010 | 2011 | 2012 | 2013 estimado |
|---|---|---|---|---|---|
| Fans | 1.500 | 2.300 | 3.700 | 6.300 | 11.319 |
| Crecimiento en fans | | 800 | 1.400 | 2.600 | 5.019 |
| Crecimiento en Porcentaje | | 53% | 61% | 70% | 80% |

**Figura 11.2.** Ejemplo de definición de valores indicadores que se quieren alcanzar en un futuro, en base a la trayectoria de la organización.

La gráfica anterior muestra el número de fans en la página de Facebook en diciembre de cada año. La fila de crecimiento de fans muestra el recorrido de un año a otro en número y el crecimiento en porcentaje indica el porcentaje.

Las cifras de 2009 a 2012 son históricas y la cifra de 2013 es estimada.

- ▶ Para la estimación, primero se fija el dato de crecimiento en porcentaje (en rojo). Este dato se estima de acuerdo al crecimiento experimentado los años anteriores. En el ejemplo se estima en el 80%.

- Con el dato de porcentaje, se calcula el número de fan estimado en diciembre de 2013 (en verde), multiplicando los fans de diciembre de 2012 por 1.80. En el ejemplo se estiman 11.319 fans.

- Y con los fans estimados en diciembre de 2013 se calcula el crecimiento estimado en número (naranja). En el ejemplo es 5.019.

> **Nota:** Para definir los valores que se quieren alcanzar con los indicadores que miden las acciones de marketing en redes sociales, es muy importante revisar el comportamiento histórico de dicho indicador.

## Impacto de las estrategias de marketing en redes sociales

En este ejemplo anterior se vio el crecimiento orgánico, es decir, solamente debido al contenido de valor añadido e interacción logrados en la página de Facebook.

Si en la estrategia de marketing en redes sociales se tiene planeado realizar una campaña en 2013, se debe modificar el cuadro anterior para mostrar dicho impacto como aparece en la gráfica siguiente:

| Año | 2012 | 2013 estimado | Impacto concurso | 2013 ajustado |
|---|---|---|---|---|
| Fans | 6.300 | 11.319 | | 16.319 |
| Crecimiento en fans | 2.600 | 5.019 | 5.000 | 10.019 |
| Crecimiento en Porcentaje | | 70% | 80% | 159% |

**Figura 11.3.** Ejemplo de ajuste de valores de indicadores que se quieren alcanzar con una estrategia planificada.

Si se estima que el impacto del concurso será de 5.000 fans adicionales (en rojo), se debe ajustar el 2013 con el incremento de esos fans (en verde). Para el ejemplo, se pasa de un 80% de crecimiento respecto al 2012 a un 159% de incremento.

## Acciones de empresas similares y competidoras

Cuando se establezcan los valores que se quieran alcanzar con las acciones de marketing en redes sociales, es muy importante monitorear el crecimiento propuesto en porcentaje, con lo que están logrando las empresas similares y competidoras. Si esas empresas están logrando mejores resultados se debe modificar la estrategia para mejorar o al menos igualar esos resultados.

# MEDICIÓN DEL ROI Y DEL IOR

## ROI: Retorno de la inversión

### Generalidades del ROI

El ROI son las iniciales de *Return On Investment*, en español retorno de la inversión, es un valor que mide el rendimiento de una inversión, para conocer la rentabilidad del gasto que se está realizando o que se planea realizar. El ROI es un método de evaluación financiera, que compara los beneficios netos de cualquier proyecto, con sus costes reales.

A medida que aumentan los presupuestos de las empresas en las redes sociales, el cálculo numérico del retorno de la inversión (ROI) de las estrategias en redes sociales se vuelve cada vez más importante. Si los community manager y responsables de las estrategias en redes sociales de las organizaciones hacen bien este cálculo, lo que obtendrán son recursos cada vez mayores para invertir en este canal.

### Cálculo del ROI

Existe un fórmula matemática para obtener este valor. Se calcula en función de la inversión realizada y el beneficio obtenido, o el que se piensa obtener: al beneficio que se ha obtenido de una inversión (o el esperado) se le resta el coste de inversión realizada y ese resultado se divide entre el coste de la inversión. El resultado, que es un porcentaje, es el ROI.

**ROI = (beneficio obtenido − inversión) / inversión**

Se debe tener en cuenta:

- ▶ Los valores de ROI cuanto más altos, mejor.
- ▶ Si se tiene un ROI negativo significa que se está perdiendo dinero y si es muy cercano a cero, puede resultar que la inversión no sea muy atractiva.

A la hora de evaluar una inversión, es importante calcular el ROI, sobre todo para comparar dos posibles supuestos, pues si con una inversión se consigue un ROI mejor que con otra, se debe pensar en invertir el dinero únicamente en la opción que reporte mejores resultados.

### Fortalezas y debilidades del ROI para medir acciones en redes sociales

Las fortalezas de este indicador para medir las acciones en redes sociales son las siguientes:

- ▶ **Fácil de usar**: ofrece un resultado concreto, cierto y fácilmente cuantificable.
- ▶ **Permite conocer el resultado de la estrategia**: si se define adecuadamente, es una herramienta adecuada que ofrece una visión completa del resultado de la estrategia.
- ▶ **Fácil de entender**: es fácilmente comprensible por clientes y sectores tradicionales.
- ▶ **Importancia del retorno económico**: pone énfasis en las ventas y el retorno económico, principal objetivo de las empresas.

Las debilidades del ROI para medir las acciones en redes sociales son:

- ▶ **Limitado para evaluar elementos emocionales**: se centra en análisis cuantitativo y no tiene en cuenta elementos subjetivos y emocionales, muy importantes en las redes sociales.
- ▶ **No está adaptado para las redes sociales**: tiene su origen en modelos de gestión tradicionales, requiere de una adaptación para ser utilizado en redes sociales.
- ▶ **Demasiado énfasis en conseguir beneficios a corto plazo**: cuando se usa sin otro indicador de medición complementario puede enfocar demasiado la gestión hacia la ganancia de dinero inmediata.
- ▶ **Poco efectiva para medir acciones a largo plazo**: muy apta para acciones o campañas concretas, pero menos efectiva para medir acciones alargadas en el tiempo.

**Nota:** El ROI es limitado para evaluar elementos emocionales.

## IOR: Impacto en el relacionamiento

Los conceptos de IOR mencionados en este libro se basaron en el libro: "Social Media IOR: las relaciones como moneda de rentabilidad" escrito por Johana Cavalcanti y Juan Sobejano. El IOR, iniciales de *Impact Of Relationship,* es una metodología que mide la presencia y fortaleza de una marca en las redes sociales, teniendo en cuenta no sólo elementos cuantitativos, sino también cualitativos y emocionales. La fórmula del IOR es:

**IOR = puntos de autoridad + puntos de influencia + puntos de participación + puntos de tráfico**

El IOR considera cuatro aspectos:

## Autoridad

La autoridad es el contenido creado por la marca que ha sido compartido en la Red. Está relacionada con las menciones de la marca fuera de sus perfiles en redes sociales. Es necesario monitorear la marca para calcular la autoridad.

Para asignar el valor del IOR a la variable de autoridad, que debe estar entre 51 y 100, se debe tener en cuenta quién y dónde ha realizado la mención de la marca y el impacto del contenido generado.

Algunos aspectos que definen la autoridad son:

- Ser citado en artículos, publicaciones y noticias.
- Difusión relevante de contenidos de la marca.
- Uso de la marca, como caso de éxito, en conferencias o estudios.

## Influencia

La influencia hace referencia al número de seguidores de la marca en cada red social donde tenga presencia.

Para asignar el valor del IOR a la variable influencia, que debe estar entre 26 y 50, se debe considerar cada nuevo suscriptor del blog, cada nuevo fan en Facebook y cada nuevo seguidor en Twitter, entre otros.

Para calcular la influencia se tienen en cuenta aspectos como los siguientes:

- Cantidad de subscriptores del blog de la empresa.
- Número de fans en la página de Facebook.
- Número de seguidores en Twitter.
- Número de fans en Google+.
- Número de seguidores en LinkedIn.
- Número de subscriptores en YouTube.

## Participación

La participación de los seguidores en las redes sociales donde la marca tiene presencia es una variable difícil de controlar, ya que la línea del tiempo en las redes sociales es muy rápida y si no se lleva un control diario, puede que algo se pierda en el tiempo.

La participación tendría un rango de valores de entre 6 y 20 IOR y se atribuye la puntuación dependiendo, tanto de la red social como de la persona que se ha relacionado con la marca.

Para poder calcular la participación se tienen en cuenta aspectos como los siguientes:

- Comentarios en el blog de la empresa.
- Comentarios y valoraciones en la página de Facebook.
- Menciones, retuits y respuestas en Twitter.
- Comentarios y valoraciones en YouTube.

## Tráfico

El tráfico son las visitas generadas desde las redes sociales. Se puede utilizar la herramienta Google Analytics para calcularlo, pero es importante analizar qué acciones han generado las personas que visitaron el sitio.

Para calcular el tráfico, se aplica el rango de valores de entre 1 y 5 IOR, dependiendo de la red social o acción que ha generado en el sitio.

Para calcular el tráfico se tiene en cuenta las visitas a los sitios desde las redes sociales.

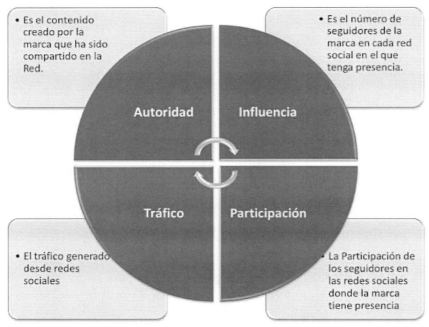

**Figura 11.4.** IOR: aspectos que tiene en cuenta el indicador.

> **Truco:** Para descargar el libro gratuito: "Social Media IOR: las relaciones como moneda de rentabilidad" escrito por Johana Cavalcanti y Juan Sobejano acceda a la siguiente dirección: `http://www.slideshare.net/JuanCMejiaLlano/social-media-ior-lass-relaciones-como-moneda-de-rentabilidad`.

## Conversión

La conversión de un sitio Web es el proceso por el cual se consigue que las visitas que llegan, hagan lo que la empresa desea, como por ejemplo:

- Suscribirse a una lista de correo.
- Realizar una compra.
- Acceder a una parte determinada de nuestro dominio.

Es el fundamento para cualquier negocio basado en Internet. El objetivo es obtener el mayor número posible de conversiones. La tasa de conversión de visitantes en clientes es, la medida más importante para evaluar el éxito de una campaña de marketing en Internet.

## Túnel de conversión

El túnel de conversión son los pasos que un visitante debe realizar en un sitio Web para cumplir el objetivo principal. Si se toma, por ejemplo, una compra en un sitio de comercio electrónico el proceso de compra tendría varios pasos:

- Visita al sitio Web.
- Visita al catálogo de productos.
- Poner un producto en el carro de compras.
- Finalizar la compra.

En la gráfica se muestra un ejemplo del túnel de conversión para este ejemplo:

- 100 personas visitan el sitio Web.
- 60 personas visitan el catálogo de productos.
- 30 personas ponen uno o varios productos en el carro de compra.
- 10 personas pagan el producto.

> **Nota:** Es muy importante conocer el túnel de conversión para mejorar el ROI de las acciones de marketing en redes sociales.

**Figura 11.5.** Ejemplo de túnel de conversión de comercio electrónico.

## Cómo mejorar la conversión en comercio electrónico

- Atraer visitas de calidad mediante estrategias de posicionamiento en buscadores (SEO) y campañas de pago por clic.
- Optimizar las páginas de aterrizaje (*Landing Page*).
- Incluir botones de **"añadir al carrito"** directamente.
- Llevar los productos más populares a la página de inicio.
- Crear una propuesta única de valor.
- Crear un texto de llamada a la acción (*Call To Action*).
- Realizar el proceso de pago (*Checkout*) en una sola página.
- Potenciar la imagen del producto y utilizar otros recursos para la venta.
- Usar técnicas de venta *up selling* y *cross selling*.
- Crear un sitio seguro y demostrar que lo es.
- Enviar los productos gratis.
- Tener un excelente servicio de atención al cliente.
- Realizar servicios de soporte vía chat.
- Tener portal móvil.

## Cálculo del ROI de las acciones en redes sociales en un sitio de comercio electrónico

Si adaptamos la fórmula de ROI vista antes para redes sociales quedaría lo siguiente:

$$ROI = \frac{(\text{Beneficios de redes sociales} - \text{Costos de redes sociales})}{\text{Costos de redes sociales}} \times 100$$

DONDE

Beneficios de redes sociales = Ingresos originados por redes sociales − Costos para obtener esos ingresos

Costos de redes sociales = Costos de personal de redes sociales + Costos de herramientas de redes sociales + Costos de campañas de redes sociales + Otros costos de redes sociales

**Figura 11.6.** Fórmula para calcular el ROI de las acciones de marketing en redes sociales.

Los elementos de la fórmula tienen el siguiente significado:

- **Beneficios de redes sociales**: los beneficios se calculan con la siguiente fórmula (ingresos totales originados por las redes sociales − costes de producción y operación para obtener esos ingresos).

- **Costes de redes sociales**: los costes de redes sociales se calculan sumando todos los costes que están asociados al canal.

Como se mencionó antes, cuanto mayor sea el ROI, mayor será el beneficio neto que obtiene la empresa por el dinero invertido en las redes sociales. Se revisarán los pasos necesarios para calcular el ROI de las redes sociales para un sitio de comercio electrónico.

## Calcule el coste total de las redes sociales

Calcule todos los costes asociados a las redes sociales como:

- Costes de personal.
- Costes de herramientas de monitoreo y administración.
- Costes de campañas.
- Otros costes de redes sociales.

Se mostrará con un ejemplo numérico:

- Coste de personal = € 4.000 al mes.
- Coste de herramientas = € 600 al mes.
- Coste de campañas = € 400 al mes.
- Otros costes = € 1.000 al mes.
- Coste total en redes sociales = € 6.000 al mes.

## Calcule el porcentaje (%) del gastos en redes sociales que se atribuirá al comercio electrónico

Las redes sociales pueden cumplir varios objetivos como son:

- Relacionamiento (*engagement*).
- Fortalecimiento de marca.
- Conocimiento de audiencia.
- Monitoreo de la reputación.
- Servicio de atención al cliente.
- Captación de clientes.
- Fidelización de clientes.
- Generar ventas.

Asignar al ROI de comercio electrónico el **10%** del gasto total de las redes sociales puede ser una cifra razonable.

Continuando con el ejemplo anterior, el gasto en las redes sociales atribuido al comercio electrónico es:

(€ 6.000 × 10)/100 = **€ 600**

## Identifique el tráfico desde redes sociales al sitio Web

Lo primero que se debe hacer es identificar el tráfico desde redes sociales al sitio Web. Esta información se puede conocer con la herramienta Google Analytics si escogemos la opción: Fuente de tráfico/Social/Visión General.

## Calcule el porcentaje de conversión del sitio de comercio electrónico

La conversión en un sitio de comercio electrónico es la compra. Se debe calcular el porcentaje de visitas que finaliza con la compra.

Continuando con el ejemplo, si se tienen 10.000 visitas y se logran 500 ventas en un mes, el porcentaje de conversión sería: **(500/10.000) × 100 = 5%**

## Calcule el valor medio de la venta

El valor medio de la venta en el sitio Web se calcula dividiendo la cifra total de ventas sobre el número de ventas.

Por ejemplo, si se realizan ventas por un total de € 50.000, la venta media será:

**€ 50.000/500 = € 100**

## Calcule el beneficio medio

Se debe calcular el beneficio medio al vender los productos o servicios.

Si los € 100 del ejemplo originan un coste de € 60 para la empresa, el beneficio entonces sería de:

**€ 100 – € 60 = € 40**

## Calcule el beneficio total en redes sociales

El beneficio en las redes sociales se calcula multiplicando el número de ventas generados por los visitantes que llegaron desde redes sociales por el beneficio medio de las redes sociales.

En el ejemplo, el cálculo sería: **500 × € 40 = € 20.000**

## Calcule el ROI

De acuerdo con la fórmula vista, y continuando con el ejemplo, el retorno de la inversión (ROI) es:

**(€ 20.000 – € 600) / € 600 = 32**

El resultado de 32 al ser positivo indica que la inversión en redes sociales, para este ejemplo, es rentable para el proyecto de comercio electrónico. A partir de este punto, se debe empezar a optimizar las redes sociales para ir mejorando este valor de forma continua.

| | Euros al mes | | Euros al mes |
|---|---|---|---|
| Costo de personal | € 4.000 | Tráfico desde redes sociales | 10.000 |
| Costo de herramientas | € 600 | % de conversión del sitio de comercio electrónico | 5% |
| Costo de campañas | € 400 | Total ventas logradas | 500 |
| Otros costos | € 1.000 | Venta promedio | € 100 |
| Costo total de redes sociales | € 6.000 | Valor ventas | € 50.000 |
| % asignado a comercio electrónico | 10% | Margen del promedio | 40% |
| Costo asignado comercio electrónico | € 600 | Beneficio total de redes sociales | € 20.000 |
| | | ROI (20.000-600)/600 | 32 |

**Figura 11.7.** Formato en Excel para consolidar la evaluación del ROI de acciones de marketing en redes sociales en un sitio de comercio electrónico.

# Cálculo del IOR de las acciones en redes sociales en un sitio orientado a la marca

Para calcular el IOR se deben realizar los siguientes pasos:

- Cálculo de autoridad (entre 51 y 100 puntos):
    - **La marca fue mencionada en la Web de El País** (`ElPais.com`). Se le asigna un valor de **100 puntos** por ser un portal de referencia.
    - **La marca fue mencionada como un caso de éxito por la Universidad Politécnica de Madrid** (`Upm.es`). Se le asigna un valor de **80 puntos** por tratarse de un caso de éxito, un portal influyente muy importante.
    - **La marca fue mencionada por un blog perteneciente a** `Blogger.com`. Se le asigna el valor mínimo de **50 puntos** por tratarse de un portal poco importante.
    - Total autoridad: **240 puntos**.
- Cálculo de influencia (entre 26 y 50 puntos):
    - **El blog de la marca tiene 10 nuevos suscripciones vía email**. Por la importancia de este tipo de suscripciones, se le asigna un valor de 50 puntos a cada una, lo que originaría 10×50=**500 puntos**.
    - **La marca tuvo 50 nuevos seguidores en Twitter**. Por ser un canal de redes sociales con raíz comunicacional se le otorga un valor de 35 puntos a cada seguidor, lo que originaría 35×50=**1.750 puntos**.
    - **La marca tiene 70 fans en su página de Facebook**. Como las publicaciones no llegan a todos los seguidores, le asignaremos un valor a cada fan de 26 puntos, lo que originaría 26×70=**1.820 puntos**.
    - Total influencia: **4.070 puntos**.
- Cálculo de participación (entre 6 y 25 puntos):
    - **El blog tiene 5 comentarios**. Cada comentario tendrá un valor de 25 puntos, lo que supone 5×25=**125 puntos**.
    - **Su página de Facebook tuvo 25 "Me gusta" y comentarios**. A cada "Me gusta" y comentario se le asignará un valor de 15 puntos, lo que origina 15×25=**375 puntos**.
    - **Su cuenta de Twitter obtuvo 40 retuits, menciones y respuestas**. A cada interacción en Twitter se le asignará un valor de 7 puntos, lo que origina 7×40=**280 puntos**.
    - Total participación: **780 puntos**.

- Cálculo de tráfico (entre 1 y 5 puntos):
  - El sitio de la marca tiene 5.000 visitas que proceden de redes sociales. Cada visita tendrá un valor de 1 punto, lo que origina 1×5.000=**5.000 puntos**.
  - Total tráfico: **5.000 puntos**.
- **Total IOR**: 240+4.070+ 780+5.000=**10.090 puntos**.

## Otros sistemas para calcular el ROI de las redes sociales

### Herramienta para medir el valor de un fan y un seguidor

Con la objetivo de ayudar al community manager a calcular el valor de un fan en Facebook o de los seguidores de Twitter, se han creado un gran número de herramientas. El motivo principalmente radica en la necesidad de medir el ROI en las redes sociales. `Valueofalike.com` es una herramienta de la empresa Hubspot, que permite valorar una página de Facebook o perfil de Twitter a partir de esta fórmula:

**Valor de un fan o seguidor = L/UpM×(LpD×30)×(C/L)×CR×ACV**

Donde:

- **L (*Likes* total)**: número total de miembros de la audiencia conectados a su cuenta. En Facebook, se trata de "Me gusta", y en Twitter, son seguidores.
- **UpM (*Unlikes*-por-Mes)**: número medio de fans que "tiene de diferencia" cada mes. En Facebook, se trata de una diferencia de fans y en Twitter se trata del número de personas que dejaron de seguir la cuenta.
- **LpD (*Links*-por-Día)**: el número medio de veces que se publican artículos con enlaces hacia el sitio Web. En Facebook es el número de mensajes diarios que conducen a una página de su sitio Web. En Twitter es el número de veces al día que están tuiteando este tipo de enlaces.
- **C (Clics):** el número medio de clics en los enlaces a su sitio Web que se publican en la red social de estudio.
- **CR (Conversión)**: utilice la tasa de conversión medida al tráfico procedente de la red social que está calculando.
- **ACV (Valor medio de conversión)**: el valor medio de cada "conversión". Podría ser el precio medio de venta. Para mayor precisión, utilice el valor medio de conversión del tráfico proveniente de la red social específica.

**Figura 11.8.** Valueofalike.com: herramienta que permite valorar una página de Facebook o perfil de Twitter.

## ¿Qué podríamos perder si no estamos en redes sociales?

- **Pérdidas económicas por mala gestión de la reputación**: la reputación de la empresa se puede ver seriamente comprometida si no se tiene una presencia activa en redes sociales. Generalmente, los daños a la reputación siempre van asociados con pérdidas económicas muy importantes.

- **Pérdida de clientes por no conocerlos**: cuando no se usan las redes sociales para escuchar a los clientes activamente para conocer mejor sus expectativas, necesidades y ajustar la oferta de valor de acuerdo a este conocimiento, puede llevar a la pérdida de clientes si la competencia sí lo hace.

- **Mayores gastos en comunicación**: las redes sociales son un canal de comunicación muy efectivo para la empresa, si no se usa ésta tendrá que utilizar canales mucho más costos.

- **Mayores gastos en publicidad**: las empresas que no usan las redes sociales para potenciar su marca, deben invertir en canales costosos y menos eficientes.

# RESUMEN, PREGUNTAS DE REPASO Y EJERCICIO

## Resumen

- Los KPI, (*Key Performance Indicators*), en español indicadores clave de desempeño, miden el nivel de rendimiento de un proceso, de forma que se pueda alcanzar el objetivo fijado.
- Un buen indicador es: simple, específico, cuantificable, alcanzable, importante y oportuno.
- Para definir los valores que se quieren alcanzar en los indicadores de marketing en redes sociales se debe tener en cuenta:
    - La trayectoria de la organización.
    - El impacto de las estrategias de marketing en las redes sociales planeadas.
    - El funcionamiento de empresas similares y competidoras.
- El ROI son las iniciales de las palabras en inglés *Return On Investment*, es un valor que mide el rendimiento de una inversión, para saber la rentabilidad que aportará el gasto realizado o que se planea realizar.
    ROI = (beneficio obtenido – inversión) / inversión.
- El ROI para medir acciones en redes sociales, tiene fortalezas y debilidades.
- El IOR, iniciales de las palabras en inglés *Impact Of Relationship*, es una metodología que mide la presencia y fortaleza de una marca en redes sociales, teniendo en cuenta no sólo elementos cuantitativos, sino también cualitativos y emocionales.
- IOR = puntos de autoridad + puntos de influencia + puntos de participación + puntos de tráfico.
    - La autoridad es el contenido creado por la marca que ha sido compartido en la Red.
    - La influencia hace referencia al número de seguidores de la marca en cada red social donde tenga presencia.
    - La participación de los seguidores en las redes sociales donde la marca tiene presencia.
    - El tráfico son las visitas generada desde las redes sociales.
- La conversión de un sitio Web es el proceso por el cual se consigue que las visitas, hagan lo que la empresa desea.

- El túnel de conversión son los pasos que un usuario debe realizar en un sitio Web para cumplir el objetivo principal.
- `valueofalike.com` es una herramienta que para medir el valor de un fan en Facebook y seguidor en Twitter.

## Preguntas de repaso

- ¿Qué son los KPI?
- ¿Qué características debe cumplir un buen indicador?
- ¿Cuáles son los beneficios al usar indicadores para la medición de las acciones de marketing en redes sociales?
- ¿Qué métodos se pueden emplear para fijar el valor a alcanzar en los indicadores de las acciones de marketing en redes sociales?
- ¿Qué es ROI?
- ¿Cuál es la fórmula del ROI?
- ¿Cuáles son las fortalezas y debilidades del ROI para medir acciones de marketing en redes sociales?
- ¿Qué es el IOR?
- ¿Cuál es la fórmula del IOR?
- ¿Qué significa cada uno de los elementos en que se basa el IOR?
- ¿Qué es conversión?
- ¿Qué es un túnel de conversión?
- ¿Cómo mejorar la conversión en comercio electrónico?
- ¿Qué sitios existen para calcular el valor de un fan de Facebook y un seguidor en Twitter?

## Ejercicio

Calcule el ROI y el IOR de las acciones de marketing en redes sociales de su empresa.

# 12. Tendencias en redes sociales

Objetivos:

- *Social Commerce*: ventas efectivas en redes sociales.
- *Social CRM*: estrategias de fidelización en redes sociales.
- *Crowdsourcing*: combinar esfuerzos.
- *Social Big Data*: conocer a su audiencia.
- *Social SEO*: generar tráfico de valor.
- *Gamificación*: aprender y motivar jugando.

## CASO DE ESTUDIO

En 2008 Starbucks lanzó el sitio `MyStarbucksIdea.com` con la intención de crear una comunidad virtual para almacenar, compartir e implementar las ideas de sus clientes y así mejorar:

- Sus productos.
- El ambiente, o la decoración de sus tiendas.
- La experiencia de cliente.
- Proponer nuevos conceptos.

Starbucks sabe que sus más de 50 millones de clientes de todo el mundo, son los que mejor conocen sus productos, porque los consumen frecuentemente y por eso saben muy bien qué les gustaría añadir a la experiencia cuando visitan sus establecimientos; de manera que son una fuente fundamental y de bajo coste de información para la innovación.

Los clientes que quieran participar, solo deben registrarse en el sitio Web y dejar sus datos. Los clientes registrados también pueden comentar y votar las ideas de otras personas.

El portal crea un ranking con las propuestas más votadas positivamente (populares) que pasan a ser revisadas por un equipo de empleados de Starbucks que deciden cuáles implementar.

En `MyStarbucksIdea.com` el cliente puede consultar:

- El ranking de las ideas más populares.
- Las ideas más recientes.
- Las ideas con más comentarios.
- Las ideas que se han sido implementadas o se están implementando.
- El ranking con los clientes cuyas ideas han sido más votadas y comentadas.

El blog de Starkbucks "*Ideas in Action*", escrito por varios empleados de la empresa, explica lo que la compañía está haciendo con las ideas registradas en `MyStarbucksIdea.com`.

Algunas cifras interesantes del sitio son:

- 33.727 ideas sobre nuevos tipos de café y bebidas *expresso*.
- 3.599 ideas de nuevas bebidas *frappuccino*.
- 9.875 ideas de nuevos tipos té y otras bebidas.
- 15.547 ideas para nuevas comidas.
- 8.179 ideas para mejorar la música y el *merchandise*.
- 16.588 ideas para mejorar la tarjeta de crédito Starbucks.
- 3.071 ideas del uso de nuevas tecnologías en Starbucks.
- 10.892 ideas de otros productos.
- 8.089 mejoras propuestas para el proceso de orden y pago del café.
- 14.685 mejoras en la atmósfera y la localización de las tiendas.
- 11.144 otras ideas de mejora de la experiencia.

Algunos aprendizajes de `MyStarbucksIdea.com`:

- Starbucks permite que los clientes participen en el proceso de toma de decisiones de la compañía, fundamental para generar *engagement*.

- El cliente de Starbucks participa en la creación de lo que consume, convirtiéndose en *prosumer*.
- Llevan a cabo una escucha activa del cliente, conocen en tiempo real sus ideas, para diseñar o mejorar sus productos y experiencia en sus tiendas, hasta adaptarlos a las preferencias de sus clientes.
- `MyStarbucksIdea.com` profundiza en la orientación al cliente de Starbucks.
- Las ideas y sugerencias de los clientes se implementan, lo que anima a la comunidad.

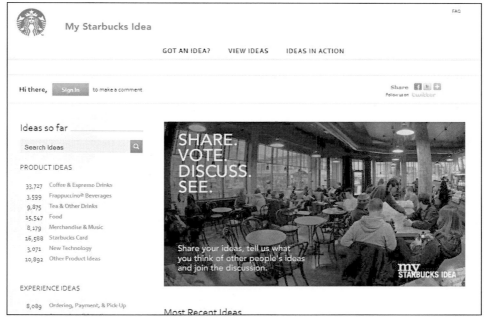

**Figura 12.1.** MyStarbucksIdea.com: iniciativa de crowdsourcing de Starbucks.

## SOCIAL COMMERCE: VENTAS EFECTIVAS EN REDES SOCIALES

El *social commerce*, o comercio social es una variante del comercio electrónico que utiliza las redes sociales para facilitar o realizar las ventas. Las 3 opciones principales de *social commerce* incluyen:

- Realizar el comercio electrónico en redes sociales (por ejemplo Shakira en Facebook llamado F-commerce).
- Utilizar plataformas *de social commerce* (por ejemplo Groupon).
- Añadir *apps* sociales en los sitios de comercio electrónico, para dar un valor diferencial a la experiencia de compra (por ejemplo Levis Friends Store).

## Facebook commerce

### ¿Qué es Facebook Commerce?

Facebook Commerce también llamado F-Commerce se refiere a la realización de ventas de productos o servicios a través de las páginas de Facebook, es decir, es comercio electrónico a través de Facebook. Las ventas pueden realizarse completamente en Facebook o bien iniciarse en Facebook y completarse en el sitio Web.

Si bien la vocación principal de Facebook nunca debe ser la venta, cuando se realiza de manera correcta, la tarea de fidelización y conocimiento del cliente, permite a las empresas vender por este canal.

Aunque F-Commerce se inició con grandes empresas, puede ser una excelente alternativa para las pequeñas y medianas empresas que no cuenten con los conocimientos o el dinero suficiente para crear una tienda electrónica en un sitio Web.

Un aspecto importante de este tipo de comercio es que hay previsiones que apuntan a que en 2015 el mercado global del *social commerce* alcanzará los 30.000 millones de dólares.

> **Advertencia:** Es un gran error cuando las empresas quieren vender en su página de Facebook sin antes haber realizado la labor de fidelización con su audiencia.

### Ventajas del Facebook Commerce

- **Fidelización:** en Facebook existen muchos mecanismos para generar confianza al usuario. Si un usuario ha hecho clic en **"Me gusta"** se convierte en fan, lo que permite que las noticias con descuentos, promociones y nuevos productos puedan aparecer en su *timeline* de Facebook.
- **Viralización:** gracias al botón **"Me gusta"**, la tienda electrónica y sus contenidos tienen mayores probabilidades de convertirse en "virales".

▶ **Menores costes**: los costes respecto a una tienda electrónica en un sitio Web son más bajos, debido a que no hay que comprar nombre de dominio ni contratar hosting. Esta caracerística es muy atractiva para pequeñas y medianas empresas.

▶ **Facilidad de uso**: la actualización de la tienda electrónica en Facebook la podrá realizar una persona que no sea técnica, por su facilidad de uso.

## Desventajas de Facebook Commerce

▶ **Dependencia Facebook**: si Facebook decide en un futuro cambiar sus políticas y, por ejemplo, no permitiera la presencia de tiendas online, se perdería todo lo logrado con la página.

▶ **Derecho sobre los contenidos**: las políticas de Facebook no son de todo claras en este sentido y puede originar que con un cambio de política, se pierda el derecho sobre las imágenes y contenido de nuestra tienda electrónica.

## Ejemplo de una tienda en Facebook

La página en Facebook de Shakira tiene una tienda en inglés y otra en español como pestaña de Facebook.

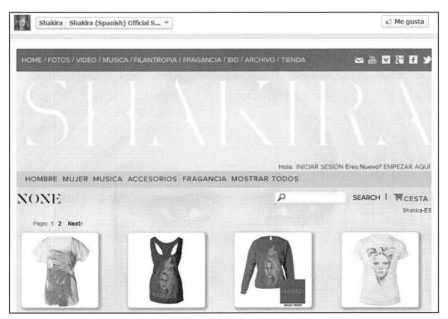

**Figura 12.2.** Tienda en Facebook de Shakira.

Permite realizar todo el proceso de venta directamente desde Facebook, incluido el pago. Se puede navegar por el catálogo de productos, adicionar y editar el carro de compras y pagar los productos deseados.

Significa una presencia comercial completamente transaccional.

> **Truco:** Para conocer la página en Facebook de Shakira acceda al siguiente enlace: `https://www.facebook.com/shakira`

## Uso de Twitter para las ventas

Twitter puede ser utilizado como una herramienta para producir ventas online y un ejemplo lo muestra Dell a través de su cuenta `@DellOutlet`.

En marzo de 2007 un empleado de Dell, Ricardo Guerrero, creó la cuenta de `@DellOutlet` con el fin de comunicar las promociones de la empresa para mejorar la rotación de *stocks*.

Lo que convirtió a Twitter en un importante canal para sus ventas fue encontrar: el tono, la frecuencia, el nivel de descuento así como la inclusión de caducidad a los *tweets*.

Para diciembre de 2009 Dell reportó que su canal `@DellOutlet` había generado US$6.500.000, lo que representa un incremento de $3 millones en tan solo 6 meses.

La forma que utiliza `@DellOutlet` es simple, envían tuits a sus seguidores con oportunidades, ofertas especiales y descuentos. Se trata de una forma de cupones en tiempo real (Dell puede informar a la gente sobre ofertas y descuentos a medida que surgen). Esto les permite cambiar las ofertas de inmediato cuando se acaban.

Se estima que tres son los motivos del éxito de `@DellOutlet`:

- ▶ A la gente le gustan las ofertas.
- ▶ A las personas les gusta sentir que son los primeros en enterarse de algo.
- ▶ A las personas les gusta la conexión e interacción personal.

> **Truco:** Para conocer la página en Twitter de Dell Outlet acceda al siguiente enlace: `https://twitter.com/delloutlet`

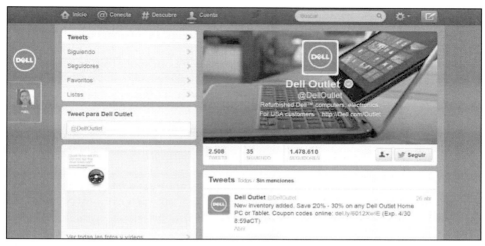

**Figura 12.3.** Cuenta de Twitter @DellOutlet.

## Groupon y sus enseñanzas sobre el social commerce

### ¿Qué es Groupon?

Groupon es un sitio Web que ofrece importantes descuentos en productos y servicios localizados en las ciudades de cada usuario. Actualmente Groupon cuenta con más de 120 millones de usuarios en todo el mundo.

La empresa ofrece un *groupon* (*group coupon*) cada día. El *groupon* se vuelve efectivo cuando un mínimo de personas muestran interés por el descuento, lo que motiva a los compradores a compartir esta información con sus amigos para lograr el mínimo de personas interesadas y conseguir la promoción. Groupon envía la información de los descuentos a través de varios canales de comunicación.

Groupon cobra una comisión al vendedor con un esquema similar al siguiente:

- Si el producto original vale US$100.
- El comprador paga US$50.
- Groupon se queda con US$25.
- El vendedor se queda con US$25.

El hecho de conseguir el descuento cuando se llega a un mínimo de interesados, fomenta el comercio social, los usuarios les informarán a sus amigos de la promoción a través de las redes sociales y otros canales de comunicación para lograr un número mínimo de compradores.

## Ventajas del social commerce de Groupon

Algunas ventajas del modelo de *social commerce* de Groupon son:

- **Descuentos verdaderamente buenos**: ofrece descuentos verdaderamente llamativos que por su novedad producen viralidad. En muchas ocasiones los productos se venden a un precio menor del producido.

- **Uso de las redes sociales**: hace un uso efectivo de las redes sociales para divulgar y viralizar los descuentos, utiliza una cuenta de Twitter y de Facebook por cada ciudad donde tiene presencia.

- **Piensa globalmente y actúa localmente**: aplica a la perfección esta premisa de los negocios internacionales. A pesar que Groupon es una multinacional presente en más de 40 países, su presencia en cada país es completamente regional, y ajusta las ofertas por ciudad.

- **Sentimiento de urgencia**: el efecto de la oferta con tiempo limitado, unido a la necesidad y obligación de compra en grupo, crean un "sentimiento de urgencia" en la comunidad y acelera el fenómeno de viralización. Groupon incluye en su sitio Web una "cuenta regresiva", que indica el tiempo de vigencia de las ofertas.

- **Uso del e-mail**: utiliza el e-mail como un efectivo canal de comunicación con sus usuarios. Este medio de comunicación se caracteriza por su gran capacidad de propagación.

**Figura 12.4.** Sitio de Groupon España.

# SOCIAL CRM: ESTRATEGIAS DE FIDELIZACIÓN EN REDES SOCIALES

## Qué es Social CRM

Social CRM es una estrategia que facilita a las empresas participar y generar valor en las redes sociales, donde se encuentran sus clientes actuales y potenciales, con el objetivo de fidelizarlos a través de relaciones a largo plazo.

La ventaja de combinar el Social CRM y el CRM tradicional es porque nos da una visión de 360 grados del cliente, unificando en un solo canal todo tipo de contacto:

- ▶ Contacto cara a cara.
- ▶ Conversación telefónica.
- ▶ Soporte o contacto vía chat.
- ▶ Contacto a través del sitio Web.
- ▶ Comentario en blog.
- ▶ Interacción en redes sociales.

Una característica del Social CRM es que sitúa al cliente en el centro de la estrategia empresarial, esto puede afectar a las operaciones, a la cadena de valor e incluso a la estructura de la empresa.

**Nota:** El Social CRM no sustituye el CRM tradicional sino que lo complementa.

## Ventajas del Social CRM

Algunas de las ventajas de utilizar Social CRM para una empresa son:

### La empresa adquiere la capacidad de ajustarse al nuevo consumidor social

Los consumidores están cambiando para convertirse en consumidores sociales. El consumidor social es aquel que comparte sus opiniones y experiencias, tanto buenas como malas. Este tipo de consumidor está muy influenciado, en su decisión de compra, por las redes donde participa y por los comentarios que encuentra en estas comunidades.

Adicionalmente, los consumidores sociales son influyentes sobre otros consumidores, ya que sus opiniones son amplificadas de manera importante por las redes sociales.

Los consumidores sociales tienen las siguientes características:

- ▶ El consumidor social controla la interacción en las redes sociales.
- ▶ Este consumidor permanece mucho tiempo durante el día, conectado a las redes sociales.
- ▶ Ellos comparten opiniones sobre productos y servicios a través de las redes sociales.
- ▶ Los consumidores sociales valoran ser escuchados y tomados en cuenta por las marcas.
- ▶ A la mayoría de ellos les gusta comunicarse con las marcas a través de este espacio.

## El Social CRM permite aumentar la fidelización de los clientes

Escuchar y lograr interacción con los clientes a través de redes sociales permite mejorar la fidelización de los clientes.

Las redes sociales le permiten a las empresas mejorar el conocimiento sobre los clientes: identificar sus preferencias, sus pasiones, sus actividades, sus estilos de vida, etc. Si se utiliza esta información para ajustar la oferta de valor de la empresa a las necesidades de los clientes, se tendrá mayor éxito en la fidelización.

## La implementación del Social CRM aumenta las ventas

El proceso explicado anteriormente sobre la adaptación de los productos o servicios a las necesidades de los clientes, origina que estos se conviertan en evangelizadores de sus productos, atrayendo a su empresa a nuevos clientes.

Las redes sociales aumentan las tasas de conversión, para esto se deben diseñar procesos rápidos y que permitan concretar la venta.

## El Social CRM permite identificar ideas innovadoras

La interacción con nuestros los clientes, a través de redes sociales, permite a las empresas obtener ideas innovadoras para nuevos productos o servicios. Una queja de un cliente puede llevar a la creación de un nuevo producto o servicio o a la mejora de los existentes.

# TENDENCIAS EN REDES SOCIALES

**Figura 12.5.** Ventajas del social CRM.

## CROWDSOURCING: COMBINAR ESFUERZOS

*Crowdsourcing* consiste en utilizar la fuerza de las multitudes como proveedoras de trabajo, generalmente intelectual.

El *crowdsourcing* permite a los clientes actuales y potenciales, participar de manera voluntaria y masiva en la toma de decisiones, aportar ideas y contenido a una empresa.

Existen múltiples objetivos que se pueden buscar con el *crowdsourcing*:

- La resolución de problemas.
- El conocimiento de los usuarios.
- Aumentar las ventas.
- La gestión de reputación.
- La retroalimentación y opiniones sobre productos y servicios.

### Claves para aplicar una estrategia de crowdsourcing

El artículo publicado en el sitio Mashable: *5 Tips for Crowdsourcing Your Next Marketing Campaign,* da 5 claves para incluir el *crowdsourcing* en una campaña de marketing:

- **Claridad**: se debe ser muy específico en las ideas que necesitamos de los clientes.

- **Incentivos**: se deben ofrecer buenos incentivos para que los clientes participen en el programa.
- **Voluntario**: no se debe presionar a los clientes a que participen, porque los podemos desmotivar.
- **Preparación**: se debe preparar para procesar gran cantidad de ideas que entregarán sus clientes.
- **Valorar**: se debe considerar la información suministrada como profesional.

## Beneficios del uso del crowdsourcing en marketing digital

Algunos beneficios de utilizar el *crowdsourcing* en el marketing digital son los siguientes:

- Disminuye el gasto en la solución de problemas de la empresa.
- Crea sentido de pertenencia a los clientes por las aportaciones y colaboración.
- Mejora el conocimiento de los clientes, lo que permite entender realmente sus necesidades.
- Permite el trabajo en equipo con los clientes para ofrecer mejores productos y servicios.
- Genera fidelización en los clientes, lo que origina unas relaciones a largo plazo.

## P&G: Ejemplos del crowdsourcing aplicados al marketing

**P&G**: la estrategia de *crowdsourcing* de Procter & Gamble le permite generar más del 50% de las iniciativas de sus nuevos productos. P&G obtiene ideas utilizando *crowdsourcing* en temas como:

- Envase de los productos.
- Diseño.
- Estrategias de marketing.
- Métodos de investigación.
- Ingeniería.
- Tecnología.

**Figura 12.6.** Connect + develop proyecto de crowdsourcing de P&G.

## SOCIAL BIG DATA: CONOCER A SU AUDIENCIA

### Qué es Big Data

El concepto *'Big Data'* está asociado a conjuntos de datos que crecen rápidamente y que, por su cantidad, es difícil su almacenamiento, procesamiento, análisis y gestión.

*Big Data* supone una gran oportunidad para conocer a su audiencia, lo que permite ajustar su oferta a las necesidades de sus clientes.

El estudio sobre *Big Data* publicado por IDC Digital Universe menciona que:

- ▶ Menos del 0,5% de los datos del mundo está siendo analizados.
- ▶ Según el estudio, 2,8 ZB de datos se generaron en 2012.
- ▶ El crecimiento esperado de los datos generados en el 2020 es 15 veces mayor al 2012, llegando a 42 ZB.
- ▶ En 2020 existirán aproximadamente 5,247 GB de datos por cada hombre, mujer y niño.

Históricamente, algunos sectores económicos se han diferenciado por generar una gran cantidad de datos. Algunos ejemplos son:

- Transacciones de las entidades financieras.
- Registros de productos comprados en los *retail*.
- Registros de llamadas de empresas de telecomunicaciones.

## Generalidades de Social Big Data

*Social Big Data* se refiere a la gran cantidad de información que se produce en las redes sociales. Algunos datos que muestran esto son:

- Google: más de 2 millones de búsquedas por minuto.
- Facebook: más de 684.000 artículos y 34.000 "Me gusta" por minuto.
- Twitter: más de 236.000 tuits por minuto.
- Correos electrónicos: más de 100.000 emails por minuto.
- iTunes: casi 47.000 descargas de aplicaciones por minuto.
- Tumblr: más de 27.000 nuevos artículos por minuto.
- YouTube: más de 4.300 minutos de vídeo cargados por minuto.
- Instagram: más de 3.600 fotos por minuto.
- Foursquare: más de 2.000 *check-ins* por minuto.

Esta gran cantidad de datos, ha originado que el concepto de *Big Data* se haya incluido como tendencia del marketing 2013 por varios autores, uno de ellos lo puede ver en el artículo *Trends 2013: Big data, content marketing and mobile first*.

**Nota:** El *Social Big Data* es una tendencia del marketing.

## Importancia del Social Big Data en el marketing

El *Social Big Data* es un concepto cada día más relevante para el marketing, debido a que permite:

- **Conocer el comportamiento del consumidor**: el marketing puede aprovechar la gran cantidad de datos de las redes sociales para conocer, con precisión, la conducta y preferencias de los consumidores en Internet.

- **Ajustar la comunicación con el cliente**: el análisis de la enorme cantidad de datos de las redes sociales permite ajustar la comunicación con los clientes, determinando el momento preciso y el contexto adecuado.
- **Ventaja competitiva**: El *Big Data* permite a las empresas encontrar una ventaja competitiva respecto a la competencia, al procesar esta cantidad inmensa de datos.
- **Planificar y anticipar**: el análisis de las conversaciones en *Social Big Data* permite identificar las tendencias del consumidor, planificar nuevos productos.
- **Innovar**: el análisis del *Social Big Data* permite obtener otros *insights* del mercado, necesarios para el proceso de innovación.
- **Mejorar el servicio al cliente**: escuchar gran cantidad de conversaciones, ayuda a prestar un mejor servicio y a integrar los canales sociales con los canales de atención al cliente, mejorando enormemente la experiencia de usuario.

**Figura 12.7.** Importancia del Social Big Data.

# SOCIAL SEO: GENERAR TRÁFICO DE VALOR

El Social SEO es el uso de acciones en redes sociales y el posicionamiento en buscadores (SEO) a partir de una sola estrategia.

El SEO, iniciales de *Search Engine Optimization*, es una estrategia del marketing digital que involucra muchas actividades que tienen como objetivo final, mejorar el posicionamiento en la parte gratuita de Google (y otros buscadores) cuando una persona busca por un término asociado con un negocio. Esto se logra aumentando la relevancia del sitio Web para Google.

El SEO y las redes sociales son dos estrategias del marketing digital que generalmente se han considerado independientes, sin embargo, el SEO y las redes sociales, cuando se ponen a trabajar juntas, se vuelven muy poderosas.

**Nota:** Lo que se puede lograr utilizando SEO y redes sociales de forma conjunta, supera en mucho la suma de lo que se logra utilizando cada estrategia por separado (esto recibe el nombre de sinergia).

## Todo community manager debe saber acerca de posicionamiento en buscadores (SEO)

Esta sinergia entre el posicionamiento en buscadores (SEO) y las redes sociales, hace que todo community manager sepa sobre estos temas para marcar la diferencia en su gestión.

Es importante anotar que, tanto el SEO como las redes sociales mejoran sustancialmente la visibilidad de la empresa, pero como se afirmó antes, trabajando juntas son más poderosas. El pilar estratégico de ambas es la creación de contenido de valor para la audiencia.

El alcance del concepto SEO (*Search Engine Optimization*) ha experimentado un cambio radical en los últimos días, ya que implica no solamente los motores de búsqueda tradicionales como Google y otros, sino también los buscadores de YouTube, Facebook, Twitter, LinkedIn y otras redes sociales.

Otro aspecto a destacar sobre el SEO para los community manager es que las redes sociales se están convirtiendo en un gran generador de búsquedas. Se ha probado que los *trending topics* de Twitter son términos que al cabo de unas horas se empiezan a demandar mucho más en los motores de búsqueda.

Además, los vídeos virales también impulsan las búsquedas de manera significativa, como se puede comprobar con el vídeo de Gangnam Style.

## Funcionamiento de Google

Para realizar un buen trabajo de posicionamiento en buscadores (SEO), es fundamental conocer cómo trabaja Google. Se revisará de manera sencilla el funcionamiento de `Google.com` que es el buscador más utilizado del mundo (supone el 90% de las búsquedas del mundo). Aquí, el resultado de una búsqueda se fundamenta principalmente en tres aspectos asociados con la página Web: popularidad, importancia y relevancia.

## Popularidad

La popularidad de una página Web para Google no está dada por la cantidad de visitas, sino por la cantidad de enlaces externos.

Cuando yo inicié en el mundo del SEO pensaba que la popularidad de un sitio se lograba con un gran tráfico, sin embargo Google identificó que el tráfico se puede comprar a través de campañas de Adwords (PPC), *banners*, etc.

Google y la mayoría de los buscadores, consideran que una página Web popular es aquella que tiene muchos enlaces externos hacia ella. Los enlaces no son iguales, cuanto mayor sea la popularidad del enlace que apunta hacia la página, mayor valor tendrá para Google.

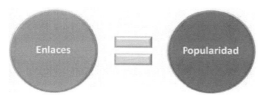

**Figura 12.8.** Funcionamiento de buscadores: Enlaces = Popularidad.

**Acción recomendada para mejorar el posicionamiento**: de este primer aspecto se puede afirmar que se deben crear estrategias de consecución de links externos (*link building*) para mejorar la calificación de popularidad de Google.

> **Nota**: La popularidad de una página Web para Google no depende de su tráfico, sino de los enlaces externos.

## Importancia

La importancia la determina la popularidad de un sitio Web (aspecto anterior), más el nivel de confianza.

Google considera confiable un sitio si:

- ► Cargar rápido.
- ► El sitio Web no se cae (queda fuera de línea) con frecuencia.
- ► El nombre de dominio es antiguo.

- Es compatible con todos los navegadores.
- Que cargue adecuadamente en dispositivos móviles.

Google evita mostrar en los primeros lugares de posicionamiento a un sitio que no considera confiable.

**Figura 12.9.** Funcionalidad Google: popularidad + confianza = importancia.

**Acción recomendada para mejorar el posicionamiento:** es fundamental que nuestro sitio Web esté alojado en un buen hosting, que garantice un nivel de disponibilidad alto y que el diseño esté optimizado para que cargue rápido.

> **Nota:** Google no ubica entre las primeras posiciones, una página Web que no se vea bien en todos los navegadores.

## Relevancia

Importancia (aspecto anterior), más contenido asociado a la palabra buscada, genera la relevancia, que es el indicador que utiliza Google para clasificar las páginas.

Por esto, es tan común la expresión en SEO sobre que el contenido es el rey. Google siempre evalúa que el contenido de la página esté relacionado con las palabras buscadas para mejorar el posicionamiento en buscadores. Los últimos cambios de algoritmo que ha realizado Google (Panda y Penguin) tienen como objetivo premiar el contenido de valor (original) y castigar el contenido copiado.

**Figura 12.10.** Funcionalidad Google: importancia + contenido similar = relevancia.

**Acción recomendada para mejorar el posicionamiento**: Cree contenido propio y de valor para su público objetivo para garantizar un buen posicionamiento en buscadores con las palabras claves de su interés.

> **Nota:** Para que una página tenga contenido relevante, deber tener al menos 500 palabras.

## Pasos para mejorar el posicionamiento en buscadores (SEO) en redes sociales

Para que un community manager pueda obtener mejoras en el posicionamiento en buscadores tradicionales y de redes sociales, deberá realizar los pasos siguientes:

### Fije sus objetivos de posicionamiento

Debe fijar los objetivos de posicionamiento. Los objetivos pueden ser:

- Fortalecer la marca.
- Vender un producto o servicio.
- Fidelizar y construir confianza.
- Crear comunidad.

### Identifique las palabras claves a optimizar

Se debe realizar un análisis de las palabras claves sobre las que estemos interesados en optimizar con: herramientas de palabras clave de Adwords. Esta herramienta, al ingresar las palabras clave de nuestro interés, nos propondrá otras palabras relacionadas que también buscan nuestro público.

Por ejemplo, si usted vende motocicletas la herramienta le informará que la palabra motos es diez veces más utilizada que motocicletas.

### Analice la competencia

Se debe evaluar, con detalle, la competencia para identificar mejores prácticas. Una vez conocida la competencia, se deben identificar las fortalezas y debilidades que tiene la empresa frente a esta.

## Elija las redes sociales a utilizar

Se deben utilizar las principales redes sociales:

- Facebook.
- Google+.
- Twitter.
- YouTube.
- LinkedIn.
- Flickr.
- Pinterest.
- Instagram.

Dependiendo del país, se deben utilizar además algunas redes sociales que son fuertes en ese país:

- Tuenti (España).
- Orkut (Brasil).
- Qzone (China).

## Estudie el comportamiento social

Se debe identificar:

- Qué se comparte.
- Cómo se comparte.
- Qué se valora.
- Los tipos de lazos que representan.
- Los influenciadores.

## Optimice sus perfiles y cuentas de redes sociales

Optimice los perfiles y cuentas de redes sociales:

- Utilizando palabras claves.
- Utilizando todos los caracteres disponibles en la configuración de las cuentas.
- Etiquetando fotos.

## Defina el contenido a compartir

Algunos contenidos a compartir son:

- ▶ Artículos y notas de prensa.
- ▶ Blogs.
- ▶ Estudios de casos.
- ▶ Boletines.
- ▶ Libros electrónicos.
- ▶ Videojuegos.
- ▶ Vídeos.
- ▶ Aplicaciones.
- ▶ Podcasts.
- ▶ Contenido transmedia.

## Planee la publicación de contenido

- ▶ Se debe hacer una planificación anual de los contenidos a compartir en redes sociales.
- ▶ Esa planificación debe ajustarse permanentemente de acuerdo a las necesidades de comunicación de cada momento.

## Ejecute el plan de publicación de contenido

- ▶ Se debe ejecutar el plan de publicación de contenido.
- ▶ Es muy importante, ajustar la planificación con el contenido más valorado por la audiencia.

## Mida y mejore permanentemente

- ▶ Se debe medir permanentemente el cumplimiento de los objetivos planteados en la etapa uno.
- ▶ Se debe ajustar la estrategia cuando aparezcan desviaciones.

# GAMIFICACIÓN: APRENDER Y MOTIVAR JUGANDO

## ¿Qué es gamificación?

*Gamificación*, en inglés *gamification*, es la utilización de las mecánicas de los juegos para atraer a la gente, motivar a la acción, promover el aprendizaje y resolver problemas.

Las mecánicas del juego van más allá del entretenimiento, convirtiéndose en una herramienta para el marketing, ayudando a las organizaciones a alcanzar sus objetivos en menos tiempo y con mayor implicación de sus participantes.

Actualmente la gamificación se está utilizando para:

- Atraer y fidelizar clientes.
- Minimizar los tiempos de familiarización de productos o servicios.
- Animar a los clientes a realizar tareas que pueden resultar aburridas.
- Optimizar tareas en las que normalmente no existen incentivos para mejorar.

Cada vez más empresas están utilizando la *gamificación* para atraer clientes actuales y potenciales, divirtiendo a su audiencia e introduciendo mecánicas de juego en el diseño de sus productos o servicios para minimizar los tiempos de familiarización y aumentar la participación.

## Beneficios de la gamificación

- **Posicionamiento de marca**: mejorar el posicionamiento de la marca, a través de la creación de historias de juego que logren involucrar a los clientes.
- **Ventas**: aumentar las ventas de productos o servicios con plataformas interactivas que premien a los clientes por su participación.
- **Retroalimentación**: se consigue mejorar el *feedback* con el usuario al implementar un juego.
- **Engagement**: incrementar el *engagement* en las audiencias de forma más efectiva mediante juegos que logren más tráfico a sus redes sociales o sitio Web.
- **Fidelizar**: fidelizar a los usuarios mediante la interacción y la retención que proporcionan las dinámicas de juego.

- **Diferenciación**: favorece la diferenciación, ya que es una técnica poco utilizada hasta el momento.
- **Tiempo permanencia**: aumentar el tiempo de permanencia de los clientes en los canales de comunicación.

## Retos y premios

Todo proyecto de *gamificación* debe tener retos y premios.

### Retos

Los retos del proyecto de *gamificación* son los que permiten cumplir los objetivos de marketing. Algunos ejemplos son:

- Incrementar la cantidad de compras.
- Recomendar un producto o servicio a los amigos.
- Compartir contenido en las redes sociales.
- Publicar un formulario o una encuesta.
- Dar la opinión sobre un producto o servicio.

### Premios

Los premios son los que animarán a las personas a participar. Deben seleccionarse premios que sean de interés para el público objetivo. Algunos ejemplos son:

- Cupones descuento.
- Puntos del plan de fidelización.
- Productos gratuitos.
- Gastos de envío gratis.
- Descuentos especiales.
- Acceso a contenidos exclusivos.
- Participar en sorteos.
- Ranking de usuarios que más participan.

## Nike+: Ejemplo de gamificación

Nike ha creado una red social llamada Nike+, que pretende convertir las carreras en un juego aprovechando la compatibilidad de los deportes con los juegos.

Nike describe su red social como: "La mejor forma de hacer un seguimiento de tus carreras, compartirlas, compararlas y unirte a la comunidad de *running* más grande del mundo. Consigue la motivación que necesitas para llegar más lejos y más rápido."

Nike+ favorece la superación personal, la red social permite hacer seguimiento de los pasos y las pulsaciones y anima al usuario a esforzarse para superar sus propias marcas.

Nike+ facilita además la competencia entre usuarios, ya que permite comparar las marcas con otros usuarios.

Nike+ vende una pulsera llamada FuelBand que permite informar sobre los movimientos a través de un sensor, con la que se pueden medir:

- ▶ Pulsaciones por minuto.
- ▶ Kilómetros recorridos.
- ▶ Tiempos utilizados.
- ▶ Calorías quemadas durante la actividad.

Nike+ permite fijar una meta diaria y la pulsera Nike+ FuelBand se encarga, a través de dos luces, de recordarle sus objetivos diarios: si la luz está en verde es que el usuario ha cumplido sus objetivos, si la luz es roja significa que le falta algo por cumplir de su entrenamiento diario.

Desde la plataforma de Nike+ también se lanzan retos semanales para motivar a los usuarios y que continúen con la actividad iniciada.

**Figura 12.11.** Nike+: aplicación gamificación.

# RESUMEN, PREGUNTAS DE REPASO Y EJERCICIO

## Resumen

- El *social commerce* es una ramificación del comercio electrónico que utiliza las redes sociales para facilitar o realizar ventas.

- Facebook Commerce se refiere a la realización de ventas de productos o servicios, a través de las páginas de Facebook.

- Twitter puede ser utilizado como una herramienta para llevar a cabo ventas online.

- El hecho de que Groupon valide un descuento cuando se alcanza un número mínimo de usuarios interesados, hace que se active de manera importante el Comercio Social.

- Social CRM es una estrategia, que facilita a las empresas participar y generar valor en las redes sociales donde se encuentran sus clientes actuales y potenciales con el objetivo de fidelizarlos, creando relaciones a largo plazo.

- *Crowdsourcing* consiste en utilizar la fuerza de las multitudes como proveedoras de trabajo, generalmente intelectual.

- El concepto de *Big Data* está asociado a conjuntos de datos que crecen rápidamente y que por su cantidad, dificulta su almacenamiento, procesamiento, análisis y gestión.

- *Social Big Data* se refiere a la gran cantidad de información que se produce en las redes sociales.

- El Social SEO es el uso de acciones de redes sociales y el posicionamiento en buscadores (SEO) en una sola estrategia.

- La popularidad de una página Web para Google no está dada por la cantidad de visitas, sino por la cantidad de enlaces externos.

- Google evita mostrar entre los primeros lugares de posicionamiento, a un sitio que no considera fiable.

- Google siempre evalúa que el contenido de la página esté relacionado con las palabras buscadas para mejorar el posicionamiento en buscadores.

- *Gamificación* es la utilización de las mecánicas de los juegos para atraer a la gente, motivar a la acción, promover el aprendizaje y resolver problemas.

- Todo proyecto de *gamificación* debe tener retos y premios.

## Preguntas de repaso

- ¿Qué es *social commerce*?
- ¿Qué es Facebook commerce?
- ¿Cuáles son las ventajas y desventajas del Facebook commerce?
- ¿Cómo se puede aplicar Twitter al marketing?
- ¿Por qué Groupon es una aplicación de *social commerce*?
- ¿Qué es social CRM?
- ¿Cuáles son las ventajas del social CRM?
- ¿Qué es el *Crowdsourcing*?
- ¿Cuáles son las claves para aplicar una estrategia de *Crowdsourcing*?
- ¿Cuáles son los beneficios del uso del *Crowdsourcing* en marketing digital?
- ¿Qué es *Big Data*?
- ¿Qué es social *Big Data*?
- ¿Por qué es importante el *Big Data*?
- ¿Qué es el Social SEO?
- ¿Cómo funciona Google?
- ¿Cuáles son los pasos para mejorar el posicionamiento en buscadores (SEO)?
- ¿Qué es la *gamificación*?
- ¿Cuáles son los beneficios de la *gamificación*?
- ¿Qué retos puede plantear un proyecto de *gamificación*?
- ¿Qué premios puede reportar un proyecto de *gamificación*?

## Ejercicio

Desarrolle un proyecto de *gamificación* y diseñe una estrategia de *Crowdsourcing* para su empresa.

# Glosario

**+1**: es equivalente al "Me gusta" de Facebook y sirve para indicar que una publicación es del agrado de quien la lee en Google+.

## A

**Accesos**: Número de veces que los visitantes acceden a su sitio a través de una página determinada.

**Acortador de URL**: permite acortar la URL que se va a añadir a una red social, para que ocupe el menor número de caracteres posible.

**Administradores de contenido**: son plataformas de administración de contenido, que facilitan la creación de blogs y sitios Web.

**Adsense**: red de afiliados de Google para su sistema de pago por clic.

**Adwords**: sistema de publicidad de pago por clic de Google.

**Alcance en Facebook**: es el número de personas que vieron su publicación.

**Alertas de Google**: permiten hacer seguimiento a las menciones de la marca en blogs, noticias, YouTube y otras plataformas.

**Alterian SM2**: herramienta de monitoreo en redes sociales de pago.

**Amigo en Facebook**: son todos los contactos con los que una persona con cuenta en Facebook acepta compartir su actividad.

**Amigos de fans en Facebook**: indica el número de personas que son amigas de tus fans.

**Aplicaciones de Facebook**: son los programas que se conectan a una página o perfil de Facebook para realizar concursos o publicar en ella información, noticias, fotos y otros tipos de contenido.

## B

**Banners:** son sistemas de publicidad en Internet, que se pagan por la cantidad de veces que aparecen (impresiones) en el sitio Web, también reciben el nombre de Coste por Mil impresiones (CPM).

***Big Data*:** está asociado al conjunto de datos que crecen rápidamente y que por su cantidad, es complejo su almacenamiento, procesamiento, análisis y gestión.

**Biografía en Facebook:** es el conjunto de publicaciones o actualizaciones que tienen los perfiles o páginas de Facebook.

**Blogger.com:** servicio de Google, que permite crear y publicar blogs en Internet.

**Blogs:** sitios Web personales o empresariales que permiten publicar artículos cronológicamente y poseen herramientas colaborativas y participativas.

**Bloquear en Facebook:** cuando bloquea a alguien, dejará de ser su amigo en Facebook.

**Brandwatch:** herramienta de monitoreo de pago en redes sociales.

**Buffer App:** esta herramienta almacena las publicaciones que un community manager quiera difundir en las redes sociales Twitter, Facebook y LinkedIn.

## C

**Chat de Facebook:** es una función que permite enviar mensajes instantáneos a sus amigos en línea.

**Círculos en Google+:** permite agrupar sus contactos y determinar en un perfil, la privacidad para cada grupo de Google+.

**Comercio social:** es una variación del comercio electrónico que utiliza las redes sociales para facilitar o realizar las ventas.

**Comité de crisis reputacional:** es un equipo interdisciplinario (incluido el gerente o presidente de la organización) que debe ser convocado cuando se presente una crisis de reputación en la empresa.

**Comunicación 2.0:** es aquella que potencializa las redes sociales y la participación de los usuarios para aumentar su impacto y efectividad.

**Comunidades en Google+:** es el equivalente a los grupos en Facebook.

**Community manager:** es aquella persona responsable de gestionar y, en cierta manera, defender las relaciones de la empresa con sus clientes en el ámbito digital, gracias al conocimiento de las necesidades y planteamientos estratégicos de la organización y los intereses de los clientes.

**Contenido sindicado (RSS):** es un sistema que notifica a su audiencia cuándo la empresa publica un nuevo contenido.

**Content Manager System (CMS):** llamados en español administradores de contenido, son plataformas que facilitan la creación de blogs y sitios Web.

**Conversión de un sitio Web:** es el proceso por el cual se consigue que las visitas que llegan, hagan lo que la empresa desea.

**Create.visual.ly:** permite diseñar infografías adaptadas a sus datos en Facebook y Twitter.

*Crowdsourcing*: permite a los clientes actuales y potenciales participar de manera voluntaria y masiva en la toma de decisiones, aportar ideas y contenido a una empresa.

**Curación de contenido:** la capacidad por parte de un sistema o del ser humano de encontrar, organizar, filtrar y dotar de valor al contenido que se comparte con la audiencia.

**Curador de contenido online:** es una especialización del community manager, es la persona encargada en detectar el mejor contenido que circula por la Web, para ponerlo a disposición de la comunidad.

# D

**Difusión en Facebook:** es el número de personas que crea una historia a partir de su publicación, se expresa como, el porcentaje del número de personas que la vieron.

**Docs:** gestión de documentos en la nube de Google.

**Drive:** almacenamiento en la nube de Google.

**Drupal.org:** sitio Web que permite descargar un administrador de contenidos.

**Duración media de la visita:** tiempo de duración media de una visita a su sitio.

# E

**Easel.ly:** permite construir infografías sofisticadas a partir de plantillas, pudiendo arrastrar y soltar dentro de ellas todo tipo de símbolos (líneas, formas, texto, imágenes propias, iconos, etc.) para personalizar el resultado final sin perder claridad ni calidad.

**Ebooks:** los ebooks, también llamados libros electrónicos, permiten agrupar sus mejores contenidos o construir una historia alrededor de su producto.

**EdgeRank:** cuando se ingresa una publicación en su página de Facebook, ésta no se muestra en las páginas de todos sus fans, Facebook determina en qué páginas aparecen con un indicador llamado *EdgeRank*.

***Engagement***: es la acción de generar un vínculo "emocional" entre la empresa y su comunidad en las redes sociales (seguidores o fans), animando a ésta a interactuar con la empresa, haciendo un "Me gusta" o iniciando una conversación a través de un comentario.

**Escucha activa**: significa escuchar con el firme propósito de entender a su audiencia y actuar de acuerdo a lo que se identifique.

**Estimación de minutos visto**: minutos totales estimados de tiempo de reproducción de sus vídeos por parte del público.

**Eventos en Facebook**: se trata de una función que le permite organizar encuentros, responder a invitaciones, así como mantenerle al día de lo que hacen sus amigos.

**Experto en analítica Web**: es una especialización del community manager y es la persona que se encarga de medir, recopilar e interpretar toda la información generada en la Red.

# F

**Facebook**: es una red social con gran capacidad de relacionamiento.

***Facebook Commerce* (F-Commerce)**: se refiere a la realización de ventas de productos o servicios a través de las páginas de Facebook, es decir comercio electrónico en Facebook.

**Facebook Insights**: es un excelente sistema de estadísticas para conocer lo que hacen los visitantes en su página y aplicaciones en Facebook.

**Flickr**: es una red social que permite almacenar, ordenar, buscar y compartir fotografías y vídeos en línea.

***Followback***: cuando las cuentas de Twitter siguen de vuelta a todos sus nuevos seguidores.

***Follow Friday* (#FF)**: son tuits que recomiendan seguir otras cuentas los viernes porque se consideran útiles para sus seguidores.

**Foto de perfil**: es la foto principal que aparece en una biografía personal o página de una red social.

**Foto de portada en Facebook**: es una imagen grande que se sitúa al principio de tu biografía en Facebook, justo debajo de la foto de su perfil.

**Foursquare**: es un servicio basado en geolocalización aplicada a las redes sociales.

**Fuente de tráfico**: cómo llegaron a su vídeo o sitio Web (acceso directo, motor de búsqueda o enlace desde un sitio).

## G

**Gamificación (Juegos):** la gamificación es el uso de juegos y material interactivo lúdico en la estrategia de comunicación y capacitación.

**Gestor de la reputación online:** es una especialización del community manager y es la persona encargada de la "imagen de marca".

**Gimp:** es una herramienta gratuita de edición de imágenes similar a Photoshop que debe ser instalada en el ordenador.

**Gmail:** servicio de correo gratuito de Google.

**Google+:** es una red social, similar a Facebook, creada por Google en junio de 2011.

**Google Analytics:** analítica Web gratuita de Google.

**Groupon:** es un sitio Web que ofrece importantes descuentos en productos y servicios en la ciudad de cada usuario.

**Grupos en Facebook:** son conjuntos de usuarios de Facebook con gustos e intereses comunes.

**Grupos de LinkedIn:** le dan oportunidad de alcanzar y atraer a los clientes potenciales en LinkedIn.

## H

*Hangout*: es una videoconferencia que permite conversaciones simultáneas con nueve personas en Google+.

*Hashtag* **(#):** se obtiene al adicionar el símbolo "#" a una palabra del tuit y crea un enlace que cuando la persona hace clic Twitter, realiza una búsqueda de todas las personas que utilizan ese *hashtag*.

**Herramientas de Webmaster:** herramientas gratuitas de Google para optimizar un sitio Web.

**HootSuite:** es una de las herramientas más importantes para la gestión de las redes sociales disponible para el community manager, ya que permite administrarlas desde un único panel de control.

**Huffington Post:** es un blog de noticias que se ha convertido es el blog que más dinero gana en el mundo.

## I

*Inbound Marketing*: se basa en la atracción de los consumidores que llegan al producto o servicio en Internet o las redes sociales por iniciativa propia, atraído por un mensaje o contenidos de calidad.

**Indicadores clave de desempeño**: miden el nivel del desempeño de un proceso, indicando el rendimiento de estos, para que se pueda alcanzar el objetivo fijado.

**Infografías**: son un tipo particular de imágenes que permiten organizar y comunicar información técnica o detallada de una manera visualmente atractiva y fácilmente entendible.

**Instagram**: es una red social visual que permite a los usuarios compartir imágenes tomadas con su teléfono móvil con otras personas de la comunidad.

**IOR (*Impact Of Relationship*)**: es una metodología de medición de la presencia y fortaleza de una marca en redes sociales, teniendo en cuenta no sólo elementos cuantitativos, sino también cualitativos y emocionales.

## J

**Joomla.org**: sitio Web que permite descargar un administrador de contenidos.

**Juegos (Gamificación)**: la gamificación es el uso de juegos y material interactivo lúdico en la estrategia de comunicación y capacitación.

## K

**Klout**: es una herramienta gratuita que mide la influencia social que tiene una persona o una marca a través de las redes sociales a las cuales pertenece.

**KPI (*Key Performance Indicators*)**: llamados en español indicadores clave de desempeño, miden el nivel del desempeño de un proceso, indicando el rendimiento de estos, de forma que se pueda alcanzar el objetivo fijado.

**Kred**: es una herramienta que permite ver, de una manera gráfica, distintos aspectos de la influencia en Twitter.

## L

**LinkedIn**: es una red social profesional cuyo objetivo principal es permitir a los profesionales relacionarse con personas y empresas con quienes tienen algún nivel de relación.

**Listas de Facebook**: forma opcional de organizar a sus amigos de Facebook.

**Listas de Twitter:** permiten organizar los perfiles por grupos.

**Lithium**: herramienta de monitoreo de redes sociales de pago.

## M

**MailChimp**: es una excelente herramienta para realizar una estrategia de email marketing, ya que tiene diferentes tarifas dependiendo del número de suscriptores que tenga la empresa.

**Marca personal**: llamada en inglés *personal branding*, consiste en considerar el nombre de la persona como una marca y por tanto debe ser creada, comunicada y propagada con el fin de diferenciarse respecto a las otras personas, lo que permitirá conseguir ocupar un lugar en la mente de otras personas con el fin de lograr mayor éxito en las relaciones sociales y profesionales.

**Marketing de afiliación**: permitirá vender productos o servicios de otras empresas (afiliados) a cambio de una comisión.

**Marketing de atracción 2.0**: se basa en la atracción de los consumidores que llegan al producto o servicio en Internet o las redes sociales por iniciativa propia, atraído por un mensaje o contenidos de calidad.

**Marketing viral**: es un conjunto de técnicas que utilizan Internet y las redes sociales para aumentar la propagación de un mensaje entre los interesados, como hace un virus.

**Mashable**: es un blog de tecnología que fue creado por Pete Cashmore en 2005.

**Me Gusta de Facebook**: es un botón creado por Facebook para indicar que un contenido es del gusto de quien lo ve.

**Mención (@)**: se obtiene cuando se agrega el símbolo "@" a un nombre de usuario. Esto facilita que el usuario vea el tuit.

**Mensaje Directo (DM)**: se presenta cuando usted recibe o envía un mensaje privado en Twitter.

*Microblogging*: sitios que permiten compartir con otras personas mensajes cortos.

## N

**Nombre de perfil**: es el nombre que identifica una empresa en las diferentes redes sociales.

## P

**Página de Facebook**: son los perfiles creados específicamente por empresas, marcas, artistas y profesionales independientes en Facebook.

**Página empresarial de LinkedIn**: son perfiles creados por empresas o marcas que aumentan la visibilidad de estas en LinkedIn.

**Páginas vistas**: número total de páginas vistas; las visitas repetidas a una misma página también se contabilizan.

**Páginas/Visitas**: promedio de páginas vistas durante una visita a su sitio; las visitas repetidas a una misma página también se contabilizan.

**Páginas vistas únicas**: número de visitas durante las cuales las páginas especificadas se han consultado al menos una vez.

**Pago Por Clic (PPC)**: sistema de publicidad en Internet que solo se paga cuando se hace clic en el anuncio.

**Peer Index**: es una herramienta que permite establecer un indicador de presencia y actividad en algunas de las redes sociales (Twitter, Facebook, LinkedIn, el blog,...).

**Personas que están hablando de esto en Facebook**: indica el número de personas que creó una historia a partir de su publicación en la página.

**PiktoChart.com**: herramienta que permite crear atractivas infografías a partir de unas plantillas y objetos que se añaden con un simple arrastrar y soltar.

**Pin**: es una imagen o vídeo adicionados a Pinterest.

**Pineadores (*Pinners*)**: son los usuarios registrados en Pinterest que publican pins.

**Pinterest**: es una red social predominantemente visual que permite a los usuarios compartir imágenes o vídeos propios o de otros en tableros virtuales.

**Plan conversacional**: es la planificación del contenido diario para un año, que le permitirá conocer el coste de la estrategia y alcanzar los objetivos de marketing en redes sociales.

***Podcasts***: a través de los podcasts y archivos de audio, se pueden dar a conocer entrevistas, contar historias o dar un toque más personal a su empresa.

**Porcentaje de rebote**: porcentaje de visitas de una sola página, es decir, visitas en las que el usuario ha abandonado su sitio en la página de entrada.

**Porcentaje de salida**: porcentaje de salidas del sitio desde una página determinada.

**Porcentaje de visitas nuevas**: porcentaje de primeras visitas (por parte de usuarios que nunca han visitado el sitio con anterioridad).

**Posicionamiento en buscadores (SEO)**: permite mejorar el posicionamiento en motores de búsqueda con las palabras de interés de la empresa.

**Postcron**: sencilla herramienta de gestión gratuita para Facebook y Twitter.

**Promedio de tiempo en la página**: tiempo medio que permanecen los visitantes en una página determinada o en un conjunto de páginas.

**Prosumer**: es un acrónimo formado por PROductor + conSUMIDOR = PROSUMIDOR y significa que el nuevo consumidor además de consumir datos también los produce.

## R

**Radian6**: herramienta de monitoreo de redes sociales de pago.

**Redes sociales**: son grupos de personas o entidades conectadas entre sí por algún tipo de relación o interés común.

**Redes de fotografía**: sitios Web que permiten compartir fotografías propias o de otros con sus amigos.

**Redes de geolocalización**: sitios Web que permiten compartir y calificar la localización del usuario.

**Redes de música**: sitios Web que permiten compartir música con otros usuarios.

**Redes de vídeo**: son sitios Web que permiten compartir vídeos.

**Redes Profesionales**: sitios Web que permiten a los profesionales relacionarse y compartir información.

**Repin**: publicar en su cuenta de Pinterest un pin de otra persona.

***Reply***: permite responder un tuit o hacer preguntas respecto a un usuario.

**Reproducciones**: visualizaciones de los vídeos en la región y el período seleccionados.

**Reputación**: es la opinión que se tiene sobre una persona, marca o empresa.

**Reputación online**: es la opinión que se tiene sobre una persona, marca o empresa en las redes sociales, los blogs, los resultados de motores de búsqueda y otros canales de Internet.

**Retorno de la inversión**: es un valor que mide el rendimiento de una inversión, para saber lo eficiente que es el gasto que se está realizando o que se planea realizar.

**Retuit (RT)**: facilita enviar a los seguidores de la empresa un tuit que consideramos útil para ellos dando los créditos del autor.

**ROI (*Return On Investment*)**: en español retorno de la inversión, es un valor que mide el rendimiento de una inversión, para saber la rentabilidad del gasto que se está realizando o que se planea realizar.

**RSS (Contenido sindicado)**: es un sistema que notifica a su audiencia cuándo su empresa publica un nuevo contenido.

## S

**Seguidores**: son las cuentas que reciben una notificación cuando su empresa escribe una publicación en algunas redes sociales.

**SEO (Posicionamiento en buscadores)**: el SEO permite mejorar el posicionamiento en motores de búsqueda con las palabras de interés de la empresa.

**Siguiendo**: es cuando se sigue un usuario en una red social.

**Sitios de reproducción**: si sus vídeos se reproducen desde YouTube, sitio Web o móvil.

**Slideshare**: es un sitio Web que permite subir y compartir presentaciones de PowerPoint, documentos de Word, PDF y otros, de manera pública o privada.

***Social Big Data***: se refiere a la gran cantidad de información que se produce en las redes sociales.

***Social commerce***: o comercio social, es una variación del comercio electrónico que utiliza las redes sociales para facilitar o realizar las ventas.

**Social CRM**: es una estrategia que facilita a las empresas participar y generar valor en las redes sociales donde se encuentran sus clientes actuales y potenciales con el objetivo de fidelizarlos, creando relaciones a largo plazo.

**Social Mention**: esta es una herramienta gratuita de monitoreo general, que cubre más de 60 fuentes de información.

**Social Media Manager**: es una especialización del community manager y es la persona encargada de realizar las acciones estratégicas de las redes sociales virtuales de la empresa.

**Social SEO**: es el uso de acciones de redes sociales y el posicionamiento en buscadores (SEO) en una sola estrategia.

**SocialBro**: es una herramienta muy útil que permite administrar la comunidad de Twitter de la empresa.

**Storytelling**: le permite a las empresas insertar en la historia de las personas la historia de la marca con lo que se logra un mayor recuerdo de la misma.

**Sysomos**: herramienta de monitoreo de redes sociales de pago.

# T

**Tiempo medio de carga de página**: tiempo medio que tarda una página en cargarse, desde el inicio de la visita a la página (es decir, cuando se hace clic en un enlace a la página) hasta que esta se carga por completo en el navegador.

***Timeline* de Twitter (TL)**: es el lugar de Twitter donde se encuentran, de manera cronológica, todos los tuits enviados de las cuentas que usted sigue.

**Topsy**: esta es una herramienta gratuita de monitoreo general, es decir cubre sitios Web, blogs, fotos, vídeos, Google+ y Twitter, con un gran alcance.

***Trending Topic***: muestra los temas más populares en un momento determinado en Twitter.

***Troll***: usuario de Twitter que utiliza su cuenta para atacar a otros usuarios con comentarios agresivos o groseros.

**Tuit**: es un mensaje de máximo 140 caracteres que se escribe en Twitter.

**Tumblr.com**: es una opción para publicar blog muy sencilla y simple.

**Túnel de conversión**: son los pasos que un visitante debe realizar en un sitio Web para cumplir el objetivo principal.

**Tweetdeck**: es una herramienta adquirida por Twitter que permite administrar ilimitadas cuentas de Twitter y Facebook (perfiles personales; no páginas de fans) desde una misma plataforma.

**Tweet Grader**: es una herramienta de Hubspot bastante simple pero con alguna funcionalidad relevante, como los listados de tuiteros relevantes por ámbito geográfico.

**Twitcam**: es una herramienta gratuita que permite realizar transmisiones de vídeo en *streaming* con interacción en tiempo real con Twitter.

**Twitter**: es una plataforma que permite publicar mensajes en tiempo real, con un máximo de 140 caracteres (*micro blogging*).

**Twitter Counter**: permite contabilizar seguidores y tuits de un perfil de Twitter.

## U

***Unfollow***: es la acción de dejar de seguir una cuenta en una red social.

**Usuario hostil**: es aquel que por algún motivo, tiene un resentimiento contra la marca o la empresa.

**Usuarios que interactúan en Facebook**: es el número de personas que hicieron clic en cualquier lugar de su publicación.

## V

**Vine**: es una red social de vídeo para dispositivos móviles.

**Visitantes únicos**: número de visitantes no duplicados (contabilizados una sola vez) que han accedido a su sitio Web a lo largo de un periodo de tiempo determinado.

**Visitas**: número de veces que los visitantes han estado en su sitio (sesiones únicas iniciadas por todos los visitantes).

## W

**Web 2.0**: la constituyen aquellos sitios Web que permiten compartir información entre los usuarios, un diseño centrado en él y la colaboración de la Web.

**Webinars**: es la mezcla de las palabras en inglés WEB y *semINAR* y se refiere a seminarios transmitidos en línea.

**Whitepapers**: son estudios hechos por su empresa y que sean de interés para su audiencia.

**Wikis**: sitios Web que permiten, de manera colaborativa, crear conocimiento.

**Wildfire Social Media Monitor**: es una herramienta para poder monitorear el crecimiento de Twitter, Facebook y Google+.

**WordPress.com**: es un servicio que permite crear y publicar blogs en Internet.

**WordPress.org**: sitio Web que permite descargar el administrador de contenidos más utilizado para la creación de blogs.

## Y

**YouTube.com**: es un sitio Web donde los usuarios pueden subir y compartir vídeos de manera gratuita sin tener que preocuparse del coste de almacenamiento o ancho de banda necesario para poderlos visualizar.

**YouTube Analytics**: le da un completo conocimiento del canal, los vídeos y el público ayudando a priorizar las optimizaciones, a medir el impacto de las nuevas estrategias y a evaluar el rendimiento de su canal.

# Índice alfabético

## A

Acortador de URL, 121, 174, 251, 271, 381
Administrador de contenido, 84, 85, 88, 89, 90, 91, 100, 381
Adsense, 78, 80, 81, 140, 281
Adwords, 80, 90, 140, 142, 369, 371, 381
Alcance en Facebook, 120, 187, 381
Alertas de Google, 202, 215, 217, 381
Alterian SM2, 195, 381
Amigo, 35, 37, 109, 110, 115, 116, 119, 151, 187, 250, 381
Analítica Web, 23, 52, 96, 140, 384
Aplicaciones, 31, 59, 86, 109, 116, 130, 137, 170, 183, 185, 226, 253, 254, 366, 373, 381, 384

## B

Banners, 81, 369, 382
*Big data*, 365, 366, 367, 377, 378, 382
Biografía, 105, 108, 109, 110, 111, 115, 127, 382
Blog, 6, 25, 32, 34, 40, 46, 53, 59, 60, 66, 67, 68, 69, 70, 72, 75, 77, 78, 79, 80, 81, 82, 83, 84, 85, 86, 87, 88, 89, 90, 91, 92, 93, 94, 95, 96, 97, 99, 100, 103, 105, 111, 119, 120, 122, 124, 128, 131, 132, 133, 134, 136, 137, 138, 144, 145, 146, 147, 152, 158, 181, 182, 183, 194, 196, 197, 198, 202, 207, 212, 215, 224, 225, 226, 229, 230, 231, 234, 240, 255, 275, 278, 286, 288, 296, 305, 306, 321, 324, 339, 340, 346, 354, 361, 373, 381, 382, 383, 385, 387, 388, 389, 390, 391, 392
Blogger, 32, 34, 67, 72, 84, 85, 86, 88, 89, 100, 146, 382
Bloquear, 109, 303, 305, 382
Brandwatch, 195, 382
Buffer, 178, 179, 180, 215, 216, 382

## C

Chat, 107, 109, 110, 138, 170, 194, 226, 342, 361, 382
CMS, 85, 89, 90, 91, 92, 99, 383

Comercio social, 355, 359, 377, 382
Comité de crisis reputacional, 26, 283, 292, 293, 294, 300, 306, 307, 382
Community manager, 1, 23, 24, 25, 26, 27, 46, 49, 50, 51, 52, 53, 54, 55, 56, 57, 58, 59, 60, 61, 62, 65, 66, 71, 72, 73, 78, 83, 94, 115, 117, 165, 167, 168, 169, 170, 172, 173, 174, 175, 178, 179, 180, 181, 182, 186, 188, 189, 191, 193, 196, 197, 199, 201, 202, 203, 206, 208, 209, 210, 212, 213, 214, 215, 216, 219, 223, 225, 227, 232, 244, 263, 264, 265, 266, 270, 278, 279, 281, 284, 285, 290, 292, 293, 294, 295, 296, 296, 298, 299, 300, 301, 306, 310, 320, 337, 347, 368, 371, 382, 383, 384, 385, 390
Comunidad, 6, 23, 24, 25, 30, 38, 42, 43, 44, 50, 51, 52, 54, 55, 57, 58, 59, 60, 61, 69, 83, 85, 87, 90, 91, 92, 95, 113, 116, 117, 128, 136, 137, 138, 139, 147, 149, 152, 174, 175, 176, 177, 178, 191, 192, 203, 215, 224, 255, 261, 263, 264, 264, 266, 270, 275, 276, 278, 279, 284, 285, 291, 294, 301, 306, 309, 310, 311, 325, 353, 355, 360, 361, 371, 376, 382, 383, 384, 386, 390
Contenido sindicado, 226, 382
Conversión, 151, 183, 246, 324, 341, 342, 344, 347, 349, 350, 362, 383, 391
Create.visual.ly, 242, 383
Curación de contenido, 25, 60, 221, 231, 232, 233, 234, 235, 383
Curador de contenido, 23, 52, 67, 232, 233, 235, 383

# D

Docs, 140, 383
Drive, 140, 383
Drupal, 84, 88, 91, 92, 383

# E

Easel.ly, 242, 383
*Ebooks*, 227, 254, 324, 383
*EdgeRank*, 120, 267, 383
*Engagement*, 25, 55, 59, 261, 263, 265, 266, 267, 268, 269, 270, 271, 278, 279, 332, 344, 354, 374, 384
Escucha activa, 26, 111, 309, 315, 326, 327, 328, 329, 355, 384
Eventos, 25, 34, 70, 71, 77, 96, 109, 110, 118, 122, 124, 129, 130, 134, 138, 148, 152, 154, 158, 159, 165, 227, 233, 237, 239, 249, 252, 384

# F

Facebook, 6, 25, 30, 32, 34, 35, 37, 39, 40, 53, 61, 68, 69, 71, 72, 76, 83, 96, 103, 104, 105, 107, 108, 109, 110, 111, 112, 113, 114, 115, 116, 117, 118, 119, 120, 124, 128, 129, 130, 137, 138, 139, 142, 147, 149, 150, 151, 152, 153, 160, 161, 162, 169, 170, 172, 173, 174, 178, 179, 180, 183, 185, 186, 187, 191, 194, 198, 204, 207, 212, 215, 216, 228, 230, 234, 235, 237, 240, 242, 250, 251, 252, 254, 255, 262, 266, 267, 270, 271, 275, 279, 283, 284, 291, 296, 299, 300, 301, 302, 305, 309, 310, 313, 314, 315, 317, 320, 321, 322, 323, 324, 325, 326, 332, 334, 335, 336, 339, 340, 346, 347, 348, 350, 356, 357, 358, 360, 366, 368, 372, 377, 378, 381, 382, 383, 384, 385, 386, 387, 388, 391, 392
*Facebook commerce*, 356, 357, 378, 384
*Facebook Insights*, 170, 171, 172, 185, 186, 187, 215, 216, 384

Flickr, 25, 34, 71, 103, 158, 161, 162, 169, 198, 205, 326, 372, 384
*Followback*, 121, 384
*Follow Friday*, 121, 384
Foto de perfil, 109, 384
Foto de portada, 109, 114, 384
Foursquare, 25, 33, 35, 103, 104, 105, 155, 156, 161, 162, 169, 204, 275, 297, 366, 384

# G

Gamificación, 26, 227, 353, 374, 375, 376, 377, 378, 385
Gimp, 210, 211, 216, 244, 385
Gmail, 81, 140, 151, 385
Google+, 6, 25, 32, 35, 86, 96, 103, 137, 138, 139, 140, 141, 142, 144, 147, 160, 162, 183, 196, 197, 204, 228, 235, 237, 250, 266, 268, 275, 296, 320, 323, 326, 339, 372, 381, 382, 385, 390, 392
Google Analytics, 86, 170, 171, 172, 181, 182, 183, 184, 215, 216, 324, 340, 344, 385
Groupon, 35, 356, 359, 360, 377, 378, 385
Grupos de redes sociales, 36, 68, 107, 109, 130, 131, 135, 136, 137, 296, 299, 326, 382, 385

# H

*Hangout*, 137, 138, 142, 385
*Hashtag*, 121, 125, 126, 128, 129, 147, 153, 155, 200, 206, 250, 251, 284, 385
Herramientas de *Webmaster*, 140, 385
HootSuite, 165, 166, 168, 169, 170, 171, 172, 173, 174, 179, 180, 215, 216, 251, 385
Huffington Post, 75, 76, 77, 79, 385

# I

*Inbound Marketing*, 228, 229, 235, 385
Indicadores, 26, 56, 97, 119, 181, 183, 187, 190, 192, 200, 205, 207, 216, 255, 273, 317, 324, 325, 326, 331, 333, 334, 335, 336, 349, 350, 386
Infografía, 25, 35, 59, 60, 70, 94, 99, 116, 122, 123, 128, 151, 152, 226, 237, 238, 239, 240, 241, 242, 243, 244, 245, 254, 256, 257, 258, 324, 383, 386
Instagram, 6, 25, 33, 70, 103, 105, 111, 152, 153, 154, 155, 159, 161, 162, 169, 205, 252, 266, 269, 275, 296, 313, 323, 326, 366, 372, 386
IOR, 26, 338, 339, 340, 341, 346, 347, 349, 350, 386

# J

Joomla, 84, 88, 91, 92, 386

# K

Klout, 194, 203, 204, 205, 256, 272, 273, 274, 275, 278, 279, 386
KPI, 333, 349, 350, 386
Kred, 176, 205, 207, 386

# L

LinkedIn, 25, 33, 36, 53, 68, 69, 72, 76, 83, 96, 103, 105, 129, 130, 131, 132, 133, 134, 135, 136, 137, 147, 160, 161, 162, 169, 178, 179, 183, 194, 198, 204, 207, 215, 228, 230, 234, 235, 242, 266, 268, 275, 305, 320, 321, 323, 324, 326, 339, 368, 372, 382, 385, 386
Listas, 109, 121, 124, 146, 204, 212, 386
Lithium, 195, 386

## M

MailChimp, 211, 212, 213, 216, 386
Marca personal, 6, 24, 49, 63, 64, 65, 66, 67, 68, 69, 70, 72, 85, 274, 387
Marketing viral, 107, 253, 254, 255, 256, 257, 258, 387
Me Gusta, 35, 76, 108, 109, 110, 114, 119, 120, 137, 147, 152, 186, 187, 190, 191, 204, 238, 249, 262, 265, 267, 269, 325, 332, 346, 347, 356, 366, 381, 384, 387
Mención, 121, 166, 193, 194, 198, 199, 200, 201, 202, 204, 206, 215, 267, 299, 300, 305, 306, 325, 339, 340, 346, 381, 387
Mensaje Directo, 121, 387

## N

Nombre de perfil, 105, 106, 161, 387

## O

Optimización, 182, 188, 392

## P

Página, 26, 30, 36, 68, 71, 80, 81, 87, 107, 108, 109, 110, 111, 112, 113, 114, 115, 116, 117, 118, 119, 120, 125, 128, 129, 130, 132, 133, 134, 135, 136, 137, 138, 139, 140, 141, 142, 148, 149, 153, 156, 157, 158, 159, 160, 161, 162, 168, 169, 172, 175, 182, 183, 184, 185, 186, 187, 203, 212, 215, 230, 250, 262, 267, 268, 275, 291, 296, 302, 314, 325, 336, 339, 340, 342, 346, 347, 348, 356, 357, 358, 369, 370, 371, 377, 381, 382, 383, 384, 387, 388, 390, 391
PPC, 80, 81, 369, 388

Peer Index, 207, 388
PiktoChart, 242, 388
Pin, 147, 148, 151, 152, 269, 323, 388
Pineadores, 147, 388
Pinterest, 6, 25, 33, 35, 60, 68, 70, 96, 103, 105, 118, 123, 147, 148, 149, 150, 151, 152, 160, 162, 206, 228, 244, 245, 252, 256, 266, 269, 296, 313, 314, 323, 326, 372, 388
Plan conversacional, 290, 314, 322, 323, 324, 328, 329, 388
*Podcasts*, 227, 324, 373, 388
Porcentaje de rebote, 184, 388
Porcentaje de salida, 184, 388
Postcron, 180, 181, 215, 216, 388
Promedio de tiempo en la página, 184, 388
Prosumer, 40, 355, 388

## Q

QR, 24

## R

Radian6, 195, 196, 389
Redes de fotografía, 33, 46, 389
Redes de geolocalización, 33, 46, 389
Redes de música, 33, 46, 389
Redes de vídeo, 33, 46, 389
Redes Profesionales, 33, 46, 389
Repin, 147, 148, 152, 269, 389
*Reply*, 122, 301, 389
Reproducciones, 190, 221, 237, 326, 331, 389
Reputación, 23, 25, 26, 29, 45, 46, 52, 53, 56, 57, 59, 62, 63, 65, 81, 84, 87, 111, 124, 224, 253, 254, 283, 284, 285, 286, 287, 288, 290, 291, 292, 293, 294, 295, 296, 297, 298, 299, 300, 304, 305, 306, 307, 315, 316, 324, 327, 334, 344, 348, 363, 382, 385, 389

Retuit, 122, 123, 125, 128, 166, 170, 173, 180, 198, 204, 206, 239, 251, 267, 273, 325, 340, 346, 389
ROI, 26, 331, 332, 334, 337, 338, 341, 342, 343, 344, 345, 347, 349, 350, 389
RSS, 226, 382

## S

Seguidores, 6, 36, 104, 121, 122, 123, 127, 128, 129, 131, 136, 137, 142, 151, 154, 155, 160, 161, 162, 166, 175, 176, 191, 192, 204, 206, 209, 213, 221, 261, 262, 265, 266, 267, 278, 309, 311, 325, 332, 339, 346, 347, 358, 384
SEO, 26, 59, 71, 82, 87, 90, 98, 99, 138, 229, 230, 342, 353, 367, 368, 369, 370, 371, 377, 378, 388
Slideshare, 6, 25, 33, 71, 103, 105, 118, 147, 156, 157, 161, 162, 165, 169, 183, 186, 189, 228, 240, 249, 313, 326, 341, 390
*Social big data*, 26, 353, 366, 367, 377, 378, 390
*Social commerce*, 26, 35, 353, 355, 356, 359, 360, 377, 378, 390
Social CRM, 26, 353, 361, 362, 363, 377, 378, 390
Social Mention, 198, 200, 215, 217, 390
Social Media Manager, 23, 52, 57, 390
Social SEO, 26, 353, 367, 377, 378, 390
SocialBro, 174, 175, 176, 177, 178, 215, 216, 390
*Storytelling*, 223, 276, 277, 279, 390
Sysomos, 195, 196, 390

## T

*Timeline*, 108, 111, 115, 122, 147, 148, 152, 176, 251, 356, 390
Topsy, 196, 197, 198, 199, 215, 217, 390

Tráfico, 68, 70, 76, 77, 82, 86, 88, 96, 104, 107, 111, 124, 133, 142, 143, 144, 158, 182, 183, 190, 244, 254, 255, 324, 332, 334, 338, 340, 344, 347, 349, 353, 367, 369, 374, 384
*Trending Topic*, 30, 122, 233, 262, 284, 368, 391
Tuenti, 71, 96, 326, 372
Tumblr, 35, 67, 78, 84, 85, 87, 88, 89, 169, 205, 366, 391
Tweetdeck, 172, 173, 215, 216, 391
Tweet Grader, 208, 209, 216, 391
Twitcam, 213, 214, 216, 391
Twitter, 25, 30, 32, 35, 36, 40, 49, 50, 53, 67, 68, 69, 72, 76, 83, 96, 98, 103, 104, 105, 107, 118, 119, 120, 121, 122, 123, 124, 125, 126, 127, 128, 129, 147, 149, 150, 151, 152, 155, 159, 160, 161, 162, 166, 169, 170, 172, 173, 174, 175, 176, 178, 180, 183, 191, 192, 193, 194, 196, 197, 199, 204, 205, 206, 207, 213, 214, 215, 216, 221, 228, 230, 234, 235, 237, 242, 244, 250, 251, 252, 255, 262, 266, 267, 271, 275, 283, 284, 291, 296, 301, 303, 305, 309, 310, 313, 315, 320, 321, 323, 324, 325, 326, 331, 332, 334, 339, 340, 346, 347, 348, 350, 358, 359, 360, 366, 368, 372, 377, 378, 382, 383, 384, 385, 386, 387, 388, 390, 391, 392
Twitter Counter, 192, 215, 216, 391

## U

*Unfollow*, 122, 147, 391
Usuario hostil, 302, 303, 391

## V

Vine, 25, 35, 103, 159, 160, 161, 162, 391
Visitantes únicos, 79, 80, 148, 183, 391

Visitas, 39, 75, 81, 96, 144, 148, 182, 183, 184, 230, 324, 325, 340, 341, 342, 344, 347, 349, 369, 377, 383, 387, 388, 391

## W

Web 2.0, 24, 29, 30, 31, 32, 33, 34, 46, 47, 53, 55, 58, 77, 222, 325, 392
*Webinars*, 136, 226, 245, 324, 392
*Whitepapers*, 227, 392
Wikis, 32, 46, 392
WordPress, 32, 67, 78, 80, 84, 85, 86, 87, 88, 89, 90, 91, 92, 169, 205, 392

## Y

YouTube, 6, 25, 33, 34, 68, 70, 117, 118, 140, 142, 143, 144, 145, 146, 147, 160, 162, 169, 188, 189, 190, 198, 202, 215, 216, 221, 222, 228, 229, 235, 237, 238, 240, 247, 248, 249, 251, 261, 263, 296, 305, 310, 320, 323, 324, 326, 331, 332, 339, 340, 366, 368, 372, 381, 390, 392